民事执行检察
监督要领与办案实操

（第二版）

汪培伟　陈　建　李　佳　编著

中国检察出版社

图书在版编目（CIP）数据

民事执行检察监督要领与办案实操 / 汪培伟等编著
. -- 2 版 . -- 北京 : 中国检察出版社 , 2024.12
ISBN 978-7-5102-3042-4

Ⅰ . ①民⋯ Ⅱ . ①汪⋯ Ⅲ . ①民事诉讼—执行 (法律
) —司法监督—中国 Ⅳ . ① D925.118

中国国家版本馆 CIP 数据核字 (2024) 第 060352 号

民事执行检察监督要领与办案实操（第二版）

汪培伟　陈　建　李　佳　编著

责任编辑：王伟雪
技术编辑：王英英
封面设计：徐嘉武

出版发行：中国检察出版社
社　　址：北京市石景山区香山南路 109 号（100144）
网　　址：中国检察出版社（www.zgjccbs.com）
编辑电话：（010）86423797
发行电话：（010）86423726　86423727　86423728
（010）86423730　86423732
经　　销：新华书店
印　　刷：河北宝昌佳彩印刷有限公司
开　　本：710mm × 960mm　16 开
印　　张：26.5
字　　数：337 千字
版　　次：2024 年 12 月第二版　　2024 年 12 月第三次印刷
书　　号：ISBN 978-7-5102-3042-4
定　　价：78.00 元

作者简介

汪培伟 山东临清人，2008年毕业于中南财经政法大学，刑法学硕士。现任浙江省宁波市人民检察院第五检察部副主任，全国检察教育培训讲师团成员、浙江省检察理论研究人才、检察教官、法律监督成绩突出个人，入选浙江省中青年法学法律人才库。

陈　建 江苏武进人，2008年毕业于中南财经政法大学，刑法学硕士，一级法官。现任江苏省常州市武进区人民法院执行局局长；第三届“常州市优秀青年法学人才”，多次立功受奖；在《人民法院案例选》《审判研究》等刊物上发表多篇文章，具有丰富的审判执行经验。

李　佳 湖北襄阳人，2006年毕业于中南财经政法大学，民商法学硕士。现任宁波高新技术产业开发区人民法院审判委员会委员、执行局局长，荣立个人二等功、三等功各一次，获评2020年度人民法院十大亮点人物。

前言

“法律是一门艺术，一个人只有经过长期的学习和实践才能获得对它的认知。”这是英国大法官柯克拒绝英国国王詹姆士一世进行司法审判时说过的一句话。1608年，詹姆斯一世国王希望亲自参与司法审判，他认为既然法律基于理性，而他与法官一样具有理性，那么由他进行司法审判也是合适的。柯克当即表示：“诚然，上帝赋予了陛下丰富的知识和非凡的天资，但陛下对英格兰王国的法律并不精通……鉴于此，陛下并不适合进行司法审判。”确实，司法活动是对专业化要求极高的专门性活动，必然要求行使国家审判权的法官具备较高的专业素养。然专业素养的形成并非一朝一夕，就像柯克大法官所言需要长期的学习和实践。我国检察机关是国家的法律监督机关，检察官代表国家履行法律监督职责，承担着维护国家安全、促进社会公平正义、保障人民安居乐业的重要职责，因此，同样需要较高的法律素养和实务技能，这是做好检察工作的必然要求。

监督能力是检察官能够依法履职的基础和保证。民事案件量大、涉及面广，事关人民群众切身利益，民事检察作为检察工作的重要组成部分，在维护司法公正、化解矛盾纠纷、维护社会稳定、促进经济发展方面具有不可替代的作用。《中共中央关于加强新时代检察机关法律监督工作的意见》提出“以全面实施民法典为契机，进一步加强民事检察工作”。当前检察工作中，民事检察监督尤其是民事执行检察监督工作总体仍较为薄弱，监督不准、不会问题一定程度存在，民事检察人员履职能力仍需进一步加强，民事检察监督案件质效亟待进一步提升。

“法律的生命不在于逻辑，而在于经验。”本书三名作者为长期在民事执行、民事执行检察监督一线岗位工作的检察官、法官，深耕业务多年并获得诸多荣誉，汪培伟系全国检察教育培训讲师、入选浙江省中青年法学法律人才库，陈建系江苏省常州市青年法学人才，李佳曾获评全国人民法院十大亮点人物，均具有较好法学理论基础和丰富的执行、监督实践经验。可以说，本书是三位作者长期办案实践的智慧结晶和经验总结。本书紧紧围绕民事执行检察监督工作实际，以解决问题、指导民事执行检察监督案件办理为主旨，内容上涵盖了民事执行活动所涉及的主要程序，对民事执行检察监督工作中应当予以关注的监督节点的实务要领进行了全面归纳和总结，辅以鲜活的民事执行检察监督案例，民事执行异议、复议案例，让读者更容易掌握相应的业务技能。

希望本书能够为各地检察机关开展民事检察业务培训，为民事检察人员办案提供有益的借鉴和参考，以更好地适应新时代对民事检察工作提出的新要求，更好地回应人民群众对民事检察工作的新期盼。

目 录

第一章　民事执行实施案件检察监督

根据《最高人民法院关于执行权合理配置和科学运行的若干意见》，执行权是人民法院依法采取执行措施以及对执行异议、复议、申诉等事项进行审查的权力，包括执行实施权和执行审查权。执行实施权的范围主要是财产调查、控制、处分、交付和分配以及罚款、拘留措施等实施事项，与此相对应，人民法院行使执行实施权的案件也就是民事执行实施案件。

第一节　执行立案检察监督

执行立案是民事执行活动的起点，《最高人民法院关于执行案件立案、结案若干问题的意见》第 3 条规定，人民法院不得有审判和执行案件统一管理体系之外的执行案件，任何案件不得以任何理由未经立案即进入执行程序，也就是说，只有立案后案件才正式进入民事强制执行程序。《中华人民共和国民事诉讼法》第 246 条规定，人民检察院有权对民事执行活动实行法律监督。因此，民事执行实施案件立案也即为人民检察院对民事执行活动实施法律监督的最初环节。

一、监督要领

（一）申请或者移送的法律文书尚未发生法律效力即予以执行立案

《最高人民法院关于人民法院执行工作若干问题的规定（试行）》第16条对人民法院受理执行案件需要满足的条件进行了明确，其中第一个条件就是申请或者移送的法律文书已经生效。因此，若作为执行依据的法律文书尚未生效，人民法院予以受理立案，显然违反上述规定。

1. 关于法律文书发生法律效力的日期

根据《中华人民共和国民事诉讼法》第158条、第171条的规定，一审民事判决书的生效日期是在送达后15日的上诉期届满日的次日；民事调解书的生效日期，根据《中华人民共和国民事诉讼法》第100条的规定，应是双方当事人签收日。对于二审民事裁判的生效日期，民事诉讼法并没有明文规定，但具体司法实践中基本以裁判文书已全部送达日为生效日期。例如，《浙江省高级人民法院关于出具裁判文书生效证明的规定（试行）》（浙高法〔2011〕253号）第4条明确二审裁判的，已公开宣判或裁判文书已全部送达，确认该裁判文书生效。《广东省高级人民法院关于出具裁判文书生效证明的暂行规定》（粤高法办发〔2006〕4号）第4条同样规定二审裁判生效，需法律文书全部送达。

2. 执行立案时申请执行人是否需要提供生效证明

根据相关法律规定，裁判文书的生效日期是随着人民法院的审判活动依法产生的，因此，也只有人民法院才能准确知悉法律文书具体何时生效，案外人单从裁判文书本身无法确定。因此，核实法律文书是否生效的义务在于人民法院。从《最高人民法院关于人民法院执行工作若干问题的规定（试行）》第16条规定的人民法院受理执行案件条件来看，也只要求申请或移送的法律文书已经生效，并没有要求申请执行人提供生效证明。司法实践中，有的人民法院往往要求申请执行人提供生效证明，并以未提供生效证明为由不予以受理。现行法律、司法解释均没有明文规定申请执行人负有提交生效证明的义务，因此，人民法院以此为由不予受理缺乏法律依据。针对上述情况，有的地方高级人民法院进行了规范和统一，如2015年12月7日，浙江省高级人民法院办公室印发《关于执行立案时不应要求申请执行人提交裁判文书生效证明的通知》（浙高法办〔2015〕82号），明确了执行案件立案时，核实裁判文书是否生效的义务在于执行法院，自通知下发之日起，各级法院受理执行案件不应要求申请执行人提交裁判文书生效证明。

（二）以申请执行人非生效法律文书确定的当事人为由不予受理

1. 权利转让无实体争议应予以立案执行

根据《最高人民法院关于人民法院执行工作若干问题的规定（试行）》第16条的规定，申请执行人是生效法律文书确定的权利人或其继承人、权利承受人。换句话说，如果生效法律文书确定的权利人在向人民法院申请执行前，合法转让其在生效法律文书中享有的权利的，那么在权利人和权利承受人对权利转让没有实体争议的情况下，权利承受人可以作为申请执行人直接向人民法院申请执行。

2. 存在实体争议不宜在执行程序中认定权利承受人的申请主体资格

权利承受人作为申请执行人直接向人民法院申请强制执行，权利转让效力的合法性存在争议时涉及人民法院的审查义务。《最高人民法院关于人民法院执行工作若干问题的规定（试行）》第 18 条规定，“申请执行，应向人民法院提交下列文件和证件……（4）继承人或权利承受人申请执行的，应当提交继承或者承受权利的证明文件……”。根据上述规定，人民法院通常审查权利转让形式的合法性，即审查是否符合相关法律规定的权利转让形式条件。如果法律文书确定的原权利人对转让协议不予认可，使权利转让存在实质性争议，权利承受人提供的承受权利的证据不足以证明其系生效法律文书确定的权利人的，人民法院不宜在执行程序中直接认定权利承受人的申请执行的主体资格，权利承受人主张受让债权等权利的，应当通过诉讼等途径进行救济。

（三）以超过申请执行时效期间为由不予受理

1. 关于申请执行时效期间

根据《中华人民共和国民事诉讼法》第 250 条的规定，申请执行人向人民法院申请强制执行的期间为两年。一般情况下，申请执行人超过两年的时间还未向法院申请执行的情况并不多见，但如果出现了超过申请执行期间的情况，如何处理。根据《最高人民法院关于审理民事案件适用诉讼时效制度若干问题的规定》第 2 条的规定，当事人未提出诉讼时效抗辩，人民法院不应对诉讼时效问题进行释明。对此，《中华人民共和国民法典》第 193 条也明确规定，人民法院不得主动适用诉讼时效的规定。民事执行作为民事审判的诉讼延续，申请执行只是再次请求法院将已经确定的债权和请求权予以实现，应遵循同样的法理。这一点在《中华人民共和国民事诉讼法》第 250 条“申请执行时效的中止、中断，适用法律有关诉讼时效中止、中断”中可以印证。同时，根据《最高人民法院关于适用〈中华人民共和国民事诉讼法〉的解释》第 481 条的规定，人民法院对超过申请时效期间的执行申请应予以受理。因此，申请执行时效不是人民法院依职权主动审查的事项，不能依职权以超过申请时效期间为由不予受理。

2. 关于申请执行时效期间的中止、中断

《中华人民共和国民事诉讼法》第250条明确了关于申请执行时效的中止、中断，适用法律有关诉讼时效中止、中断的规定。

（1）关于申请执行时效的中止。《最高人民法院关于适用〈中华人民共和国民事诉讼法〉执行程序若干问题的解释》第19条规定，在申请执行时效期间的最后6个月内，因不可抗力或者其他障碍不能行使请求权的，申请执行时效中止。从中止时效的原因消除之日起，申请执行时效期间继续计算。对于其他障碍的理解，根据《中华人民共和国民法典》第194条的规定，主要是指以下情形：一是无民事行为能力人或者限制民事行为能力人没有法定代理人，或者法定代理人死亡、丧失民事行为能力、丧失代理权；二是继承开始后未确定继承人或者遗产管理人；三是权利人被义务人或者其他人控制；四是其他导致权利人不能行使请求权的障碍。该条第2款同时明确，自中止时效的原因消除之日起满6个月，诉讼时效期间届满。

（2）关于申请执行时效的中断。根据《最高人民法院关于适用〈中华人民共和国民事诉讼法〉执行程序若干问题的解释》第20条规定，申请执行时效因申请执行、当事人双方达成和解协议、当事人一方提出履行要求或者同意履行义务而中断。从中断时起，申请执行时效期间重新计算。需要注意的是，因执行和解而产生申请执行时效中断，申请执行期间自和解协议约定履行期限的最后一日起重新计算。

另外，需要注意的是，根据《最高人民法院关于适用〈中华人民共和国民事诉讼法〉的解释》第518条的规定，因撤销申请而终结执行后，当事人在《中华人民共和国民事诉讼法》第250条规定的申请执行时效期间内再次申请执行的，人民法院应当受理。可以看出，申请执行人撤销执行申请也可以产生时效中断的效果。

（四）生效法律文书确定的义务人履行义务的期限尚未届满即执行立案

1. 人民法院的审查义务

受理执行案件需要满足五个条件，其中，基本的条件是申请执行的法律文书已经生效，且义务人在生效法律文书确定的期限内未履行义务，因此，人民法院在立案审查时不仅要确定作为执行依据的法律文书是否已经生效，同时要确定义务人履行法律义务的期限是否届满。

2. 不符合受理条件但已经执行立案的处理

司法实践中，有的人民法院执行立案后发现被执行人在法律文书确定的期限内已经履行法律义务，往往径行以执行完毕结案。实际上，按照《最高人民法院关于执行案件立案、结案若干问题的意见》第20条规定，执行实施案件立案后，如审查发现该案不符合受理条件，应裁定驳回申请执行人的执行申请，以“驳回申请”方式结案。执行完毕和驳回申请的共同点在于都可以产生人民法院不再继续执行的结果，但二者又具有很大的不同点，执行完毕意思是被执行人执行立案前并没有按照生效法律文书指定的期限履行其法律义务，其在守法和诚信方面均存在过错和瑕疵；驳回申请则不同，意味着申请执行人的执行申请暂时或者根本不符合法律规定的受理条件，与被执行人的诚信守法无直接关联。因此，在信用时代的今天，两种不同结案方式实则对被执行人有较大影响。

（五）对被执行人针对申请执行时效期间的异议处理不当

1. 对申请执行时效期间异议的审查

被执行人对申请执行时效期间提出异议的，《最高人民法院关于执行案件立案、结案若干问题的意见》第9条第5项规定，人民法院应当按照执行异议案件予以立案。根据该规定，人民法院对申请执行时效期间的审查应当适用《中华人民共和国民事诉讼法》第236条的规定，异议理由成立的，裁定撤销或者改正；理由不成立的，裁定驳回。对此，《最高人民法院关于适用〈中华人民共和国民事诉讼法〉的解释》第481条进行了进一步明确，经审查被执行人对申请执行时效期间提出的异议成立的，裁定不予执行；被执行人履行全部或部分义务后，又以不知道申请执行时效期间届满为由请求执行回转的，不予支持。

2. 提出申请执行时效期间异议的期限

被执行人提出申请执行时效期间异议的期限是需要关注的另外一个问题。根据《最高人民法院关于人民法院办理执行异议和复议案件若干问题的规定》第6条第1款规定，当事人、利害关系人依照《中华人民共和国民事诉讼法》第240条规定提出异议的，应当在执行程序终结之前提出。因此，如果当事人申请执行时效期间有异议，应当在执行程序终结之前提出异议，执行程序终结后提出异议的，应不予支持。

（六）对符合受理条件的执行案件未在规定期限内予以立案

1. 执行立案的期限

对于符合条件的执行申请，一般情况下，根据《最高人民法院关于人民法院登记立案若干问题的规定》第2条的规定，应当场予以立案登记；当场不能判定是否符合法律规定的，根据第8条规定，应当自收到执行申请之日起7日内决定是否立案。该规定与《最高人民法院关于人民法院执行工作若干问题的规定（试行）》第16条第2款的规定一致，即向人民法院申请强制执行符合规定的受理条件的，人民法院应当在7日内予以立案，不符合受理条件的应当在7日内裁定不予受理。也就是说，人民法院在收到执行申请后一般应当场予以立案，最长应在7日内作出是否予以立案的决定。

2. 执行立案期间的起算点

至于7日的起算点，一般情况下应当以申请执行人向人民法院提出申请之日起算，如果申请执行人提交的申请材料不符合要求的，则根据《最高人民法院关于人民法院登记立案若干问题的规定》第7条的规定，当事人在指定期限内补正的，人民法院决定是否立案的期间，自收到补正材料之日起计算。

二、相关案例

某汽车部件有限责任公司申请执行监督案

【监督要旨】 人民法院确认原审判决生效日期应当核实二审法院法律文书送达情况。执行立案后发现义务人在法律文书生效后指定的期限内已经履行相应的法律义务的，人民法院应当裁定驳回执行申请。

【申请监督】 某汽车部件有限责任公司在收到二审法院寄送的民事判决书后，按照一审法院判决书指定的期限向某股份有限公司支付了货款、逾期利息、财产保全费等法律义务，但一审执行法院仍受理了某股份有限公司申请执行一案，将某汽车部件有限责任公司列为被执行人，并对该公司采取了限制高消费措施。某汽车部件有限责任公司认为执行法院在本案执行中存在违法情形，在向执行法院提出异议未果后，向检察机关申请执行监督。

【调查核实】 检察机关经调查核实查明，2019年5月30日，一审法院受理了某股份有限公司诉某汽车部件有限责任公司买卖合同纠纷一案，案件审理过程中，一审法院依某股份有限公司财产保全申请，足额冻结某汽车部件有限责任公司银行存款20万余元。

2019年8月19日，一审法院作出民事判决，判令某汽车部件有限责任公司于本判决生效之日起10日内支付某股份有限公司货款20万余元，并支付相应的利息等。

某汽车部件有限责任公司不服一审判决上诉至中级人民法院。2019年12月9日，中级法院作出二审判决驳回了某汽车部件有限责任公司的上诉，维持原判。

2019年12月1日和2019年12月16日，某股份有限公司和某汽车部件有限责任公司分别收到了二审民事判决书。

2019年12月10日，一审法院确认一审民事判决发生法律效力。

2019年12月23日，某股份有限公司向一审法院申请强制执行，同日，一审法院立案执行。2019年12月26日，一审法院向某汽车部件有限责任公司发出执行通知书、执行裁定书和限制高消费令。

2019年12月26日，某汽车部件有限责任公司履行了原审法院民事判决确定的向某股份有限公司支付货款等法律义务。

2020年1月3日，某汽车部件有限责任公司向一审法院提交《案件情况说明》，对判决生效、履行法律义务等情况予以说明，请求一审法院撤销该执行案件。

2020年1月7日，一审法院以“执行完毕”结案，并向某汽车部件有限责任公司发送了结案通知书。2020年1月8日，一审法院解除对某汽车部件有限责任公司银行存款的冻结。

【监督要点】本案的争议焦点主要有两个：一是一审法院受理并立案执行是否符合法律规定；二是一审法院以“执行完毕”结案是否有法律依据。

1. 关于执行立案

根据《最高人民法院关于人民法院执行工作若干问题的规定（试

行）》第 18 条[①]规定，人民法院受理执行申请应当符合义务人在生效法律文书确定的期限内未履行义务等五个条件。本案中，某股份有限公司申请执行及一审法院执行立案的日期为 2019 年 12 月 23 日，而某汽车部件有限责任公司收到二审法院民事判决的日期为 2019 年 12 月 16 日，因此，根据一审法院判令于判决生效后 10 日内履行相应的法律义务，某汽车部件有限责任公司应当于 2019 年 12 月 26 日前履行向某股份公司支付货款等义务。根据检察机关调查核实的情况，某汽车部件有限责任公司确已于 2019 年 12 月 26 日履行了该法律义务，故一审法院对本案立案执行不符合《最高人民法院关于人民法院执行工作若干问题的规定（试行）》第 18 条关于受理执行申请的相关规定。

需要注意的是，之所以一审法院在 2019 年 12 月 23 日受理某股份有限公司的申请，一个关键在于一审法院在某汽车部件有限责任公司尚未收到二审判决之前就确认一审民事判决于 2019 年 12 月 10 日生效，这也直接导致了一审法院立案执行错误。

2. 关于执行结案

执行过程中，被执行人自动履行的，根据《最高人民法院关于执行案件立案、结案若干问题的意见》第 15 条第 1 款的规定以“执行完毕”结案。本案中，某汽车部件有限责任公司在执行立案后主动履行了生效法律文书确定的法律义务，依照上述规定以“执行完毕”结案并无不当，但某汽车部件有限责任公司于 2020 年 1 月 3 日已向一审法院提交了案件情况说明，说明对判决生效、履行法律义务等情况，对此，一审法院应当予以审查。根据《最高人民法院关于执行案件立案、结案若干问题的意见》第 20 条的规定，经审查发现执行实施案件立案后不符合受理条件，应当裁定驳回申请，以“驳回申请”方式结案。但一审法院于 2020

① 现行《最高人民法院关于人民法院执行工作若干问题的规定（规定）》第 16 条，本案例下同。

年 1 月 7 日以“执行完毕”结案，显然缺乏法律依据。

除此之外，一审法院对某汽车部件有限责任公司采取限制消费措施亦存在不当。《最高人民法院关于限制被执行人高消费及有关消费的若干规定》第 1 条、第 2 条规定，只有被执行人未按执行通知书指定的期间履行法律义务的，人民法院可以采取限制消费措施，且应当考虑被执行人的履行能力等。本案中，一审法院在已对某汽车部件有限责任公司进行足额财产保全的情况下，于 2019 年 12 月 26 日同时向某汽车部件有限责任公司发出执行通知书、执行裁定书和限制高消费令，显然不符合《最高人民法院关于限制被执行人高消费及有关消费的若干规定》的相关规定。

综上所述，检察机关认为，一审法院错误确认原审民事判决生效日期，导致不应当受理的执行案件而予以受理，且在执行实施立案后，发现本案不符合立案条件，不经审查直接以“执行完毕”结案，违反相关法律规定。据此，检察机关就审判程序违法和执行程序违法分别向一审法院发出检察建议。

【监督结果】针对错误确认原审民事判决生效日期，一审法院认为该问题确实存在，未认真审核径行以中级人民法院退卷函日期确定为裁判文书生效日期错误，对检察建议内容完全接受，以后将认真核实裁判文书送达时间，切实保障当事人的合法权益。针对执行过程中存在的采取限制消费措施不当、执行结案问题，一审法院认为，检察建议内容具有法律依据，将采取积极措施依法纠正，消除对当事人造成的不良影响，并在以后的工作中做到依法规范执行。针对执行案件结案方式错误问题，报请省高级人民法院已将“执行完毕”修改为裁定驳回申请。

三、法条链接

1. **中华人民共和国民法典**（2021 年 1 月 1 日施行）（节录）

第一百九十三条 人民法院不得主动适用诉讼时效的规定。

第一百九十四条 在诉讼时效期间的最后六个月内，因下列障碍，不能行使请求权的，诉讼时效中止：

（一）不可抗力；

（二）无民事行为能力人或者限制民事行为能力人没有法定代理人，或者法定代理人死亡、丧失民事行为能力、丧失代理权；

（三）继承开始后未确定继承人或者遗产管理人；

（四）权利人被义务人或者其他人控制；

（五）其他导致权利人不能行使请求权的障碍。

自中止时效的原因消除之日起满六个月，诉讼时效期间届满。

第一百九十五条 有下列情形之一的，诉讼时效中断，从中断、有关程序终结时起，诉讼时效期间重新计算：

（一）权利人向义务人提出履行请求；

（二）义务人同意履行义务；

（三）权利人提起诉讼或者申请仲裁；

（四）与提起诉讼或者申请仲裁具有同等效力的其他情形。

2. **中华人民共和国民事诉讼法**（2024 年 1 月 1 日施行）（节录）

第一百条 调解达成协议，人民法院应当制作调解书。调解书应当写明诉讼请求、案件的事实和调解结果。调解书由审判人员、书记员署名，加盖人民法院印章，送达双方当事人。调解书经双方当事人签收后，即具有法律效力。

第一百五十八条 最高人民法院的判决、裁定，以及依法不准上诉或者超过上诉期没有上诉的判决、裁定，是发生法律效力的判决、裁定。

第一百七十一条　当事人不服地方人民法院第一审判决的，有权在判决书送达之日起十五日内向上一级人民法院提起上诉。当事人不服地方人民法院第一审裁定的，有权在裁定书送达之日起十日内向上一级人民法院提起上诉。

第二百三十六条　当事人、利害关系人认为执行行为违反法律规定的，可以向负责执行的人民法院提出书面异议。当事人、利害关系人提出书面异议的，人民法院应当自收到书面异议之日起十五日内审查，理由成立的，裁定撤销或者改正；理由不成立的，裁定驳回。当事人、利害关系人对裁定不服的，可以自裁定送达之日起十日内向上一级人民法院申请复议。

第二百五十条　申请执行的期间为二年。申请执行时效的中止、中断，适用法律有关诉讼时效中止、中断的规定。

前款规定的期间，从法律文书规定履行期间的最后一日起计算；法律文书规定分期履行的，从最后一期履行期限届满之日起计算；法律文书未规定履行期间的，从法律文书生效之日起计算。

3. 最高人民法院关于适用《中华人民共和国民事诉讼法》的解释（2022 年 4 月 10 日施行　法释〔2022〕11 号）（节录）

第四百六十六条　申请恢复执行原生效法律文书，适用民事诉讼法第二百四十六条[①]申请执行期间的规定。申请执行期间因达成执行中的和解而中断，其期间自和解协议约定履行期限的最后一日重新计算。

第四百八十一条　申请执行人超过申请执行时效期间向人民法院申请强制执行的，人民法院应予以受理。被执行人对申请执行时效期间提出异议，人民法院经审查异议成立的，裁定不予执行。

被执行人履行全部或部分义务后，又以不知道申请执行时效期间届

① 现行《中华人民共和国民事诉讼法》第 250 条。

满为由请求执行回转的，人民法院不予支持。

第五百一十八条 因撤销申请而终结执行后，当事人在民事诉讼法第二百四十六条[①]规定的申请执行时效期间内再次申请执行的，人民法院应当受理。

4. 最高人民法院关于人民法院执行工作若干问题的规定（试行）（2021年1月1日施行 法释〔2020〕21号）（节录）

16. 人民法院受理执行案件应当符合下列条件：

(1) 申请或移送执行的法律文书已经生效；

(2) 申请执行人是生效法律文书确定的权利人或其继承人、权利承受人；

(3) 申请执行的法律文书有给付内容，且执行标的和被执行人明确；

(4) 义务人在生效法律文书确定的期限内未履行义务；

(5) 属于受申请执行的人民法院管辖。

人民法院对符合上述条件的申请，应当在七日内予以立案；不符合上述条件之一的，应当在七日内裁定不予受理。

18. 申请执行，应向人民法院提交下列文件和证件：

(1) 申请执行书。申请执行书中应当写明申请执行的理由、事项、执行标的，以及申请执行人所了解的被执行人的财产状况。

申请执行人书写申请执行书确有困难的，可以口头提出申请。人民法院接待人员对口头申请应当制作笔录，由申请执行人签字或盖章。

外国一方当事人申请执行的，应当提交中文申请执行书。当事人所在国与我国缔结或共同参加的司法协助条约有特别规定的，按照条约规定办理。

(2) 生效法律文书副本。

---

① 现行《中华人民共和国民事诉讼法》第250条。

（3）申请执行人的身份证明。自然人个人申请的，应当出示居民身份证；法人申请的，应当提交法人营业执照副本和法定代表人身份证明；非法人组织申请的，应当提交营业执照副本和主要负责人身份证明。

（4）继承人或权利承受人申请执行的，应当提交继承或承受权利的证明文件。

（5）其他应当提交的文件或证件。

5. 最高人民法院关于审理民事案件适用诉讼时效制度若干问题的规定（2021年1月1日施行　法释〔2020〕17号）（节录）

第二条　当事人未提出诉讼时效抗辩，人民法院不应对诉讼时效问题进行释明。

6. 最高人民法院关于人民法院办理执行异议和复议案件若干问题的规定（2021年1月1日施行　法释〔2020〕21号）（节录）

第六条　当事人、利害关系人依照民事诉讼法第二百二十五条①规定提出异议的，应当在执行程序终结之前提出，但对终结执行措施提出异议的除外。

案外人依照民事诉讼法第二百二十七条②规定提出异议的，应当在异议指向的执行标的执行终结之前提出；执行标的由当事人受让的，应当在执行程序终结之前提出。

7. 最高人民法院关于适用《中华人民共和国民事诉讼法》执行程序若干问题的解释（2021年1月1日施行　法释〔2020〕21号）（节录）

第十九条　在申请执行时效期间的最后六个月内，因不可抗力或者其他障碍不能行使请求权的，申请执行时效中止。从中止时效的原因消除之日起，申请执行时效期间继续计算。

---

① 现行《中华人民共和国民事诉讼法》第236条。

② 现行《中华人民共和国民事诉讼法》第238条。

8. 最高人民法院关于限制被执行人高消费及有关消费的若干规定（2015年7月22日施行　法释〔2015〕17号）（节录）

第一条　被执行人未按执行通知书指定的期间履行生效法律文书确定的给付义务的，人民法院可以采取限制消费措施，限制其高消费及非生活或者经营必需的有关消费。

纳入失信被执行人名单的被执行人，人民法院应当对其采取限制消费措施。

第二条　人民法院决定采取限制消费措施时，应当考虑被执行人是否有消极履行、规避执行或者抗拒执行的行为以及被执行人的履行能力等因素。

9. 最高人民法院关于人民法院登记立案若干问题的规定（2015年5月1日施行　法释〔2015〕8号）（节录）

第二条　对起诉、自诉，人民法院应当一律接收诉状，出具书面凭证并注明收到日期。

对符合法律规定的起诉、自诉，人民法院应当当场予以登记立案。

对不符合法律规定的起诉、自诉，人民法院应当予以释明。

第七条　当事人提交的诉状和材料不符合要求的，人民法院应当一次性书面告知在指定期限内补正。

当事人在指定期限内补正的，人民法院决定是否立案的期间，自收到补正材料之日起计算。

当事人在指定期限内没有补正的，退回诉状并记录在册；坚持起诉、自诉的，裁定或者决定不予受理、不予立案。

经补正仍不符合要求的，裁定或者决定不予受理、不予立案。

第八条　对当事人提出的起诉、自诉，人民法院当场不能判定是否符合法律规定的，应当作出以下处理：

（一）对民事、行政起诉，应当在收到起诉状之日起七日内决定是否立案；

（二）对刑事自诉，应当在收到自诉状次日起十五日内决定是否立案；

（三）对第三人撤销之诉，应当在收到起诉状之日起三十日内决定是否立案；

（四）对执行异议之诉，应当在收到起诉状之日起十五日内决定是否立案。

人民法院在法定期间内不能判定起诉、自诉是否符合法律规定的，应当先行立案。

第十八条　强制执行和国家赔偿申请登记立案工作，按照本规定执行。

10. 最高人民法院关于执行案件立案、结案若干问题的意见（2015年1月1日施行　法发〔2014〕26号）（节录）

第九条　下列案件，人民法院应当按照执行异议案件予以立案：

（一）当事人、利害关系人认为人民法院的执行行为违反法律规定，提出书面异议的；

（二）执行过程中，案外人对执行标的提出书面异议的；

（三）人民法院受理执行申请后，当事人对管辖权提出异议的；

（四）申请执行人申请追加、变更被执行人的；

（五）被执行人以债权消灭、超过申请执行期间或者其他阻止执行的实体事由提出阻止执行的；

（六）被执行人对仲裁裁决或者公证机关赋予强制执行效力的公证债权文书申请不予执行的；

（七）其他依法可以申请执行异议的。

第十五条　生效法律文书确定的执行内容，经被执行人自动履行、人民法院强制执行，已全部执行完毕，或者是当事人达成执行和解协议，且执行和解协议履行完毕，可以以“执行完毕”方式结案。

执行完毕应当制作结案通知书并发送当事人。双方当事人书面认可执行完毕或口头认可执行完毕并记入笔录的，无需制作结案通知书。

执行和解协议应当附卷，没有签订书面执行和解协议的，应当将口头和解协议的内容作成笔录，经当事人签字后附卷。

第二十条 执行实施案件立案后，经审查发现不符合《最高人民法院关于人民法院执行工作若干问题的规定（试行）》第16条规定的受理条件，裁定驳回申请的，以“驳回申请”方式结案。

第二节 执行通知检察监督

向被执行人发送执行通知书是执行立案后执行法院首先要做的执行程序，根据《中华人民共和国民事诉讼法》第251条的规定，执行员接到申请执行书或者移交执行书，应当向被执行人发出执行通知。向被执行人发送执行通知书，除了责令被执行人在指定期间内履行生效法律文书确定的义务，并承担《中华人民共和国民事诉讼法》第264条规定的迟延履行期间的债务利息或迟延履行金外，还有一个重要目的，即保障被执行人的知情权和异议权。如前面提到的被执行人可以针对申请执行时效期间提出异议，但如果没有收到法院执行通知书，其异议权则无从保障。因此，向被执行人发送执行通知书是执行法院必须履行的一项程序义务。

一、监督要领

（一）关于向被执行人发送执行通知书的时间

根据《最高人民法院关于人民法院办理执行案件若干期限的规定》第4条的规定，承办人应当在收到案件材料后3日内向被执行人发出执行通知书。2020年12月29日修改后的《最高人民法院关于人民法院执行工作若干问题的规定（试行）》第22条、《最高人民法院关于适用〈中华人民共和国民事诉讼法〉的解释》第480条对上述期限进行了修改，规定人民法院应当在收到申请执行书或者移交执行书后10日内发出执行通知，将“3日”修改为“10日”。执行通知中除应责令被执行人履行法律文书确定的义务外，还应通知其承担《中华人民共和国民事诉讼法》第264条规定的迟延履行利息或者迟延履行金。

（二）以尚未发出执行通知书或执行通知书指定的期间未届满为由不采取执行措施

1.发送执行通知书及指定履行义务期限届满不是采取执行措施的前置程序

向被执行人发送执行通知书是执行法院应当履行的执行程序，但并非法院采取执行措施的前置程序，对此，《中华人民共和国民事诉讼法》第251条予以明确，即执行法院应当向被执行人发送执行通知书，并可以立即采取执行措施。同时，根据《最高人民法院关于人民法院办理执行案件若干期限的规定》第4条第2款的规定，执行法院获悉被执行人在执行通知书指定的履行期间内有转移、隐匿、变卖、毁损财产等情形的，应当立即采取控制性执行措施。因此，在民事执行活动中，执行法院不得以尚未发出执行通知书或执行通知书指定的期间未届满为由拒不采取相应的执行措施。

2. 已经采取执行措施是否还需要向被执行人发送执行通知书

对此，《最高人民法院关于适用〈中华人民共和国民事诉讼法〉执行程序若干问题的解释》第22条进行了明确，即按照《中华人民共和国民事诉讼法》第251条的规定立即采取执行措施的，可以同时或者自采取强制执行措施之日起3日内发送执行通知书。因此，因案件执行中的实际情况即使已经采取了相关执行措施，执行法院仍应当向被执行人发送执行通知书。此外，执行法院已采取执行措施的，应当将执行裁定书送达被执行人。

（三）发送执行通知书、报告财产令等的同时，对被执行人采取限制高消费、纳入失信被执行人名单等措施

1. 关于发送执行通知书的同时，是否可以采取限制高消费、纳入失信被执行人名单等执行措施

对此，上文已提到，根据《中华人民共和国民事诉讼法》第251条的规定，执行法院在向被执行人发送执行通知时可以立即采取执行措施，一方面可以加强民事执行的强制性，另一方面可以提高执行效力，如2019年5月1日施行的《浙江省高级人民法院关于进一步强化执行措施的若干意见（试行）》第1条规定，执行机构收到执行案件后，应当立即启动执行程序，并在10日内完成包括向被执行人发出《执行通知书》《报告财产令》《限制消费令》等事项，据此辖区各法院大多在向被执行人发出《执行通知书》的同时，对被执行人采取了限制消费措施。根据该规定以及民事诉讼法的规定，发送通知书的同时采取包括限制高消费措施并无不妥，但根据《最高人民法院关于在执行工作中进一步强化善意文明执行理念的意见》第14条的规定，要严格规范纳入失信名单和限

制消费措施，采取纳入失信名单或者限制消费措施，必须严格依照民事诉讼法和限制消费、纳入失信名单司法解释规定的条件和程序进行。因此，能否在发送执行通知的同时采取纳入失信名单、限制消费除了法律规定，还必须结合相关司法解释规定的条件和程序。

2. 关于采取限制消费措施

根据《最高人民法院关于限制被执行人高消费及有关消费的若干规定》第 1 条的规定，被执行人未按执行通知书指定的期间履行生效法律文书确定的给付义务的，人民法院可以采取限制消费措施，也就是说，采取限制消费措施有一个前提，即未按执行通知书指定的期间履行法律义务。因此，在被执行人尚未收到通知或者未确定被执行人是否按照执行通知指定的期限履行法律义务的情况下，在发送执行通知的同时采取限制消费措施，显然与上述规定不符。采取限制消费措施还应当考虑被执行人是否有消极履行、规避执行或者抗拒执行的行为以及被执行人的履行能力。根据《最高人民法院关于在执行工作中进一步强化善意文明执行理念的意见》第 16 条的规定，被执行人虽然存在有履行能力而拒不履行生效法律文书确定义务的情形，但人民法院已经控制其足以清偿债务的财产，不得对被执行人采取纳入失信名单或限制消费措施。由此，不考虑案件具体情况，一律采取限制消费措施，并将限制消费令和执行通知书一并发送被执行人显然不妥。

3. 关于纳入失信名单措施

根据《最高人民法院关于公布失信被执行人名单信息的若干规定》第 5 条的规定，人民法院向被执行人发送的执行通知中，应当载明有关纳入失信被执行人名单的风险提示等内容。这也说明只能在通知书中载明被执行人如不履行法律义务有被纳入失信名单的法律风险，而不能在发送执行通知的时候直接作出将被执行人纳入失信名单的决定。此外，根据《最高人民法院关于在执行工作中进一步强化善意文明执行理念的意见》第16条的规定，将被执行人纳入失信名单应当符合《最高人民法院关于公布失信被执行人名单信息的若干规定》第1条规定的六种情形，且如果人民法院已经控制足以清偿债务的财产或者申请执行人申请暂不采取惩戒措施的，执行法院不得对被执行人采取纳入失信名单。另外，如果单位是失信被执行人的，人民法院不得将其法定代表人、主要负责人、影响债务履行的直接责任人员、实际控制人等纳入失信名单。

（四）当事人对惩戒措施的救济途径

根据《最高人民法院关于公布失信被执行人名单信息的若干规定》第11条、第12条的规定，被纳入失信被执行人名单的主体，认为不应将其纳入失信名单、记载和公布的失信信息不准确、失信信息应当予以删除的，可以向执行法院申请纠正，执行法院收到书面纠正申请之日起15日内审查，理由成立的，应当在3个工作日内纠正；理由不成立的，决定驳回。对驳回决定不服的，可以自决定书送达之日起10日内向上一级人民法院申请复议，上一级人民法院收到复议申请之日起也是15日内作出决定。

根据《最高人民法院关于在执行工作中进一步强化善意文明执行理念的意见》第18条的规定，对被采取限制消费措施申请纠正的，参照《最高人民法院关于公布失信被执行人名单信息的若干规定》第12条规定办理。

因此，如果异议人对纳入失信名单、限制消费的惩戒措施有异议，应当通过申请纠正，不能通过执行异议方式提出，否则人民法院不予审查。

二、相关案例

李某与倪某某、季某某民间借贷纠纷执行监督案

【监督要旨】对被执行人采取限制消费措施，应当符合法律及相关司法解释规定的条件和程序，人民法院不应在向被执行人发送执行通知的同时对被执行人采取限制消费措施。执行法院违反相关规定对被执行人采取限制消费措施，检察机关应当依法发出检察建议，监督法院纠正相关限制措施，以维护当事人的合法权益。

【调查核实】某区人民检察院在履行监督职责中发现，李某与倪某某、季某某民间借贷纠纷一案存在执行程序违法情形。经调查核实查明，本案由某区人民法院于 2020 年 6 月 10 日立案执行。2020 年 6 月 12 日，某区人民法院分别向倪某某、季某某发送了执行通知书、报告财产令、限制消费令等，其中限制消费令载明的日期与执行通知书的日期均为 2020 年 6 月 12 日。

【监督要点】本案的监督要点在于执行法院在向被执行人发送执行通知书的同时，对被执行人采取限制消费措施是否具有法律依据。2019 年 12 月 16 日，最高人民法院出台了《关于在执行工作中进一步强化善意文明执行理念的意见》，其中第 14 条规定，要严格规范纳入失信名单和限制消费措施，对被执行人采取限制消费措施，必须严格依照民事诉讼法和司法解释规定的条件和程序进行。《最高人民法院关于限制被执行人高消费及有关消费的若干规定》第 1 条规定，被执行人未按执行通知书指定的期间履行生效法律文书确定的给付义务的，人民法院可以采取限制消费措施，限制其高消费及非生活或者经营必需的有关消费。本案中，某区法院在发送执行通知的同时对被执行人决定采取限制消费措施，显然不符合上述司法解释的规定。

综上，某区人民检察院认为，某区人民法院在向被执行人发送执行通知的同时决定对被执行人采取限制消费措施不当，依法向某区人民法院发出检察建议，建议纠正该违法行为，并在以后的执行工作中对其采取限制消费等措施予以规范。

【监督结果】收到检察建议后，某区人民法院组织执行部门认真讨论，认为某区人民检察院提出的对被执行人采取限制消费措施不当等问题确实存在，在执行工作中确实存在不规范的情况，对此已对相关办案人员进行批评教育，下一步将加强业务学习，严格依法开展执行工作，防止类似情况再次发生。

三、法条链接

1. 中华人民共和国民事诉讼法（2024 年 1 月 1 日施行）（节录）

第二百五十一条 执行员接到申请执行书或者移交执行书，应当向被执行人发出执行通知，并可以立即采取强制执行措施。

第二百六十四条 被执行人未按判决、裁定和其他法律文书指定的期间履行给付金钱义务的，应当加倍支付迟延履行期间的债务利息。被执行人未按判决、裁定和其他法律文书指定的期间履行其他义务的，应当支付迟延履行金。

2. 最高人民法院关于适用《中华人民共和国民事诉讼法》的解释（2022 年 4 月 10 日施行 法释〔2022〕11 号）（节录）

第四百八十条 人民法院应当在收到申请执行书或者移交执行书后十日内发出执行通知。

执行通知中除应责令被执行人履行法律文书确定的义务外，还应通知其承担民事诉讼法第二百六十条[①]规定的迟延履行利息或者迟延履行金。

3. 最高人民法院关于人民法院执行工作若干问题的规定（试行）（2021年1月1日施行　法释〔2020〕21号）（节录）

22. 人民法院应当在收到申请执行书或者移交执行书后十日内发出执行通知。

执行通知中除应责令被执行人履行法律文书确定的义务外，还应通知其承担民事诉讼法第二百五十三条[②]规定的迟延履行利息或者迟延履行金。

24. 被执行人未按执行通知书履行生效法律文书确定的义务的，应当及时采取执行措施。

人民法院采取执行措施，应当制作相应法律文书，送达被执行人。

4. 最高人民法院关于适用《中华人民共和国民事诉讼法》执行程序若干问题的解释（2021年1月1日施行　法释〔2020〕21号）（节录）

第二十二条　执行员依照民事诉讼法第二百四十条[③]规定立即采取强制执行措施的，可以同时或者自采取强制执行措施之日起三日内发送执行通知书。

5. 最高人民法院关于限制被执行人高消费及有关消费的若干规定（2015年7月22日施行　法释〔2015〕17号）（节录）

第一条　被执行人未按执行通知书指定的期间履行生效法律文书确定的给付义务的，人民法院可以采取限制消费措施，限制其高消费及非生活或者经营必需的有关消费。

纳入失信被执行人名单的被执行人，人民法院应当对其采取限制消

---

① 现行《中华人民共和国民事诉讼法》第264条。
② 现行《中华人民共和国民事诉讼法》第264条。
③ 现行《中华人民共和国民事诉讼法》第251条。

费措施。

第二条 人民法院决定采取限制消费措施时，应当考虑被执行人是否有消极履行、规避执行或者抗拒执行的行为以及被执行人的履行能力等因素。

6. 最高人民法院关于公布失信被执行人名单信息的若干规定（2017年5月1日施行 法释〔2017〕7号）（节录）

第一条 被执行人未履行生效法律文书确定的义务，并具有下列情形之一的，人民法院应当将其纳入失信被执行人名单，依法对其进行信用惩戒：

（一）有履行能力而拒不履行生效法律文书确定义务的；

（二）以伪造证据、暴力、威胁等方法妨碍、抗拒执行的；

（三）以虚假诉讼、虚假仲裁或者以隐匿、转移财产等方法规避执行的；

（四）违反财产报告制度的；

（五）违反限制消费令的；

（六）无正当理由拒不履行执行和解协议的。

第三条 具有下列情形之一的，人民法院不得依据本规定第一条第一项的规定将被执行人纳入失信被执行人名单：

（一）提供了充分有效担保的；

（二）已被采取查封、扣押、冻结等措施的财产足以清偿生效法律文书确定债务的；

（三）被执行人履行顺序在后，对其依法不应强制执行的；

（四）其他不属于有履行能力而拒不履行生效法律文书确定义务的情形。

第十一条 被纳入失信被执行人名单的公民、法人或其他组织认为有下列情形之一的，可以向执行法院申请纠正：

（一）不应将其纳入失信被执行人名单的；

（二）记载和公布的失信信息不准确的；

（三）失信信息应予删除的。

第十二条　公民、法人或其他组织对被纳入失信被执行人名单申请纠正的，执行法院应当自收到书面纠正申请之日起十五日内审查，理由成立的，应当在三个工作日内纠正；理由不成立的，决定驳回。公民、法人或其他组织对驳回决定不服的，可以自决定书送达之日起十日内向上一级人民法院申请复议。上一级人民法院应当自收到复议申请之日起十五日内作出决定。

复议期间，不停止原决定的执行。

7. 最高人民法院关于在执行工作中进一步强化善意文明执行理念的意见（2019 年 12 月 16 日　法发〔2019〕35 号）（节录）

五、严格规范纳入失信名单和限制消费措施

14. 严格适用条件和程序。采取纳入失信名单或限制消费措施，必须严格依照民事诉讼法、《最高人民法院关于公布失信被执行人名单信息的若干规定》（以下简称失信名单规定）、《最高人民法院关于限制被执行人高消费及有关消费的若干规定》等规定的条件和程序进行。对于不符合法定条件的被执行人，坚决不得采取纳入失信名单或限制消费惩戒措施。对于符合法定条件的被执行人，决定采取惩戒措施的，应当制作决定书或限制消费令，并依法由院长审核后签发。

16. 不采取惩戒措施的几类情形。被执行人虽然存在有履行能力而拒不履行生效法律文书确定义务、无正当理由拒不履行和解协议的情形，但人民法院已经控制其足以清偿债务的财产或者申请执行人申请暂不采取惩戒措施的，不得对被执行人采取纳入失信名单或限制消费措施。单位是失信被执行人的，人民法院不得将其法定代表人、主要负责人、影响债务履行的直接责任人员、实际控制人等纳入失信名单。全日制在校生因“校园贷”纠纷成为被执行人的，一般不得对其采取纳入失信名单或限制消费措施。

18. 畅通惩戒措施救济渠道。自然人、法人或其他组织对被纳入失信名单申请纠正的，人民法院应当依照失信名单规定第十二条规定的程序和时限及时审查并作出处理决定。对被采取限制消费措施申请纠正的，参照失信名单规定第十二条规定办理。

人民法院发现纳入失信名单、采取限制消费措施可能存在错误的，应当及时进行自查并作出相应处理；上级法院发现下级法院纳入失信名单、采取限制消费措施存在错误的，应当责令其及时纠正，也可以依法直接纠正。

19. 及时删除失信信息。失信名单信息依法应当删除（屏蔽）的，应当及时采取删除（屏蔽）措施。超过三个工作日采取删除（屏蔽）措施，或者虽未超过三个工作日但能够立即采取措施却未采取造成严重后果的，依法追究相关人员责任。

被执行人因存在多种失信情形，被同时纳入有固定期限的失信名单和无固定期限的失信名单的，其主动履行完毕生效法律文书确定义务后，一般应当将有固定期限的名单信息和无固定期限的名单信息同时删除（屏蔽）。

8. 最高人民法院关于人民法院办理执行案件若干期限的规定（2007年1月1日施行　法发〔2006〕35号）（节录）

第四条　承办人应当在收到案件材料后3日内向被执行人发出执行通知书，通知被执行人按照有关规定申报财产，责令被执行人履行生效法律文书确定的义务。

被执行人在指定的履行期间内有转移、隐匿、变卖、毁损财产等情形的，人民法院在获悉后应当立即采取控制性执行措施。

第三节　财产调查检察监督

社会关注的“执行难”在司法实践中主要表现在金钱给付民事执行案件中，而金钱给付类执行案件数量又占民事执行案件的绝大多数。财产调查是该类型案件中最为基础但也十分重要的工作，因为它直接关系到后续执行程序能否顺利进行，申请执行人的合法债权能否得以实现。为此，最高人民法院在《关于人民法院办理执行案件若干期限的规定》《关于人民法院执行公开的若干规定》等文件中均对财产调查作了相应的规定。2017 年，针对财产调查，最高人民法院又专门制定了《关于民事执行中财产调查若干问题的规定》，并在 2020 年对该规定进行了修订，对财产调查的途径、申请执行人提供财产线索的处理、财产报告制度等进行详细规范，足以可见财产调查在民事执行活动中的重要性。因此，检察机关应当将财产调查作为重要监督内容，从根本上促进解决执行难。

一、监督要领

（一）关于被执行人财产线索来源

根据《最高人民法院关于民事执行中财产调查若干问题的规定》第 1 条规定，执行过程中，申请执行人应当向执行法院提供被执行人财产线索，而被执行人应当向执行法院如实报告财产；此外，执行法院也应当通过网络执行查控系统进行调查，需要通过其他方式进行调查的，同时采取其他调查方式。《最高人民法院关于民事执行中财产调查若干问题的规定》还规定了申请执行人向执行法院提出审计申请、发布悬赏公告申请等，以获取被执行人的财产线索。由此可见，被执行人的财产线索来源主要有申请人提供财产线索、被执行人向法院报告财产、法院依职权主动调查以及悬赏公告等来源类型，司法实践中则主要依赖申请执行人提供和执行法院依职权调查。

（二）未及时对申请执行人提供的财产线索调查核实

这是司法实践中较为常见的执行程序违法情形，但由于案多人少的实际情况，执行法院往往对此未给予足够的重视。根据《最高人民法院关于民事执行中财产调查若干问题的规定》第 2 条的规定，对于申请执行人提供被执行人财产线索，财产线索明确、具体的，人民法院应当在 7 日内调查核实；情况紧急的，应当在 3 日内调查核实；经调查，财产线索确实的，则应当及时采取相应的执行措施。通过上述规定可以看出，执行法院对于申请执行人提供的财产线索负有及时调查核实的义务，如果不及时查证则有可能导致该财产被转移或者隐匿的不良后果。

（三）申请执行人申请法院调查被执行人财产线索

财产线索及状况属于个人私有信息，因此，要求申请执行人掌握并提供被执行人所有的财产线索有客观障碍。为此，《最高人民法院关于民事执行中财产调查若干问题的规定》第 2 条第 2 款规定，申请执行人确因客观原因无法自行查明财产的，可以申请人民法院调查。《最高人民法院、司法部、中华全国律师协会关于深入推进律师参与人民法院执行工作的意见》第 5 条也明确了要充分发挥律师在执行调查中的作用，申请执行人的代理律师可以协助申请执行人向人民法院提供所了解的被执行人的财产状况或线索，申请人民法院进行调查，必要时，可以向人民法院申请发布悬赏公告或委托审计机构进行审计。

对于申请执行人的调查申请，《最高人民法院关于人民法院办理执行案件若干期限的规定》第6条规定，执行案件承办人应当在申请执行人提出调查申请后10日内启动调查程序。根据案件具体情况，执行案件承办人一般应当在1个月内完成对被执行人收入、银行存款、有价证券、不动产、车辆、机器设备、知识产权、对外投资权益及收益、到期债权等资产状况的调查。

（四）未告知财产调查结果

对于财产调查结果的告知，执行程序有一个变化的过程。根据《最高人民法院关于人民法院执行公开的若干规定》第7条的规定，对于申请执行人提供的财产线索，执行法院调查后应当及时将调查结果告知申请执行人；对于依职权调查的被执行人财产状况和被执行人申报的财产状况，执行法院应当主动告知申请执行人。但根据《最高人民法院关于民事执行中财产调查若干问题的规定》第8条的规定，申请执行人申请查询被执行人报告的财产情况的，执行法院应当准许；对于执行法院依职权调查的被执行人财产情况，《最高人民法院关于民事执行中财产调查若干问题的规定》第12条规定，申请执行人申请查询执行法院调查的财产信息的，执行法院根据案件需要决定是否准许。根据上述新旧执行规定内容的变化可以看出，对于被执行人报告的财产情况和执行法院依职权调查的财产情况，一般需要申请执行人提出查询申请，执行法院不再主动告知。对于申请执行人提供的财产线索的调查情况并无变化，执行法院调查后应当将调查结果及时告知申请执行人。

二、相关案例

刘某青控告执行违法监督案

【监督要旨】对申请执行人提供的被执行人明确具体的财产线索，执行法院应当在规定的期限内调查核实，财产线索确实的应当及时采取相应的执行措施。对于未按规定调查核实的，检察机关应依法提出检察建议，督促执行法院规范财产调查程序，依法保障申请执行人债权得以实现。

【申请监督】刘某青系某区人民法院一起民间借贷纠纷民事执行案件的申请执行人，其认为某区人民法院在该案执行过程中对其提供的被执行人的财产线索未及时进行查控并处置，导致其债权至今未完全实现，存在渎职情形，进而向检察机关进行申诉控告。

【调查核实】检察机关受理后，依法调取了相关执行卷宗，询问了刘某青，并向该案执行法官了解执行相关情况。经调查核实查明，申请人刘某青与被执行人刘某存民间借贷纠纷一案，某区人民法院于 2011 年 5 月 4 日立案执行，执行标的 50 万元。申请执行时刘某青向某区人民法院提供了被执行人刘某存车辆、房产、到期债权等财产线索。根据该线索，2011 年 5 月 18 日，某区人民法院查封了刘某存名下房产一套，冻结了刘某存部分银行账户。直到 2011 年 11 月 7 日，某区人民法院才对刘某青提供的被执行人刘某存的到期债权进行调查核实，发现第三人已将被执行人刘某存的工程保证金 3 万元和 5 万元分别于 2011 年 8 月 9 日、10 月 11 日汇款至刘某存妻子石某花银行账户。2011 年 11 月 21 日，某区人民法院冻结石某花银行存款 47913 元。

【监督要点】本案执行中存在的主要问题在于，执行法院未按照规定期限对申请执行人提供的财产线索进行调查核实，导致未及时对被执行人财产采取相应的执行措施，侵害了申请执行人合法权益。根据《最高人民法院关于人民法院办理执行案件若干期限的规定》第6条的规定，对于申请执行人提供了明确、具体的财产状况或者线索的，执行法院应当在申请执行人提供财产线索后5日内进行查证、核实。情况紧急的，应当立即予以核查。《最高人民法院关于民事执行中财产调查若干问题的规定》第2条对此也予以明确，即申请执行人财产调查表中填写的财产线索明确、具体的，执行法院应当在7日内调查核实；情况紧急的，应当在3日内调查核实。本案中，申请执行人在2011年5月4日申请执行时即向执行法院提供了被执行人在第三人处的到期债权线索，但执行法院直到6个月之后的2011年11月7日才对该线索进行核实，发现第三人已经将款项支付被执行人。尽管后续执行法院又采取了相关执行措施，弥补了申请执行人部分损失，但其在财产调查过程中显然未依照相关规定开展执行工作，致使申请执行人因债权未及时实现而长期信访上访。

综上，某区人民检察院认为，本案执行人员对申请执行人提供的财产线索未按规定的期限进行核查并采取执行措施，造成被执行人财产转移和申请执行人长期上访的不良后果，依法向某区人民法院提出检察建议，对相关责任人员依法作出处理，并加强执行工作规范化管理，提高执行人员程序意识和风险意识，依法开展执行工作。

【监督结果】收到检察建议后，某区人民法院经研究认为检察建议指出的问题确实存在，决定对涉案执行人员进行通报批评教育，对本案被执行人财产线索进一步加大调查力度，发现被执行人其他财产线索及时恢复执行。此外，开展执行程序专项规范教育活动，确保依法规范开展民事执行活动，防止类似情况再次发生。

三、法条链接

1. **最高人民法院关于民事执行中财产调查若干问题的规定**（2021 年 1 月 1 日施行　法释〔2020〕21 号）（节录）

第一条　执行过程中，申请执行人应当提供被执行人的财产线索；被执行人应当如实报告财产；人民法院应当通过网络执行查控系统进行调查，根据案件需要应当通过其他方式进行调查的，同时采取其他调查方式。

第二条　申请执行人提供被执行人财产线索，应当填写财产调查表。财产线索明确、具体的，人民法院应当在七日内调查核实；情况紧急的，应当在三日内调查核实。财产线索确实的，人民法院应当及时采取相应的执行措施。

申请执行人确因客观原因无法自行查明财产的，可以申请人民法院调查。

第三条　人民法院依申请执行人的申请或依职权责令被执行人报告财产情况的，应当向其发出报告财产令。金钱债权执行中，报告财产令应当与执行通知同时发出。

人民法院根据案件需要再次责令被执行人报告财产情况的，应当重新向其发出报告财产令。

第八条　对被执行人报告的财产情况，人民法院应当及时调查核实，必要时可以组织当事人进行听证。

申请执行人申请查询被执行人报告的财产情况的，人民法院应当准许。申请执行人及其代理人对查询过程中知悉的信息应当保密。

第十二条　被执行人未按执行通知履行生效法律文书确定的义务，人民法院有权通过网络执行查控系统、现场调查等方式向被执行人、有关单位或个人调查被执行人的身份信息和财产信息，有关单位和个人应当依法协助办理。

人民法院对调查所需资料可以复制、打印、抄录、拍照或以其他方式进行提取、留存。

申请执行人申请查询人民法院调查的财产信息的，人民法院可以根据案件需要决定是否准许。申请执行人及其代理人对查询过程中知悉的信息应当保密。

2. 最高人民法院关于人民法院办理执行案件若干期限的规定（2007年1月1日施行　法释〔2006〕35号）（节录）

第六条　申请执行人提供了明确、具体的财产状况或财产线索的，承办人应当在申请执行人提供财产状况或财产线索后5日内进行查证、核实。情况紧急的，应当立即予以核查。

申请执行人无法提供被执行人财产状况或财产线索，或者提供财产状况或财产线索确有困难，需人民法院进行调查的，承办人应当在申请执行人提出调查申请后10日内启动调查程序。

根据案件具体情况，承办人一般应当在1个月内完成对被执行人收入、银行存款、有价证券、不动产、车辆、机器设备、知识产权、对外投资权益及收益、到期债权等资产状况的调查。

3. 最高人民法院、司法部、中华全国律师协会关于深入推进律师参与人民法院执行工作的意见（2019年12月25日施行　法发〔2019〕34号）（节录）

5. 充分发挥律师在执行调查中的作用。申请执行人的代理律师可以协助申请执行人向人民法院提供所了解的被执行人的财产状况或线索，申请人民法院进行调查，必要时，可以向人民法院申请发布悬赏公告或委托审计机构进行审计。被执行人的代理律师应当告知被执行人有向人民法院如实报告财产的义务，并向其说明拒不报告、虚假报告或逾期报告财产的法律后果。

人民法院应当通过执行网络查控系统和其他必要方式开展执行调查。要依法保障律师调查取证的权利，进一步拓宽执行调查方式和渠道，研究建立委托律师调查相关工作机制。

4. **最高人民法院关于人民法院执行公开的若干规定**（2007 年 1 月 1 日施行　法发〔2006〕35 号）（节录）

第七条　人民法院对申请执行人提供的财产线索进行调查后，应当及时将调查结果告知申请执行人；对依职权调查的被执行人财产状况和被执行人申报的财产状况，应当主动告知申请执行人。

第四节　财产处分检察监督

被执行人的财产包括银行存款、收入、现金、理财产品、有价证券、债权以及动产、不动产等，其中有些财产无须经过处分变价程序，如提取收入、划拨银行存款，而对有些财产的执行则需要通过拍卖、变卖等变价程序，如被执行人的房地产、车辆、股权等。在民事执行司法实践中，大多数有财产可供执行的案件需要经过变价程序才能实现申请执行人的债权，因此，财产处分也是民事执行活动中最为重要的内容。本节主要对民事执行活动中的财产处分的财产查控、价值评估、拍卖变卖等主要环节进行分析，以供民事执行检察人员参考和借鉴。

一、监督要领

（一）关于财产控制

财产控制即我们平常所说的对被执行人财产的查封、扣押、冻结措施，根据《中华人民共和国民事诉讼法》第253条的规定，被执行人未按照执行通知履行法律文书确定的义务的，人民法院有权查封、扣押、冻结被执行人应当履行义务部分的财产。处分财产首先要控制财产，因此，财产控制是财产处分的第一步。

1. 采取控制措施的裁定未送达当事人

根据《中华人民共和国民事诉讼法》第253条第2款的规定，执行法院对被执行人的财产采取查封、扣押、冻结措施的，应当作出裁定。《最高人民法院关于人民法院民事执行中查封、扣押、冻结财产的规定》第1条也明确规定，人民法院财产查封、扣押、冻结被执行人的动产、不动产及其他财产权，应当作出裁定，并送达被执行人和申请执行人。从上述规定可以看出，执行法院采取查控措施后应当告知被执行人和申请执行人双方，以保障当事人的相关合法权利。

2. 关于可以采取控制措施的被执行人财产范围

（1）可以控制的财产。根据《最高人民法院关于人民法院民事执行中查封、扣押、冻结财产的规定》第2条的规定，执行法院可以查封、扣押、冻结被执行人占有的动产、登记在被执行人名下的不动产、特定动产及其他财产权。对于尚未办理登记的建筑物和土地使用权，如果依据土地使用权的审批文件和其他相关证据确定属于被执行人的，也可以采取控制措施。对于第三人占有的动产或者登记在第三人名下的不动产、特定动产及其他财产权，第三人书面确认该财产属于被执行人的，执行法院可以查封、扣押、冻结。例如，被执行人甲实际拥有的一辆轿车，但出于某种原因登记在乙名下，如果申请执行人向执行法院提供了上述财产线索，执行法院不能简单以车辆并非被执行人名下财产而不予执行，而应当根据上述规定对乙进行调查核实车辆权属情况，如果乙书面承认该车辆确属甲所有，执行法院应当采取控制措施并予以执行。反之，该第三人未书面确认该财产属于被执行人的，执行法院一般不应对该财产采取查封、扣押、冻结措施。

（2）不得控制的财产。根据《最高人民法院关于人民法院民事执行中查封、扣押、冻结财产的规定》第3条的规定，被执行人的下列财产不得控制：一是被执行人及其所扶养家属生活所必需的衣服、家具、炊具、餐具及其他家庭生活必需的物品。二是被执行人及其所扶养家属所必需的生活费用。当地有最低生活保障标准的，必需的生活费用依照该标准确定。三是被执行人及其所扶养家属完成义务教育所必需的物品。四是未公开的发明或者未发表的著作。五是被执行人及其所扶养家属用于身体缺陷所必需的辅助工具、医疗物品。六是被执行人所得的勋章及其他荣誉表彰的物品。七是根据《中华人民共和国缔结条约程序法》，以中华人民共和国、中华人民共和国政府或者中华人民共和国政府部门名义同外国、国际组织缔结的条约、协定和其他具有条约、协定性质的文件中规定免予查封、扣押、冻结的财产。八是法律或者司法解释规定的其他不得查封、扣押、冻结的财产。

（3）关于涉被执行人及其所扶养家属生活所必需的居住房屋的控制。根据《最高人民法院关于人民法院民事执行中查封、扣押、冻结财产的规定》第4条、第5条的规定，对被执行人及其所扶养家属生活所必需的居住房屋，人民法院可以查封，但不得进行处分。对于超过被执行人及其所扶养家属生活所必需的房屋和生活用品，执行法院则根据申请执行人的申请，在保障被执行人及其所扶养家属最低生活标准所必需的居住房屋和普通生活必需品后，可予以执行。

根据《最高人民法院关于人民法院办理执行异议和复议案件若干问题的规定》第20条的规定，符合四种情形之一的，被执行人以执行标的系本人及所扶养家属维持生活必需的居住房屋为由提出异议的，人民法院不予支持，也就意味着，下列情形下的“一处住房”可以执行：第一种情形，对被执行人有扶养义务的人名下有其他能够维持生活必需的居住房屋的；第二种情形，执行依据生效后，被执行人为逃避债务转让其名下其他房屋的；第三种情形，申请执行人按照当地廉租住房保障面积标准为被执行人及所扶养家属提供居住房屋，或者同意参照当地房屋租赁市场平均租金标准从该房屋的变价款中扣除五年至八年租金的；第四种情形，执行依据确定被执行人交付居住的房屋，自执行通知送达之日起，已经给予3个月的宽限期，被执行人以该房屋系本人及所扶养家属维持生活的必需品为由提出异议的。

3. 未按照规定的程序采取控制措施

（1）未履行通知义务。根据《中华人民共和国民事诉讼法》第256条的规定，执行法院查封、扣押财产时，如果被执行人是公民的，应当通知被执行人本人或者其成年家属到场。如果拒不到场的，应当通知被执行人工作单位或者财产所在地基层组织派人到场。如果被执行人是法人或者其他非法人组织的，应当通知其法定代表人或者主要负责人到查封、扣押现场。

（2）未按规定的方式采取查封、扣押措施。根据《最高人民法院关于人民法院民事执行中查封、扣押、冻结财产的规定》第6条的规定，如果查封、扣押被执行人的财产为动产的，执行法院可以采取两种方式控制该动产：一是执行法院直接控制该项财产；二是执行法院将查封、扣押的动产交付其他人控制的，但必须在该动产上加贴封条或者采取其他足以公示查封、扣押的适当方式。如果查封的被执行人的财产为不动产的，则根据《最高人民法院关于人民法院民事执行中查封、扣押、冻结财产的规定》第7条、第8条的规定，应当张贴封条或者公告，并可以提取保存有关财产权证照。查封、扣押、冻结已登记的不动产、特定动产及其他财产权，应当通知有关登记机关办理登记手续。否则，不得对抗其他已经办理了登记手续的查封、扣押、冻结行为。查封尚未进行权属登记的建筑物时，应当通知其管理人或者该建筑物的实际占有人，并在显著位置张贴公告。

（3）未造具查封、扣押财产清单。根据《中华人民共和国民事诉讼法》第256条第2款的规定，对被查封、扣押的财产，执行员必须造具清单，并由在场人签名或者签章确认后交被执行人一份。造具清单一方面是要核对查封、扣押财产的数量、种类等情况，另一方面是为后续评估、拍卖做好基础工作。因此，执行员在对被执行人财产采取查封、扣押执行措施时必须按照法律规定的程序造具清单。

（4）未制作控制笔录。根据《最高人民法院关于人民法院民事执行中查封、扣押、冻结财产的规定》第18条的规定，执行法院查封、扣押、冻结被执行人的财产时，执行人员应当制作笔录，并在笔录中载明下列内容：一是执行措施开始及完成的时间；二是财产的所在地、种类、数量；三是财产的保管人；四是其他应当记明的事项。执行人员及保管人应当在笔录上签名，有《中华人民共和国民事诉讼法》第256条规定的被执行人法定代表人、主要负责人或者被执行人工作单位、财产所在地基层组织的人员等到场的，到场人员也应当在笔录上签名。

4. 关于被查封、扣押财产的保管

《中华人民共和国民事诉讼法》第257条规定，被查封的财产，执行员可以指定被执行人负责保管，因被执行人的过错造成的损失，由被执行人承担。对此，《最高人民法院关于人民法院民事执行中查封、扣押、

冻结财产的规定》也进一步予以了明确，第 10 条规定，查封、扣押的财产不宜由人民法院保管的，人民法院可以指定被执行人负责保管，并且如果继续使用对该财产的价值无重大影响，可以允许被执行人继续使用。如果不宜由被执行人保管的，可以委托第三人或者申请执行人保管，但保管人不得使用。

此外，根据《最高人民法院关于人民法院民事执行中查封、扣押、冻结财产的规定》第 11 条的规定，查封、扣押、冻结担保物权人占有的担保财产，一般情况下指定该担保物权人作为保管人；如果由人民法院保管该财产或指定他人保管的，质权、留置权并不因转移占有而消灭。

5. 关于被执行人与他人共有财产的控制

根据《最高人民法院关于人民法院民事执行中查封、扣押、冻结财产的规定》第 12 条的规定，对被执行人与其他人共有的财产，法院可以采取查封、扣押、冻结措施，但必须并及时通知共有人。执行过程中，如果共有人与被执行人协议分割共有财产，并经债权人认可的，人民法院可以认定有效，查封、扣押、冻结的效力仅及于协议分割后被执行人享有份额内的财产；执行法院则应当解除对其他共有人享有份额内的财产的查封、扣押、冻结。

如果共有人协议分割不成，提起析产诉讼或者申请执行人代位提起析产诉讼的，人民法院应当准许，且案件诉讼期间中止对该财产的执行。

6. 关于被执行人出卖给第三人的财产的控制

根据《最高人民法院关于人民法院民事执行中查封、扣押、冻结财产的规定》第 14 条的规定，执行过程中发现被执行人将其财产出卖给第三人，第三人已经支付部分价款并实际占有该财产，但根据合同约定被执行人保留所有权的，执行法院可以对该财产采取查封、扣押、冻结措施。如果第三人可以要求继续履行合同，但需要向人民法院交付全部余款后，执行法院才能裁定解除对该财产查封、扣押、冻结。该规定第15条对于被执行人将其所有的需要办理过户登记的财产出卖给第三人的情形是否可以控制进行了区别规定：如果第三人已经支付部分或者全部价款并实际占有该财产，但尚未办理产权过户登记手续的，执行法院可以查封、扣押、冻结；如果第三人已经支付全部价款并实际占有，但未办理过户登记手续的，第三人对此没有过错的，不得查封、扣押、冻结；已采取控制措施的，应当予以解除。

7. 关于被执行人购买第三人的财产的查控

根据《最高人民法院关于人民法院民事执行中查封、扣押、冻结财产的规定》第16条、第17条的规定，执行过程中发现被执行人购买第三人的财产，已经支付部分价款并实际占有该财产，第三人依合同约定保留所有权的，执行法院可以查封、扣押、冻结。保留所有权已办理登记的，第三人的剩余价款从该财产变价款中优先支付；第三人主张取回该财产的，可以依据《中华人民共和国民事诉讼法》第238条规定提出案外人执行异议。根据《浙江省高级人民法院执行实施案件办理指引规范（试行）》第66条的规定，第三人依法解除合同的，执行法院应当准许，已经采取的查封、扣押、冻结措施应当解除，但执行法院可以依据申请执行人的申请，执行被执行人因支付价款而形成的对该第三人的债权。

对于被执行人购买需要办理过户登记的第三人的财产，已经支付部分或者全部价款并实际占有该财产，虽未办理产权过户登记手续，但申请执行人已向第三人支付剩余价款或者第三人同意剩余价款从该财产变价款中优先支付的，执行法院也可以查封、扣押、冻结。

8. 关于超标的采取控制措施

根据《中华人民共和国民事诉讼法》第253条的规定，执行法院冻结的财产不得超过被执行人应当履行义务的范围。《最高人民法院关于人民法院民事执行中查封、扣押、冻结财产的规定》第 19 条也明确规定，查封、扣押、冻结被执行人的财产，以其价额足以清偿法律文书确定的债权额及执行费用为限，不得明显超标的额查封、扣押、冻结。如果发现超标的额查封、扣押、冻结的，人民法院应当根据被执行人的申请或者依职权，及时解除对超标的额部分财产的查封、扣押、冻结，但该财产为不可分物且被执行人无其他可供执行的财产或者其他财产不足以清偿债务的除外。

9. 关于土地使用权及土地上建筑物的控制

根据《最高人民法院关于人民法院民事执行中查封、扣押、冻结财产的规定》第 21 条的规定，一般情况下根据“房地一体”原则，查封地上建筑物的效力及于该地上建筑物使用范围内的土地使用权，查封土地使用权的效力同样及于地上建筑物，但土地使用权与地上建筑物的所有权分属被执行人与他人的情形除外。另外，如果地上建筑物和土地使用权的登记机关不是同一机关的，这种情况下执行法院应当分别办理查封登记。

10. 关于首轮查封和轮候查封

（1）关于轮候查封的效力。根据《最高人民法院关于人民法院民事执行中查封、扣押、冻结财产的规定》第 26 条的规定，对已被人民法院查封、扣押、冻结的财产，其他人民法院可以进行轮候查封、扣押、冻结。查封、扣押、冻结解除的，登记在先的轮候查封、扣押、冻结即自动生效。通过这个条文的内容，我们可以看出，如果首轮查封存在，轮候的查封均尚未发生效力，只有在先查封解除或者查封期限届满的，在先轮候查封才发生法律效力。

那么，在轮候查封未发生效力的情况下，轮候查封的法院能否处置查封的财产？按照《最高人民法院关于首先查封法院与优先债权执行法院处分查封财产的有关问题的批复》，执行过程中应当由首先查封法院负责处分查封财产，但如果符合一定条件，轮候查封法院通过与首封法院协商，首封法院可以通过移送执行函的形式将查封财产移送轮候查封法院执行，这种情况下，轮候查封法院在处分或者继续查封该财产时，可依据首封法院的移送执行函办理相关手续。但财产被处分变价后，轮候查封的法院应当按照法律规定的清偿顺序对相关款项进行分配，并将相关情况告知首封法院。

（2）关于轮候查封法院能否解除首轮查封。《最高人民法院关于首先查封法院与优先债权执行法院处分查封财产的有关问题的批复》，轮候查封的法院在处分或者继续查封该财产时就可以以首封法院的移送执行函办理相关手续，这里的相关手续包括解除在先的查封、办理查封财产的过户、交付等手续，因此，一般来讲，财产处分法院在司法拍卖完成后是可以解除财产的在先查封的。根据《最高人民法院关于人民法院民事执行中查封、扣押、冻结财产的规定》第 27 条的规定，查封财产被执行拍卖、变卖或者抵债的，查封、扣押、冻结的效力消灭，这其实也是指首封的效力消灭，拿到首封法院处分权的法院处置财产等同于首封法院的处分，处分完毕后，包括首封在内的其他查封解除，因为轮候查封根本没有生效，所以也就没有消灭之说。但解除在先查封的前提是，执行法院已经获得财产处分的权力。

11. 关于续行查封

《最高人民法院关于适用〈中华人民共和国民事诉讼法〉的解释》第 485 条第 1 款规定，人民法院对被执行人财产采取查封、扣押、冻结执行措施是有期限限制的，冻结银行存款的期限不得超过 1 年，查封、扣押动产不得超过 2 年，查封不动产、冻结其他财产权不得超过 3 年。如果在被执行人财产查控期限内执行案件未执行完毕，此时涉及是否应当续行查控、如何续行查控的问题。

（1）续行查封的启动。根据《最高人民法院关于适用〈中华人民共和国民事诉讼法〉的解释》第485条第2款、第3款的规定，续行查封有两种启动方式：一是申请执行人申请延长查控期限，在这种情况下，人民法院应当在查封、扣押、冻结期限届满前办理续行查控措施，续行期限不超过法律规定的期限；二是执行法院依职权办理续行查封、扣押、冻结手续，需要注意的是，该款规定执行法院可以依职权办理续行查控措施，而非应当，由此可以看出续行查封一般以申请执行人申请为原则。

（2）查封、扣押、冻结执行措施的告知。根据前文所述，续行查封以申请执行人申请为原则，那么执行就负有了告知申请执行人已采取执行措施情况的义务。根据《最高人民法院关于人民法院执行公开的若干规定》第8条的规定，执行法院采取查封、扣押、冻结、划拨等执行措施的，应当依法制作裁定书送达被执行人，并且在实施执行措施后将有关情况及时告知双方当事人，或者以方便当事人查询的方式予以公开。根据上述规定，实施执行措施的有关情况应当包括采取查封、扣押、冻结措施的执行标的、起止时间以及关于续行查封的相关事项等。如《浙江省高级人民法院实施案件办理指引规范（试行）》第70条专门对续行查封作出了规定，要求财产控制措施完成后，应当书面告知当事人以下事项：一是查封、扣押、冻结的起止日期；二是申请执行人要求续行查封、扣押、冻结的，至少于查封、扣押、冻结到期之日7日前提出书面申请；三是申请执行人未按照上一项的要求提出采取续行查封、扣押、冻结措施申请的，已采取的查封、扣押、冻结措施将自动解除。可以看出，浙江省高级人民法院的上述规定亦秉持续行查封以申请执行人申请为原则，但执行法院应当同时履行书面告知当事人申请续行查封相关事项的义务，否则申请执行人之申请也就没有了相关依据。

12. 关于控制措施的解除

根据《最高人民法院关于人民法院民事执行中查封、扣押、冻结财产的规定》第28条的规定，有下列情形之一的，人民法院应当作出解除查封、扣押、冻结裁定：一是查封、扣押、冻结案外人财产的；二是申请执行人撤回执行申请或者放弃债权的；三是查封、扣押、冻结的财产流拍或者变卖不成，申请执行人和其他执行债权人又不同意接受抵债，且对该财产又无法采取其他执行措施的；四是债务已经清偿的；五是被执行人提供担保且申请执行人同意解除查封、扣押、冻结的；六是人民法院认为应当解除查封、扣押、冻结的其他情形。需要注意的是，解除查控措施的裁定应当送达申请执行人、被执行人或者案外人。

（二）关于财产处置参考价的确定

根据《中华人民共和国民事诉讼法》第258条的规定，财产被查封、扣押后，被执行人未在指定期限履行法律文书确定的义务的，执行法院应当拍卖被查封、扣押的财产。《最高人民法院关于人民法院民事执行中拍卖、变卖财产的规定》第1条亦规定，被执行人的财产被查封、扣押、冻结后，执行法院应当及时进行拍卖、变卖或者采取其他执行措施。采取拍卖、变卖等执行措施必须首先确定财产处置参考价。

1. 未在规定期限内启动确定财产处置参考价程序

根据《最高人民法院关于人民法院确定财产处置参考价若干问题的规定》第1条的规定，查封、扣押、冻结被执行人财产后，对需要拍卖、变卖的财产，应当在30日内启动确定财产处置参考价程序。在此之前，法律、司法解释对于拟处分财产价值评估的时间并没有明确规定。因此，执行法院应当严格按照上述规定的期限启动财产处置参考价程序，避免执行程序迟延可能造成的不良后果。

2. 确定参考价前未对财产权属等情况进行调查

民事执行司法实践中，有些执行人员主观上认为被执行人占有的，或者放置在被执行人处所的财产即为被执行人所有的财产，直接对相关财产进行处分，侵害他人合法权益的案例并不鲜见。为此，《最高人民法院关于人民法院确定财产处置参考价若干问题的规定》第 3 条明确规定，执行法院在确定财产参考价之前，应当查明财产的权属，权利负担、占有使用、欠缴税费、质量瑕疵事项。对此，《最高人民法院关于人民法院民事执行中拍卖、变卖财产的规定》第 7 条也作了明确规定，即执行人员应当对拍卖财产的权属状况、占有使用情况等进行必要的调查，制作拍卖财产现状的调查笔录或者收集其他有关资料。

3. 关于确定财产处置参考价的方式

根据《最高人民法院关于人民法院确定财产处置参考价若干问题的规定》第 2 条的规定，执行法院确定财产处置参考价，可以采取当事人议价、定向询价、网络询价、委托评估等方式。目前司法实践中，最为常用的确定财产处置参考价的方式仍然是委托评估，对于委托评估需要注意以下几个方面：

（1）关于评估机构名单库。根据《最高人民法院关于人民法院确定财产处置参考价若干问题的规定》第 15 条的规定，最高人民法院建立人民法院司法评估机构名单库，按照评估专业领域和评估机构的执行范围建立名单分库，在分库下根据行政区划设立省、市两级名单子库。

（2）关于评估机构的确定。《最高人民法院关于人民法院确定财产处置参考价若干问题的规定》第 16 条规定，执行法院首先应当通知双方当事人在指定期限内从司法评估机构名单库中协商确定三家评估机构以及顺序；如果协商不成或者一方当事人下落不明的，则采取摇号方式在名单分库或者财产所在地名单子库中随机确定三家评估机构及顺序。如果双方当事人一致要求在同一名单库中随机确定，执行法院应当准许。

根据《最高人民法院关于人民法院确定财产处置参考价若干问题的规定》第 17 条的规定，执行法院应当向顺序在先的评估机构出具评估委托书。

（3）未通知当事人到场。根据《最高人民法院关于人民法院确定财产处置参考价若干问题的规定》第 18 条的规定，评估需要进行现场勘验的，执行法院应当通知当事人到场；如果当事人不到场，不影响勘验的进行，但应当有见证人见证。司法实践中，当事人不到场情况往往表现为被执行人不到场，但不论其是否到场，执行法院首先要履行通知其到场的义务。

（4）未监督评估机构在规定期限内出具评估报告。根据《最高人民法院关于人民法院确定财产处置参考价若干问题的规定》第 19 条的规定，评估机构应当在 30 日内（暂缓或中止执行的期间应当扣除）出具评估报告，如果不能在该期限内出具评估报告，应当在期限届满前向执行法院书面申请延长期限。执行法院决定延长的，延长次数不超过两次，而且每次不超过 15 日。如果未按照上述规定开展评估工作，人民法院依法应当通知该评估机构 3 日内将法院委托评估时移交的材料退回，另行委托下一顺序的评估机构重新评估。

需要注意的是，如果由于各种原因，执行法院未在评估结果有效期内发布一拍拍卖公告或者直接进入变卖程序的，应当通知原评估机构重新出具评估报告，而不能直接以原评估报告作为拍卖或者变卖依据。

（5）对评估报告未履行审查义务。根据《最高人民法院关于人民法院确定财产处置参考价若干问题的规定》第 20 条的规定，执行法院应当对评估报告进行审查，核对财产基本信息、是否超出财产范围或者遗漏财产、选定的评估机构与评估报告上签章的评估机构是否相符、评估人员执业资格证明与评估报告上署名人员是否一致等，发现错误的，执行法院应当责令评估机构在3日内书面说明或者补正。

（6）未按照规定将评估报告等发送当事人。根据《最高人民法院关于人民法院确定财产处置参考价若干问题的规定》第21条的规定，执行法院收到委托评估、补正说明等报告后，应当在3日内发送给当事人及利害关系人。关于送达报告的方式，如果当事人、利害关系人提供有效送达地址的，应当将报告以直接送达、留置送达、委托送达、邮寄送达或者电子送达的方式送达；如果当事人、利害关系人下落不明或者无法获取其有效送达地址，无法按照前述方式送达的，则应当在中国执行信息公开网上予以公示，公示满15日即视为送达。

（7）关于对评估报告的异议及处理。

第一，对评估报告实质内容提出异议。根据《最高人民法院关于人民法院确定财产处置参考价若干问题的规定》第22条的规定，当事人、利害关系人认为评估报告中财产基本信息错误、超出财产范围或者遗漏财产、评估机构或者评估人员不具备相应评估资质、评估程序严重违法的，可以向执行法院书面提出异议，需要注意的是提出异议的期限，即应当在收到报告后5日内提出。

对于评估报告实质内容提出书面异议，执行法院应当按照《中华人民共和国民事诉讼法》第236条规定处理，即按照执行行为异议审查处理。

第二，关于评估报告程序性事项提出异议及处理。根据《最高人民法院关于人民法院确定财产处置参考价若干问题的规定》第23条第1款的规定，当事人、利害关系人对评估参照标准、计算方法或者评估结果等可以向执行法院提出书面异议，提出异议的期限也是收到报告5日内。对于该异议，执行法院应当在3日内交评估机构予以书面说明。若评估机构在5日内未作说明，或者当事人、利害关系人对作出的说明仍有异议，执行法院应当交由相关行业协会在指定期限内组织专业技术评审，并根据专业技术评审出具的结论认定评估结果或责令原评估机构予以补正。

第三，关于对评估报告既有实质内容又有程序性异议的处理。根据《最高人民法院关于人民法院确定财产处置参考价若干问题的规定》第23条第2款的规定，当事人、利害关系人对报告提出程序性异议，又认为评估报告财产基本信息错误，或者超出财产范围、遗漏财产的，对该异议执行法院应当按照程序性书面异议处理。当事人、利害关系人对报告提出程序性异议，同时认为评估机构或者评估人员不具备相应评估资质或者评估程序严重违法的，对该异议按照对报告实质内容异议对评估机构或者评估人员不具备相应评估资质或者评估程序严重违法异议审查处理，如果异议成立，应当通知评估机构3日内将委托评估材料退回，另行委托下一顺序评估机构重新评估；如果异议不成立，则按照程序性事项异议处理。

需要注意的是，根据《最高人民法院关于人民法院确定财产处置参考价若干问题的规定》第24条的规定，对下列三种情形的异议人民法院不予受理：一是超过法律规定期限对报告提出异议；二是对评估机构、行业协会作出的补正说明、专业技术评审结论提出的异议；三是对议价或者定向询价提出的异议。

（8）关于参考价的确定。根据《最高人民法院关于人民法院确定财产处置参考价若干问题的规定》第26条的规定，当事人、利害关系人未提出异议、所提异议被驳回或者评估机构已作出书面补正的，执行法院应当以评估结果或者补正结果作为参考价；异议成立的，则应当以补正结果或者重新作出的评估结果为参考价。

需要注意的是，根据《最高人民法院关于人民法院确定财产处置参考价若干问题的规定》第27条的规定，评估报告的有效期最长不超过1年，执行法院在有效期内发布一拍拍卖公告或者直接进入变卖程序，拍卖、变卖时未超过有效期 6 个月的，不需要重新确定参考价。

（三）关于财产变价

民事执行活动中的财产变价主要是指财产的拍卖、变卖，目前民事执行活动中财产拍卖、变卖的主要依据为《最高人民法院关于人民法院网络司法拍卖若干问题的规定》《最高人民法院关于人民法院民事执行中拍卖、变卖财产的规定》。《最高人民法院关于人民法院网络司法拍卖若干问题的规定》第 2 条规定，人民法院以拍卖方式处置财产的，应当采取网络司法拍卖方式，法律、行政法规和司法解释规定必须通过其他途径处置，或者不宜采用网络拍卖方式处置的可以不采取网络司法拍卖。《最高人民法院关于人民法院民事执行中拍卖、变卖财产的规定》第 2 条规定，人民法院对查封、扣押、冻结的财产进行变价处理时，应当首先采取拍卖的方式，但法律、司法解释另有规定的除外。也就是说，不论是网络司法拍卖还是其他拍卖方式，财产处置均应当采取拍卖的方式。

根据《〈最高人民法院关于人民法院网络司法拍卖若干问题的规定〉的理解与适用（二）》中关于网拍优先原则，笔者认为《最高人民法院关于人民法院网络司法拍卖若干问题的规定》第 2 条规定“人民法院以拍卖方式处置财产的，应当采取网络司法拍卖方式”，此处采用“应当”的措辞，体现强制性规范和指引性规范的双重属性。因此，对已经开展网络司法拍卖的人民法院，在执行案件中实施司法拍卖，应以网络司法拍卖为常态，有条件的必须选择网络司法拍卖的方式。

需要注意的是，网络司法拍卖和其他司法拍卖的主要区别在于拍卖方式，即采用线上还是线下拍卖方式。由于网络司法拍卖的特殊性，《最高人民法院关于人民法院民事执行中拍卖、变卖财产的规定》和《最高人民法院关于人民法院网络司法拍卖若干问题的规定》这两个规定内容虽然具有一定差异性，但并非截然不同，均是人民法院处置被执行财产的法律依据，《最高人民法院关于人民法院网络司法拍卖若干问题的规定》对处置程序没有规定的，仍然要适用《最高人民法院关于人民法院民事执行中拍卖、变卖财产的规定》的相关规定，以保证司法拍卖、变卖依法、规范进行。

1. 未在规定期限内启动变价程序

《最高人民法院关于人民法院确定财产处置参考价若干问题的规定》第30条的规定，执行法院应当在参考价确定后10日内启动财产变价程序。如果进行拍卖程序，参照参考价确定起拍价；直接变卖的，以参考价为参照确定变卖价。

2. 未查明拟处置财产情况

根据《最高人民法院关于人民法院网络司法拍卖若干问题的规定》第6条的规定，执行法院实施网络司法拍卖，应当查明拍卖财产现状、权利负担等内容，并予以说明。对于如何查明拍卖财产现状，《最高人民法院关于人民法院民事执行中拍卖、变卖财产的规定》第7条规定，执行人员应当对拍卖财产的权属状况、占有使用情况等进行必要的调查，制作拍卖财产现状的调查笔录或者收集其他有关资料。也就是说，需要执行人员向被执行人、财产实际占有人等了解财产具体情况并制作笔录，或者向有关机关、单位收集相应的权证、登记资料等予以证明。

3. 拟处置财产抵押后设定的租赁以及其他用益物权未经涤除租赁权即启动拍卖

根据《最高人民法院关于人民法院民事执行中拍卖、变卖财产的规定》第28条的规定，拍卖财产上原有的租赁权及其他用益物权，不因拍卖而消灭，但该权利继续存在于拍卖财产上，对在先的担保物权或者其他优先受偿权的实现有影响的，人民法院应当依法将其除去后进行拍卖。对此，民事执行实践中，往往也会存在未经涤除“带租拍卖”的情形，这种情况下，执行法院应当视标的物上不存在租赁及其他用益物权，并以此为价值评估依据，拍卖成交后只要执行法院顺利腾退交付买受人，亦无不可。如根据《江苏省高级人民法院关于进一步提高网络司法拍卖规范化水平的指导意见》（苏高法〔2019〕27 号）第 9 条的规定，符合下列情形的，也可以在成交后腾空：一是占有人书面承诺参与竞买，如未竞买成功，主动腾空标的物并搬离；二是书面承诺成交后腾空标的物，配合法院执行；三是提供担保金作为拒不腾空妨害执行罚款预交款；四是申请执行人欠缺腾空所需费用垫付能力或不愿垫付腾空所需费用；五是其他有正当理由需要在成交后腾空的。

需要注意的是：第一，执行法院涤除租赁，主要是解除承租人对该财产的占有，并非认定所涉租赁合同无效或者解除租赁合同。因此，在涤除租赁拍卖但租赁合同合法有效的情况下，执行法院仍需保护承租人在同等条件下的优先购买权。第二，拍卖财产为不动产且被执行人或他人无权占用的，人民法院应当依法负责腾退。如《江苏省高级人民法院关于进一步提高网络司法拍卖规范化水平的指导意见》（苏高法〔2019〕27 号）第 8 条明确规定，除保留租赁关系拍卖或有其他法定事由外，执行法院应当将拍卖的不动产腾空后交付买受人，严禁在拍卖公告中表述“法院不负责腾空”。2020 年 12 月 16 日，《最高人民法院关于在执行工作中进一步强化善意文明执行理念的意见》第 10 条规定，为充分吸引更多主体参与竞买，拍卖过程中，人民法院不仅应当全面真实披露拍卖财产的现状、占有使用情况、附随义务、已知瑕疵和权利负担、竞买资格等事项，严禁故意隐瞒拍品瑕疵诱导竞买人竞拍，严禁故意夸大拍品瑕疵误导竞买人竞拍，而且在拍卖财产为不动产且被执行人或他人无权占用的情况下，人民法院应当依法负责腾退，不得在公示信息中载明“不负责腾退交付”等信息。

4. 未按照规定通知担保物权人、优先购买权人或其他优先权人

根据《最高人民法院关于人民法院网络司法拍卖若干问题的规定》第 16 条的规定，网络司法拍卖的事项应当在拍卖公告发布 3 日前以书面或者其他能够确认收悉的合理方式，通知当事人、已知优先购买权人。如果确实无法通知的，应当在网络司法拍卖平台公示并说明无法通知的理由，公示满 5 日视为已经通知。优先购买权人经通知未参与竞买的，视为放弃优先购买权。若权利人书面明确放弃权利的，可以不予通知。对此，《最高人民法院关于人民法院民事执行中拍卖、变卖财产的规定》第 11 条也明确规定，人民法院应当在拍卖 5 日前以书面或者其他能够确认收悉的适当方式，通知当事人和已知的担保物权人、优先购买权人或者其他优先权人于拍卖日到场，优先购买权人经通知未到场的，视为放弃优先购买权。

需要强调的是，通知优先购买权人应当书面或者其他能够确认收悉的适当方式，而且《最高人民法院关于人民法院网络司法拍卖若干问题的规定》第 27 条规定，优先购买权人竞买资格应当由执行法院组成合议庭评议确定。

5. 未按照法定程序确定保留价、起拍价及降价幅度、竞价增加幅度等事项

根据《最高人民法院关于人民法院网络司法拍卖若干问题的规定》第 10 条的规定，网络司法拍卖应当确定保留价，保留价即为起拍价。起拍价由执行法院参照评估价确定，不得低于评估价或者市价的 70%。而且根据《最高人民法院关于人民法院网络司法拍卖若干问题的规定》第 26 条的规定，第一次拍卖流拍后，再次拍卖的起拍价降价幅度不得超过前次起拍价的 20%。此外，需要注意的是，根据《最高人民法院关于人民法院网络司法拍卖若干问题的规定》第 27 条的规定，起拍价及其降价幅

度、竞价增加幅度等应当由执行法院组成合议庭评议确定。

与网络司法拍卖不同，对于保留价的确定，2020 年 12 月 23 日，最高人民法院对《关于人民法院民事执行中拍卖、变卖财产的规定》相关内容作了修改，第 5 条仍规定拍卖保留价参照评估价确定，但删除了原来第一次拍卖不得低于评估价或市价 80% 的规定，也就是说，采取网络司法拍卖之外的拍卖方式的，起拍价为财产的评估价。如果出现流拍，再行拍卖时，可以酌情降低保留价，但每次降低的数额不得超过前次保留价的 20%。

6. 未将保留价低于清偿优先债权和强制执行费用情况通知申请执行人

根据《最高人民法院关于人民法院民事执行中拍卖、变卖财产的规定》第 6 条的规定，财产处置保留价确定后，依据该次拍卖保留价计算，拍卖所得价款在清偿优先债权和强制执行费用后无剩余可能的，执行法院应当在实施拍卖前将有关情况通知申请执行人。如果申请执行人在收到通知后 5 日内申请继续拍卖的，执行法院应当准许，但应当重新确定保留价，重新确定的保留价应当大于该优先债权及强制执行费用的总额。需要注意的是，这种情况下，如果根据申请执行人申请继续拍卖而流拍的，拍卖费用由申请执行人负担。

7. 未按照规定发布拍卖公告

（1）关于拍卖公告的发布途径。根据《最高人民法院关于人民法院网络司法拍卖若干问题的规定》第 12 条的规定，网络司法拍卖应当先期公告，拍卖公告除通过法定途径发布外，还应当在网络司法拍卖平台发布。对此，《最高人民法院关于人民法院民事执行中拍卖、变卖财产的规定》第 9 条规定，拍卖公告的范围及媒体由当事人双方协商确定；协商不成的，由执行法院确定；如果拍卖财产具有专业属性的，应当同时在专业性报纸上进行公告；当事人申请在其他新闻媒体上公告或者要求扩大公告范围的，应当准许，但该部分的公告费用由其自行承担。也就是说，即使是网络司法拍卖，并非仅限在网络司法拍卖平台发布拍卖公告，如果拍卖财产具有专业属性，应当同时在专业性报纸上进行公告。

（2）关于拍卖公告发布的时间。根据《最高人民法院关于人民法院网络司法拍卖若干问题的规定》第 12 条的规定，拍卖动产的，在拍卖 15 日前公告；如果拍卖不动产或其他财产权，则应当在拍卖 30 日前公告。对此，需要注意的是，采取其他拍卖方式的，根据《最高人民法院关于人民法院民事执行中拍卖、变卖财产的规定》第 8 条的规定，拍卖动产的，应当在拍卖 7 日前公告；拍卖不动产或者其他财产权的，应当在拍卖 15 日前公告。

8. 关于竞买人的数量和资格

根据《最高人民法院关于人民法院网络司法拍卖若干问题的规定》第 11 条的规定，网络司法拍卖不限制竞买人数量，即使只有一人参与竞拍，只要不低于起拍价拍卖即成交。关于竞买人资格的限制，《最高人民法院关于人民法院网络司法拍卖若干问题的规定》第 34 条规定，负责执行的人民法院、网络服务提供者、承担拍卖辅助工作的社会机构或者组织及其以上单位的人员，不得竞买并不得委托他人代为竞买与其行为相关的拍卖财产。

对此，《最高人民法院关于人民法院民事执行中拍卖、变卖财产的规定》第 12 条规定，法律、行政法规对买受人的资格或者条件有特殊规定的，竞买人应当具备规定的资格或者条件；申请执行人、被执行人可以参加竞买。

9. 首次拍卖流拍后未在规定期限内再次拍卖、变卖

（1）关于再次拍卖。根据《最高人民法院关于人民法院网络司法拍

卖若干问题的规定》第 26 条的规定，首次流拍后，执行法院应当在 30 日内在同一网络司法拍卖平台再次拍卖，拍卖动产的应当在 7 日前公告；拍卖不动产或者其他财产权的应当在拍卖 15 日前公告。再次拍卖的起拍价降价幅度不得超过前次起拍价的 20%。

对于网络司法拍卖之外的拍卖，根据《最高人民法院关于人民法院民事执行中拍卖、变卖财产的规定》第 23 条的规定，首次流拍后，有两种处置方式，一是到场的申请执行人或者其他执行债权人可以申请抵债，需要注意的是，该次抵债系申请执行人或者其他执行债权人向执行法院申请；二是如果到场的申请执行人或者其他执行债权人不申请以该次拍卖所定的保留价抵债的，则应当在 60 日内再行拍卖。

（2）关于二次流拍后的处理。根据《最高人民法院关于人民法院网络司法拍卖若干问题的规定》第 26 条第 2 款的规定，采取网络司法拍卖方式的，再次拍卖流拍的，不论动产还是不动产或其他财产权，均可以依法在同一网络司法拍卖平台变卖。根据《最高人民法院关于认真做好网络司法拍卖与网络司法变卖衔接工作的通知》第 2 条的规定，网拍二拍流拍后，人民法院应当于 10 日内询问申请执行人或其他执行债权人是否接受以物抵债。不接受以物抵债的，执行法院应当于网拍二拍流拍之日 15 日内发布网络司法变卖公告。网络司法变卖期为 60 天，执行法院应当在公告中确定变卖期的开始时间；变卖动产的，应当在变卖期开始 7 日前公告；变卖不动产或其他财产权的，应当在变卖期开始 15 日前公告。

对于网络司法拍卖之外的拍卖，根据《最高人民法院关于人民法院民事执行中拍卖、变卖财产的规定》第 24 条的规定，首先，对第二次拍卖仍流拍的动产，执行法院可以依照本规定第 16 条的规定将其作价交申请执行人或者其他执行债权人抵债。申请执行人或者其他执行债权人拒绝接受或者依法不能交付其抵债的，应当解除查封、扣押，并将该动产退还被执行人。其次，对于第二次拍卖仍流拍的不动产或者其他财产权，有两种处置方式：一是执行法院可以依照本规定第 16 条的规定将其作价交申请执行人或者其他执行债权人抵债；二是申请执行人或者其他执行债权人拒绝接受或者依法不能交付其抵债的，应当在 60 日内进行第三次拍卖。第三次拍卖如果仍流拍，且申请执行人或者其他执行债权人拒绝接受，或者依法不能接受该不动产或者其他财产权抵债的，执行法院应当于第三次拍卖终结之日起 7 日内发出变卖公告。自公告之日起 60 日内没有买受人愿意以第三次拍卖的保留价买受该财产，且申请执行人、其他执行债权人仍不表示接受该财产抵债的，执行法院应当解除查封、冻结，将该财产退还被执行人，但对该财产可以采取其他执行措施的除外。

10. 关于网络司法拍卖过程中对司法拍卖提出异议的处理

（1）当事人、利害关系人对司法拍卖行为违法的异议。根据《最高人民法院关于人民法院网络司法拍卖若干问题的规定》第 36 条的规定，当事人、利害关系人认为执行法院网络司法拍卖行为违法侵害其合法权益的，可以提出异议，执行法院应当按照《中华人民共和国民事诉讼法》第 236 条规定处理。异议、复议期间，执行法可以决定暂缓或者裁定中止拍卖。需要注意的是，针对该种异议情形，执行法院“可以”决定暂缓或终止拍卖，而非应当，因为按照相关规定，执行异议、复议审查处理期间一般不停止执行。

（2）案外人对司法拍卖标的的异议。根据《最高人民法院关于人民法院网络司法拍卖若干问题的规定》第 36 条第 1 款的规定，案外人对网络司法拍卖标的提出异议的，执行法院应当根据《中华人民共和国民事诉讼法》第 234 条案外人异议的规定审查处理，并且应当决定暂缓执行或者裁定中止拍卖。

11. 关于对撤销拍卖异议请求的处理

对于当事人、利害关系人提出异议请求撤销拍卖的情形，《最高人民法院关于人民法院办理执行异议和复议案件若干问题的规定》第 21 条进行了明确，规定符合下列情形之一的，人民法院应予支持：一是竞买人之间、竞买人与拍卖机构之间恶意串通，损害当事人或者其他竞买人利益的；二是买受人不具备法律规定的竞买资格的；三是违法限制竞买人参加竞买或者对不同的竞买人规定不同竞买条件的；四是未按照法律、司法解释的规定对拍卖标的物进行公告的；五是其他严重违反拍卖程序且损害当事人或者竞买人利益的情形。根据《最高人民法院关于人民法院网络司法拍卖若干问题的规定》第 31 条的规定，网络司法拍卖有下列情形的，当事人、利害关系人提出异议请求撤销司法拍卖的，人民法院应当支持。一是拍卖财产的文字说明、视频或者照片展示以及瑕疵说明严重失实，致使买受人产生重大误解，购买目的无法实现的。根据《〈最高人民法院关于人民法院网络司法拍卖若干问题的规定〉的理解与适用（五）》关于网络司法拍卖撤销的情形和责任承担的问题，认为该条款从另一角度规定了执行法院必须对拍卖财产做尽职调查和信息公示，否则可能导致拍卖被撤销，同时也是对本规定中信息公示要求的评判标准。特别强调的是，如果对于公告中拍卖财产瑕疵说明严重失实，致使买受人产生重大误解，购买目的无法实现的，可撤销拍卖。当然，此时应当明确区分瑕疵说明失实的原因，如果是主观上故意或重大过失导致失实可撤拍，但如果是客观不能，即拍卖时的技术水平不能发现或者已经就相关瑕疵以及责任承担予以公示说明的，则不会导致撤拍的后果，此时有过错一方（如故意隐瞒事实的被执行人）应依法承担相应的责任。二是系统故障等原因致使拍卖结果错误，严重损害当事人或者其他竞买人利益的。三是竞买人之间，竞买人与网络司法拍卖服务提供者之间恶意串通，损害当事人或者其他竞买人利益的。四是买受人不具备竞买资格的。五是违法限制竞买人参与竞买或者对享有同等权利的竞买人规定不同竞买条件的。六是其他严重违反网络司法拍卖程序损害当事人或者竞买人利益的。可见，《最高人民法院关于人民法院网络司法拍卖若干问题的规定》对《最高人民法院关于人民法院办理执行异议和复议案件若干问题的规定》上述相关条款进行了充分吸收，又结合网络拍卖的自身特点进行了发展和完善。

从上述规定的内容来看，上述情形系当事人、利害关系人在网络司法拍卖结束后提出的异议请求。根据《最高人民法院关于人民法院网络司法拍卖若干问题的规定》第 32 条的规定，如果由于上述情形，执行法院撤销网络司法拍卖，当事人、利害关系人、案外人认为人民法院的司法拍卖行为违法致使其合法权益遭受侵害的，可以申请国家赔偿；如果认为其他主体的行为违法致使其合法权益遭受损害的，可以另行提起诉讼。

12. 未按规定程序交付拍卖、变卖财产

（1）关于拍卖、变卖财产所有权的转移。根据《最高人民法院关于人民法院网络司法拍卖若干问题的规定》第 22 条的规定，拍卖财产所有权自拍卖成交裁定送达买受人时转移。对此，《最高人民法院关于人民法院民事执行中拍卖、变卖财产的规定》第 26 条也作出了相同的规定，即不动产、动产或者其他财产权拍卖成交或者抵债后，该不动产、动产的所有权、其他财产权自拍卖成交或者抵债裁定送达买受人或者承受人时起转移。

（2）拍卖、变卖财产的交付。

一是关于交付方式。根据《最高人民法院关于人民法院执行工作若干问题的规定（试行）》第 43 条的规定，被执行人的财产经拍卖、变卖或裁定以物抵债后，需从现占有人处交付给买受人或申请执行人的，适用《中华人民共和国民事诉讼法》第 260 条、第 261 条和本规定第 41 条、第 42 条的规定，即由执行员传唤双方当事人当面交付被拍卖、变卖的财产，或者由执行员转交并由被交付人签收。为防止后续出现交付财物产生不必要的纠纷，执行法院应当严格按照上述规定交付被拍卖、变卖的财产。

二是关于交付期限。根据《最高人民法院关于人民法院民事执行中拍卖、变卖财产的规定》第 27 条的规定，人民法院裁定拍卖成交或者以流拍的财产抵债后，除有依法不能移交的情形外，执行法院应当于裁定送达后 15 日内，将拍卖的财产移交买受人或者承受人。如果被执行人或者第三人占有拍卖财产应当移交而拒不移交的，执行法院应当强制执行。

二、相关案例

案例一：某汽车零部件公司申请民事执行监督案

【监督要旨】执行法院对被执行人所有的动产等财产采取查封、扣押措施应当按照法律规定的程序，不仅要履行通知当事人到场的义务，而且要对被查封、扣押财产登记造册。此外，对被执行人财产进行拍卖变价前应当对该财产权属、占有使用情况进行调查核实，并在拍卖公告中如实描述。对未按照法定程序查封、扣押、拍卖处置被执行人财产的违法情形，检察机关应当依法予以监督纠正。

【申请监督】某汽车零部件公司向检察机关申请监督，称执行法院在执行该公司与某机械设备公司房屋租赁合同纠纷一案中存在违法情形，进而向检察机关申请监督。申请人所述法院执行违法情形具体表现在以下几方面：（1）法院拍卖的涉案机器设备等财产只是涉案租赁房屋内的部分财产，还有很多其他物品下落不明，且有些物品属于案外人所有；（2）法院对涉案机器设备评估价值过低；（3）涉案机器设备在法院拍卖前实际已被郑某某买去并予以安装等，存在恶意串通。

【调查核实】检察机关经过调查核实查明，某机械设备公司于2017年6月20日向执行法院提起诉讼，请求判令某汽车零部件公司返还所租赁房屋，并支付所欠租金及赔偿房屋占用期间的租金损失等共计55万元。执行法院依某机械设备公司申请于2017年7月21日作出对某汽车零部件公司内的机器设备、成品、半成品等财产的保全裁定；2017年7月25日，执行法院在上述机器设备等所在的厂房大门张贴封条，并要求某机械设备公司妥善保管设备、产品等物品。2017年11月8日，执行法院作出民事判决，支持了某机械设备公司的诉讼请求。

2018年1月3日，某机械设备公司就本案向执行法院申请强制执行，执行法院于同日立案执行。

2018年3月6日，某机械设备公司向执行法院提出申请，请求对某汽车零部件公司尚未腾退的房屋由该公司代为腾退；某汽车零部件公司在涉案房屋内的机械设备、成品、半成品等财产由某机械设备公司组织拆除、搬迁，并安排场地予以保管，拆除、搬迁过程中发生的费用由某机械设备公司垫付，费用在拍卖价款中予以优先扣除。后某机械设备公司法定代表人安排其中的喷漆涂装整条流水线设备等由案外人郑某某拆至其公司厂房。郑某某于2018年10月前后对上述设备进行了安装、补材料等，花费共计40万元左右。

执行法院一份执行备忘录载明，在执行过程中，某汽车零部件公司拒不履行生效法律文书确定的义务，于2018年3月20日强制腾退该公司承租的房屋，搬迁物品（详见清单）由某机械设备公司代保管，落款人处由执行案件承办人和另外一名执行员以及某机械设备公司的诉讼代理人胡某某签名。

2018年3月20日，执行法院作出执行裁定，查明某汽车零部件公司有机器设备，遂裁定扣押某汽车零部件公司机器设备（详见清单）。2018年4月1日，执行法院作出司法评估决定书，载明：某汽车零部件公司所有的机器设备、办公用品、成品、半成品（详见清单）。2018年5月3日，执行法院委托鉴定部门致函该院执行局，因某机械设备公司一直未缴纳评估费，现将委托评估材料退还执行局。

2018年7月25日，某机械设备公司的诉讼代理人胡某某向执行法院提出申请，称在执行过程中，某汽车零部件公司租赁的场所已经强制清空，现本人自愿撤回执行申请。

2018年7月27日，执行法院作出裁定，以2018年7月27日某机械设备公司申请撤销本案执行符合法律规定，予以准许，裁定本案终结执行。

2018年8月1日，本执行案件承办人制作情况说明一份，载明本案在执行过程中以终结执行结案，现因某汽车零部件公司有财产可供执行，特此恢复对该案的强制执行。2018年8月20日，执行法院对本案恢复执行。

2018年7月30日，执行法院司法评估委托书载明，经人民法院随机选定，执行法院委托宁波某资产评估有限公司对某汽车零部件公司名下机器设备予以评估，要求在2018年8月30日前完成。经调查核实，本次委托评估未重新摇号选择评估机构，仍委托第一次摇号选择的评估机构即宁波某资产评估有限公司进行价值评估。

2018年8月15日，宁波某资产评估有限公司出具执行法院司法评估所涉及的机器设备项目资产评估报告，载明价值类型、市场价值，评估基准日：2018年8月14日，评估方法：成本法，评估结论：于评估基准日，本次评估对象的评估价值为250320元。该报告未加盖评估公司公章，资产评估师未签名或签章。

2018年8月27日，执行法院通过人民法院执行管理系统内网以短信形式告知某汽车零部件公司评估机器设备价值250320元，如有异议，可以于10日内以书面形式向执行法院提出异议，逾期未提出异议，视为放弃异议权。

2018年11月5日，执行法院作出执行裁定，裁定拍卖某汽车零部件公司名下的机器设备。

2018年12月21日，执行法院发布关于某汽车零部件公司名下机器设备拍卖公告，载明该院将于2019年1月7日10时至2019年1月8日10时止在人民法院淘宝网司法拍卖网络平台上进行公开拍卖活动。拍卖标的特别说明：本标的现有实际使用人，可能存在物业费、水电费、网络费等费用拖欠，具体金额不详，成交后均由买受人承担。

2019年1月14日，执行法院拍卖成交确认书显示，买受人周某某于2019年1月8日10时通过淘宝网司法拍卖网络平台以最高价竞得拍卖标的物，即某汽车零部件公司名下的机器设备，成交价178000元。买受人自愿根据拍卖须知的规定把冻结的35000元保证金自动转入法院指定账户抵作拍卖成交款，拍卖成交余款143000元已于2019年1月14日10时缴入法院指定账户。该院对外委托部门同时将上述情况向该院执行局复函说明。

2019年4月15日，执行法院作出（2018）浙0225执恢632号之二执行裁定，裁定某汽车零部件公司所有的机器设备所有权及相应的其他权利归买受人周某某所有，本财产自交付时转移。

2019年4月17日，周某某出具证明一份，证明拍卖标的物交付完毕。

2019年1月8日的谈话笔录载明，某汽车零部件公司法定代表人朱某某向执行法院反映，该公司机器设备在法院拍卖之前已经被郑某某买去，拆除和安装设备的都是郑某某，并于2019年1月7日已提出停止拍卖的请求。执行法院表示机器设备确实放在郑某某处，是代保管不是买来的，机器设备安装在郑某某公司内是因为散着占场地，安装有利于竞买人了解设备整体情况，便于测试设备性能，并告知朱某某在成交和确权之间，可以主张权利，收集证据资料，支撑其权利。

2019 年 1 月 28 日，某汽车零部件公司再次向执行法院提出书面执行异议，请求撤销对该公司名下机器设备的拍卖，解除对办公用品等的查封，并予以归还案外人。主要理由为：（1）拍卖程序违法，应予以撤销。一方面，宁波某资产评估有限公司评估报告不客观、不真实，应不予采纳；另一方面，本案当事人和竞买人恶意串通，严重损害异议人合法权益。（2）拍卖范围的办公用品、空调等财产系案外人所有，应解除查封，并予以归还。对该异议，案卷的“案件情况汇报执行”显示，相关异议材料转交裁决科，裁决科口头回复承办人该事项不属于异议范围后，2019 年 4 月 15 日作出确权裁定并交付拍卖的财产。

【监督要点】本案的监督要点在于，执行法院在本案审判和执行活动中，是否存在违反法定程序侵害申请人合法权益的情形。经过审查，检察机关认为，通过查明的事实，应当可以认定执行法院在本案的审判和执行活动中均存在违法情形，具体如下：

1. 关于本案审判和执行活动中准许胡某某担任诉讼代理人

《最高人民法院关于审判人员在诉讼活动中执行回避制度若干问题的规定》第 8 条第 2 款规定：“审判人员及法院其他工作人员从人民法院离任后，不得担任原任职法院所审理案件的诉讼代理人或者辩护人，但是作为当事人的监护人或者近亲属代理诉讼或者进行辩护的除外。”根据检察机关查明的事实，某机械设备公司的诉讼代理人胡某某系执行法院原工作人员，依法不得担任该法院审理和执行案件的诉讼代理人，但在本案审判和执行过程中，法院均未责令胡某某停止相关诉讼代理，显然违反上述规定。根据《最高人民法院关于审判人员在诉讼活动中执行回避制度若干问题的规定》第 12 条第 2 款的规定，对明知诉讼代理人、辩护人具有本规定第 8 条、第 9 条规定情形之一，未责令其停止相关诉讼代理或者辩护行为的审判人员，依照《人民法院工作人员处分条例》的规定予以处分。故依法应当根据《人民法院工作人员处分条例》第 107 条、第 30 条规定，应当给予本案审判、执行相关人员相应的处分。

2. 关于本案中的财产保全

（1）未依法告知财产保全情况。根据《最高人民法院关于人民法院办理财产保全案件若干问题的规定》第 25 条、第 26 条的规定，被保全人可以对保全裁定以及保全裁定实施过程中的执行行为提出异议，为维护被保全人的合法权益，人民法院应当根据《中华人民共和国民事诉讼法》第 103 条[①]的规定，保全财产后应当立即通知被保全财产的人。本案中，执行法院于 2017 年 7 月 21 日作出对某汽车零部件公司内的机器设备、成品、半成品等财产的保全裁定；2017 年 7 月 25 日，执行法院在上述机器设备等所在的厂房大门张贴封条，并要求某机械设备公司妥善保管设备、产品等物品。但上述保全工作完成后，执行法院未将财产保全裁定送达某汽车零部件公司，并告知其法院采取的保全措施情况，侵害了某汽车零部件公司知情权和异议权。

（2）未按法定程序采取财产保全措施。根据《中华人民共和国民事诉讼法》第 103 条的规定，财产保全可以采取查封、扣押、冻结或者法律规定的其他方法。本案中，执行法院裁定保全某汽车零部件公司所有的机器设备等财产，应当采取查封、扣押等措施。根据《中华人民共和国民事诉讼法》第 245 条[②]的规定，被执行人为法人的，应当通知其法定代表人或者主要负责人到场，且对被查封、扣押的财产必须造具清单，由在场人签名或者盖章后，交被执行人一份。本案中，在可以联系到某汽车零部件公司法定代表人的情况下，执行法院采取查封措施并未予以

① 现行《中华人民共和国民事诉讼法》第 106 条，本案例下同。
② 现行《中华人民共和国民事诉讼法》第 256 条，本案例下同。

通知该法定代表人到场，且未按照法律规定造具查封清单，显然不符合法律规定的执行程序。

3. 关于涉案房屋的腾退

（1）未经人民法院院长签发公告。根据《中华人民共和国民事诉讼法》第250条[①]规定，强制迁出房屋由院长签发公告，责令被执行人在指定期间履行。本案中，执行法院仅在2018年2月28日制作了谈话笔录，告知某汽车零部件公司法定代表人要在2018年3月6日前履行法律义务，如到期不履行首先强制清空租赁房屋。在未经院长签发公告程序的情况下，执行法院即依某机械设备公司申请，同意由某机械设备公司负责腾空涉案房屋，显然与法律规定不符。

（2）未通知某汽车零部件公司法定代表人或者主要负责人到场。《中华人民共和国民事诉讼法》第250条规定，强制迁出房屋，被执行人是法人的，应当通知其法定代表人或者主要负责人到场，且执行员应当将执行情况记录执行笔录，由在场人签名或者盖章。本案中，并没有证据证实在对涉案房屋进行腾空时执行法院履行了通知义务。

（3）未按法定程序进行强制执行。根据《中华人民共和国民事诉讼法》第250条的规定，腾退房屋具体由执行员强制执行，并将强制执行情况记录笔录，由在场人签名或者盖章。本案中，根据调查核实的情况，本执行案件承办人并未全程参与涉案房屋腾退过程，既未对从涉案房屋内搬出的物品造具清单，也未对腾退工作开始之前涉案房屋内放置的物品种类、数量等进行证据固定，而是将强制腾退工作交由申请执行人完全负责，系严重违反法律规定。某汽车零部件公司法定代表人表示涉案房屋内放置了除被执行法院拍卖的财产外，还有诸多财物，价值巨大，但正是由于执行法院的上述程序违法，造成涉案房屋内放置的财产具体

① 现行《中华人民共和国民事诉讼法》第261条，本案例下同。

种类、数量等均无法查实，严重侵害了某汽车零部件公司的合法权益。

4. 关于涉案财产评估

《最高人民法院关于人民法院委托评估、拍卖和变卖工作的若干规定》第12条规定，评估机构在工作中需要对现场进行勘验的，人民法院应当提前通知执行人员和当事人到场，且勘验现场需要制作勘验笔录，由现场人员、当事人或者见证人在勘验笔录上盖章或签字确认。本案中，并无证据证明执行法院通知过某汽车零部件公司法定代表人到勘验现场。此外，评估机构也未制作现场勘验笔录，执行法院亦未予以监督，明显违反了相关程序规定。而且，根据检察机关调查核实的情况，负责本案价值评估的工作人员认为本次价值评估条件受限，是因为现场无人清楚被评估机器设备的情况。因此，执行法院未按规定开展价值评估和监督评估机构按照法定程序开展评估工作，影响了评估机构对被评估财产的价值判断。

5. 关于财产处分

（1）未对拍卖财产进行调查。《最高人民法院关于人民法院民事执行中拍卖、变卖财产的规定》第7条明确规定，执行人员应当对拍卖财产的权属状况、占有使用情况等进行必要的调查，制作拍卖财产现状的调查笔录或者收集其他有关资料。本案执行过程中，执行法院执行员多次与某汽车零部件公司法定代表人谈话，但并未对查封的涉案房屋内的机器设备、办公用品、成品、半成品等财产权属状况进行调查。因此，在没有确定拍卖财产权属的情况下即采取司法处置措施，明显违反上述规定。执行法院的上述程序违法，致使案外人提出异议后不仅使得该案执行陷入被动，而且可能侵害案外人的利益。

（2）拍卖公告内容与实际情况不符。根据《最高人民法院关于人民法院网络司法拍卖若干问题的规定》第6条的规定，实施网络司法拍卖，人民法院应当查明拍卖财产现状、权利负担等内容，并予以说明，制作、发布拍卖公告。本案执行过程中，执行法院于 2018 年 12 月 21 日发布了涉案财产拍卖公告，但该公告关于拍卖标的特别说明中载明“拍卖标的有实际使用人，可能存在物业费、水电费、网络费等费用拖欠，具体金额不详，成交后均有买受人承担”。首先，涉案机器设备等财物搬出后，仍处于执行法院查封扣押状态，根据《最高人民法院关于人民法院民事执行中查封、扣押、冻结财产的规定》第 12 条[①]的规定，人民法院委托第三人、申请执行人保管的，保管人不得使用，因此，本案拍卖标的并无实际使用人。其次，拍卖公告中提到可能存在物业费、水电费等拖欠费用，但根据常识，机器设备等动产不可能存在拖欠物业费等费用情况，退一步讲，假设存在物业费等费用，执行法院亦应当查明拖欠费用金额，但拍卖公告中却为“具体金额不详”。

（3）有证据证实涉案拍卖存在当事人、案外人恶意串通损害被执行人某汽车零部件公司利益的情形。首先，根据 2019 年 1 月 8 日的执行笔录中某汽车零部件公司法定代表人的陈述，腾退涉案房屋时拆除机器设备的是郑某某，且在执行法院拍卖前设备整体已经安装在郑某某的公司，所以某汽车零部件公司法定代表人认为其公司机器设备在法院拍卖前已经由郑某某买去，请求执行法院停止拍卖。执行法院现场查看后确认设备整体确实已安装在了郑某某的公司，之所以将设备安装在自己公司，郑某某称是为了让竞买人了解设备整体情况，便于测试设备性能。但根据检察机关调查核实的情况，郑某某安装涉案机器设备花费 20 万元，补材料又花费 20 万元，而郑某某只是某机械设备公司联系的机器设备的保管人，与执行标的无直接利害关系，其花费巨额费用只是为了便于竞买人了解设备整体情况的理由显然不符合常理。其次，根据检察机关调查的涉拍卖款的相关银行交易明细，竞买人周某某参与竞买的资金均来

① 现行《最高人民法院关于人民法院民事执行中查封、扣押、冻结财产的规定》第 10 条。

自某机械设备公司法定代表人的妻子，周某某竞得涉案机器设备后接着以 29 万元的价格转卖给郑某某，周某某收到转卖款之后又汇给了某机械设备公司法定代表人之妻。以上事实也印证了某汽车零部件公司法定代表人向执行法院反映某机械设备公司将涉案机器设备卖给郑某某的情况。由此可见，涉案拍卖公告特别说明中载明的严重失实内容一定程度上起到限制其他不特定竞买人参与竞买的副作用。综合以上事实，可以证实本案中存在当事人、案外人恶意串通竞买涉案标的物，进而侵害某汽车零部件公司的合法利益的违法情形。根据《最高人民法院关于人民法院网络司法拍卖若干问题的规定》第 31 条的规定，涉案网络司法拍卖应当予以撤销。

6. 关于执行异议的处理

根据《最高人民法院关于人民法院网络司法拍卖若干问题的规定》第 31 条的规定，当事人认为执行法院严重违反网络司法拍卖程序且损害其利益的，可以提出异议，请求撤销网络司法拍卖；《最高人民法院关于人民法院网络司法拍卖若干问题的规定》第 36 条也明确规定当事人认为网络司法拍卖行为违法侵害其合法权益的，可以提出执行异议。因此，按照上述规定无论是在拍卖过程中还是在拍卖结束后，当事人在案件执行程序终结前均可依据《中华人民共和国民事诉讼法》第 225 条[①]的规定提出执行异议。本案中，某汽车零部件公司先后两次向执行法院提出执行异议。第一次是 2019 年 1 月 7 日，即涉案标的拍卖过程中口头向执行法院提出异议，认为在法院拍卖前郑某某已经买去了涉案机器设备，要求执行法院停止拍卖。第二次是 2019 年 1 月 28 日，涉案标的物已拍卖成交，某汽车零部件公司认为本案拍卖程序违法，应予以撤销；拍卖范围内的办公用品、空调等财产系案外人所有，以书面形式向执行法院提

① 现行《中华人民共和国民事诉讼法》第 236 条。

出执行异议。根据《最高人民法院关于执行案件立案、结案若干问题的意见》第9条的规定，当事人认为人民法院执行行为违反法律规定，提出书面异议的，人民法院应当按照执行异议案件予以立案，而执行法院未依法审查处理某汽车零部件公司提出的执行异议显然违反法律规定，侵害了该公司相应的救济权利。

综上，检察机关依法向执行法院发出检察建议，一是依照《人民法院工作人员处分条例》规定，对本案相关责任人员给予相应的处分；二是依法纠正本案中就涉案财产拍卖程序中存在的违法情形，妥善解决某汽车零部件公司的诉求，切实维护其合法利益；三是在民事执行活动中依法行使执行权，规范执行异议的受理及审查工作，切实维护当事人的合法权益；四是切实落实法院原工作人员离职后不得担任原任职法院所审理案件的诉讼代理人的相关规定，建立和完善相关具体制度，采取有效措施避免类似违法情形的出现。

【监督结果】收到检察建议后，执行法院高度重视，对该案中存在的违法情形进行了调查核实，采纳了检察建议。一是对执行员郑某作出行政警告处分，同时对负责财产保全、资产评估的相关责任人员通报批评教育；二是责令胡某某退出在该院代理的诉讼案件，同时采取有效措施切实落实该院离职人员在该院担任诉讼代理人回避制度；三是立即开展专项教育整顿工作，防止类似违法情形再次发生。

案例二：南漳县丙房地产开发有限责任公司被明显超标的额查封执行监督案①

【关键词】诉讼保全　超标的额查封　依法保护企业资产安全　审判程序违法监督

---

① 最高人民检察院第二十一批指导案例（检例第79号）。

【监督要旨】查封、扣押、冻结被执行人财产应与生效法律文书确定的被执行人的债务相当，不得明显超出被执行人应当履行义务的范围。检察机关对于明显超标的额查封的违法行为，应提出检察建议，督促执行法院予以纠正，以保护民营企业产权，优化营商环境。

【基本案情】2015年5月26日，襄阳市甲小额贷款股份有限责任公司（以下简称甲小贷公司）、襄阳市乙工程总公司（以下简称乙公司）向湖北省襄阳市樊城区人民法院提起民事诉讼，请求判令南漳县丙房地产开发有限责任公司（以下简称丙公司）、南漳县丁建筑安装工程有限责任公司（以下简称丁公司）、洪某生偿还借款5589万元及利息，并申请对价值6671万元的房产进行保全。同日，樊城区人民法院立案受理并作出财产保全裁定，查封丙公司、丁公司及洪某生的房产共计210套。丙公司认为查封明显超出标的额，于2015年6月提出异议，但樊城区人民法院未书面回复。

2015年7月至2016年10月期间，樊城区人民法院对当事人双方的多起借款纠纷作出民事判决，判令丙公司、丁公司、洪某生偿还乙公司、甲小贷公司借款合计5536.2万元及利息约438万元。在本案执行阶段，丙公司向执行法院提出房产评估申请，经执行法院同意，由丙公司委托鉴定机构进行评估，评估结果为查封的房产市场价值为1.21亿元。丙公司提出执行异议，但樊城区人民法院审查后认定，丙公司提出的执行异议依据不充分，且未在法定期限内申请复议，故不予支持。由于丙公司已建成的210套商品房均被执行法院查封，无法正常销售，企业资金断流，经营陷入困境。

【监督情况】

受理情况。2016年12月27日，丙公司、丁公司以樊城区人民法院明显超标的额查封为由，向樊城区人民检察院申请监督。该院予以受理审查。

审查核实。樊城区人民检察院对案件线索依法进行调查核实。询问了申请人丙公司；前往樊城区人民法院查阅了审判与执行案卷，收集相关法律文书、价格鉴定报告与其他书证；实地前往被查封楼盘进行现场勘查。经审查核实发现，相关裁判文书确定的债务总额为5974万元，且甲小贷公司、乙公司申请查封的标的额仅为6671万元，而执行法院实际查封的房产价值为1.21亿元，存在明显超标的额查封的问题。

监督意见。樊城区人民检察院认为，樊城区人民法院查封的210套房产价值为1.21亿元，查封财产价值明显超出生效裁判文书确定的债务数额，违反《中华人民共和国民事诉讼法》第242条[①]规定及《最高人民法院关于人民法院民事执行中查封、扣押、冻结财产的规定》第21条[②]规定，存在明显超标的额查封被执行人财产的违法行为。2017年3月20日，樊城区人民检察院向樊城区人民法院发出检察建议，建议对超标的额查封的违法行为予以纠正。

监督结果。收到检察建议书后，樊城区人民法院认定本案确系超标的额查封，于2017年4月17日发出协助执行通知书，通知某县住房保障管理局解除对被执行人先期查封的210套商品房中109套的查封。解封后，丙公司得以顺利出售商品房，回收售楼款，改善资金困境，并及时发放拖欠的农民工工资，积极协商偿还本案剩余债务。

【指导意义】

1. 纠正明显超标的额的违法查封行为，消除对涉案企业正常生产经营的不利影响。执行程序的适度原则要求对执行措施限制在合理的范围内，执行目的与执行手段之间的基本平衡。纠正明显超标的额的违法查封行为，对于盘活企业资产，激发企业活力，特别是保障民营企业的可持续发展十分重要。

---

① 现行《中华人民共和国民事诉讼法》第253条。

② 现行《最高人民法院关于人民法院民事执行中查封、扣押、冻结财产的规定》第19条。

2. 办理明显超标的额查封的民事监督案件，应当围绕保全范围和标的物价值进行审查。查封、扣押、冻结等强制执行措施的违法使用，将限制企业生产要素的自由流动，降低市场主体创造社会财富的活力。因此，在认定是否明显超标的额查封时，不仅需要查明主债权、利息、违约金及为实现债权而支出的合理费用，还要结合查封财产是否为可分物、财产上是否设定其他影响债权实现的权利负担等因素予以综合考虑。做到监督有据，准确有效。

3. 诉讼保全措施延续到执行程序后，检察机关应按执行监督程序进行审查。诉讼保全发生于裁判生效前的审判活动，目的是保障生效裁判的履行。裁判生效后即转入强制执行程序。对于明显超标的额查封的财产，应依法提出执行检察建议，监督执行法院纠正错误执行行为。

案例三：李某萍申请民事执行监督案

【监督要旨】对已被人民法院查封、扣押、冻结的财产，其他人民法院可以轮候采取查控措施，但在在先查封、扣押、冻结未解除的情况下轮候查封、扣押、冻结并未生效，因此，在未经在先查封法院移交首封处分权的情况下，轮候查封法院不得处分被查封财产，亦不得解除在先法院的查封、扣押、冻结。

【申请监督】李某萍认为，某县法院在执行许某莲与张某云民间借贷纠纷一案过程中，拍卖了被执行人张某云名下房产，但其并未依法受偿，某县法院执行违法行为侵害了其合法权益，为此，向检察机关申请监督。

【调查核实】检察机关经过调查核实查明，2015 年 3 月 19 日，某县法院根据李某萍的申请，依法查封了张某云名下房产（以下简称涉案房产），并办理了相关查封手续，查封期限为 2015 年 3 月 19 日至 2018 年 3 月 18 日，以保障李某萍对张某云 60 万元债权的实现。2015 年 4 月 15 日，某县法院另案作出查封涉案房产裁定，查封期限自 2015 年 4 月 15 日至

2018 年 4 月 15 日，以保障许某莲对张某云 150 万元债权的实现。2015 年 6 月，某县法院以许某莲一案将涉案房产予以拍卖。2015 年 11 月，在为买受人办理过户时发现涉案房产已于 2015 年 3 月 19 日被李某萍案查封。2015 年 11 月 12 日，某县法院对许某莲案作出裁定，解除对涉案房产的查封，并将涉案房产过户到买受人名下。另查明，拍卖涉案房产得款 47 万元，其中 15 万余元支付涉案房产在银行的贷款，31 万余元支付给许某莲，1000 余元支付给李某萍。

【监督要点】本案的争议焦点主要有两个：一是执行人员能否处分涉案房产；二是涉案房产拍卖款如何分配。

1. 关于执行人员能否处分涉案房产

根据《最高人民法院关于人民法院民事执行中查封、扣押、冻结财产的规定》第 28 条[①]规定，查封、扣押、冻结解除的，登记在先轮候查封、扣押、冻结即自动发生法律效力。换言之，在在先查封的情况下，轮候查封并不发生对财产查控的法律效力。本案中，李某萍案查封裁定生效在先，许某莲案查封裁定作出在后，因此，在李某萍案查封裁定生效期间，许某莲案查封裁定并未生效；只要在李某萍申请法院解除查封，或者查封期限届满而李某萍又没有申请续查封的情况销案，许某莲案查封裁定才能生效；除此之外，法院不得擅自解封。《最高人民法院关于首先查封法院和优先债权执行法院处分查封财产的有关问题的批复》也明确规定，执行过程中应当由首先查封法院负责处分查封财产。同时该批复规定了如果符合一定条件，轮候查封法院通过与首封法院协商，首封法院可以通过移送执行函的形式将查封财产移送轮候查封法院执行，这种情况下轮候查封的法院在处分或者继续查封该财产时就可以以首封法院的移送执行函为依据办理相关查封、解封等手续。本案中，许某莲案

---

① 现行《最高人民法院关于人民法院民事执行中查封、扣押、冻结财产的规定》第 26 条。

系轮候查封，根据上述相关规定，原则上应当以首封的李某萍案对涉案房产进行处置，但由于两起执行案件系同一法院查封，如果经某法院内部协调等，以许某莲案处置涉案房产也并非不可，但并无证据证明许某莲案取得了对涉案房产的处置权。故某县法院执行人员以许某莲案处置涉案房产并解封在先的查封违反相关执行程序。

2. 关于涉案房产拍卖款的受偿

《最高人民法院关于人民法院执行工作若干问题的规定（试行）》第88条第1款[①]规定，多份生效法律文书确定金钱给付内容的多个债权人分别对同一被执行人申请执行，各债权人对执行标的物均无担保物权的，按照执行法院采取执行措施的先后顺序受偿。本案中，李某萍案系在先采取执行措施，故根据上述规定，应当由李某萍优先受偿，而许某莲案执行人员将涉案房产拍卖款支付给许某莲显然亦缺乏法律依据。当然，根据《最高人民法院关于适用〈中华人民共和国民事诉讼法〉的解释》第508条[②]的规定，被执行人为公民的，在被执行人财产不足以清偿所有债权的，可以向人民法院申请参与分配，但前提首先要确定被执行人的财产不足以清偿所有债权。

综上，检察机关认为作为专业的执行法官，许某莲案执行人员明知李某萍案件查封裁定生效在先，许某莲案件查封裁定在后，就应尽高于一般人的注意义务，以保障查封及轮候查封法律制度设计目的的实现，维护当事人合法权益。许某莲案执行法官未尽到应尽的注意义务，存在主观过错，建议某县法院查明存在的问题、原因并及时予以整改，依法妥善处理对李某萍合法权益造成的损失，避免类似事件再次发生。同时，检察机关依法对许某莲案件执行人员立案侦查，并以涉嫌执行判决、裁

---

① 现行《最高人民法院关于人民法院执行工作若干问题的规定（试行）》第55条第1款。

② 现行《最高人民法院关于适用〈中华人民共和国民事诉讼法〉的解释》第506条。

定滥用职权罪向某县人民法院提起公诉。

【监督结果】某县人民法院作出刑事判决，认为许某莲案执行人员身为司法工作人员，在执行判决、裁定活动中，滥用职权，违法将申请在前的有效查封予以解封，导致首封的申请人不能参与受偿，致使当事人的利益遭受重大损失，其行为已构成执行判决、裁定滥用职权罪，被告人当庭自愿认罪认罚，酌定从轻处罚。鉴于被告人犯罪情节轻微，判决许某莲案执行人员犯执行判决、裁定滥用职权罪，免予刑事处罚。

三、法条链接

1. **中华人民共和国民事诉讼法**（2024年1月1日施行）（节录）

第二百五十一条　执行员接到申请执行书或者移交执行书，应当向被执行人发出执行通知，并可以立即采取强制执行措施。

第二百五十三条　被执行人未按执行通知履行法律文书确定的义务，人民法院有权向有关单位查询被执行人的存款、债券、股票、基金份额等财产情况。人民法院有权根据不同情形扣押、冻结、划拨、变价被执行人的财产。人民法院查询、扣押、冻结、划拨、变价的财产不得超出被执行人应当履行义务的范围。

人民法院决定扣押、冻结、划拨、变价财产，应当作出裁定，并发出协助执行通知书，有关单位必须办理。

第二百五十六条　人民法院查封、扣押财产时，被执行人是公民的，应当通知被执行人或者他的成年家属到场；被执行人是法人或者其他组织的，应当通知其法定代表人或者主要负责人到场。拒不到场的，不影响执行。被执行人是公民的，其工作单位或者财产所在地的基层组织应当派人参加。

对被查封、扣押的财产，执行员必须造具清单，由在场人签名或者盖章后，交被执行人一份。被执行人是公民的，也可以交他的成年家属一份。

第二百五十七条 被查封的财产，执行员可以指定被执行人负责保管。因被执行人的过错造成的损失，由被执行人承担。

第二百五十八条 财产被查封、扣押后，执行员应当责令被执行人在指定期间履行法律文书确定的义务。被执行人逾期不履行的，人民法院应当拍卖被查封、扣押的财产；不适于拍卖或者当事人双方同意不进行拍卖的，人民法院可以委托有关单位变卖或者自行变卖。国家禁止自由买卖的物品，交有关单位按照国家规定的价格收购。

第二百六十条 法律文书指定交付的财物或者票证，由执行员传唤双方当事人当面交付，或者由执行员转交，并由被交付人签收。

有关单位持有该项财物或者票证的，应当根据人民法院的协助执行通知书转交，并由被交付人签收。

有关公民持有该项财物或者票证的，人民法院通知其交出。拒不交出的，强制执行。

第二百六十一条 强制迁出房屋或者强制退出土地，由院长签发公告，责令被执行人在指定期间履行。被执行人逾期不履行的，由执行员强制执行。

强制执行时，被执行人是公民的，应当通知被执行人或者他的成年家属到场；被执行人是法人或者其他组织的，应当通知其法定代表人或者主要负责人到场。拒不到场的，不影响执行。被执行人是公民的，其工作单位或者房屋、土地所在地的基层组织应当派人参加。执行员应当将强制执行情况记入笔录，由在场人签名或者盖章。

强制迁出房屋被搬出的财物，由人民法院派人运至指定处所，交给被执行人。被执行人是公民的，也可以交给他的成年家属。因拒绝接收而造成的损失，由被执行人承担。

2. 最高人民法院关于适用《中华人民共和国民事诉讼法》的解释（2022年4月10日施行　法释〔2022〕11号）（节录）

第四百八十四条　对被执行的财产，人民法院非经查封、扣押、冻结不得处分。对银行存款等各类可以执行扣划的财产，人民法院的扣划裁定同时具有冻结的法律效力。

第四百八十五条　人民法院冻结被执行人的银行存款的期限不得超过一年，查封、扣押动产的期限不得超过两年，查封不动产、冻结其他财产权的期限不得超过三年。

申请执行人申请延长期限的，人民法院应当在查封、扣押、冻结期限届满前办理续行查封、扣押、冻结手续，续行期限不得超过前款规定的期限。

人民法院也可以依职权办理续行查封、扣押、冻结手续。

3. 最高人民法院关于人民法院执行工作若干问题的规定（试行）（2021年1月1日施行　法释〔2020〕21号）（节录）

41. 生效法律文书确定被执行人交付特定标的物的，应当执行原物。原物被隐匿或非法转移的，人民法院有权责令其交出。原物确已毁损或灭失的，经双方当事人同意，可以折价赔偿。

双方当事人对折价赔偿不能协商一致的，人民法院应当终结执行程序。申请执行人可以另行起诉。

42. 有关组织或者个人持有法律文书指定交付的财物或票证，在接到人民法院协助执行通知书或通知书后，协同被执行人转移财物或票证的，人民法院有权责令其限期追回；逾期未追回的，应当裁定其承担赔偿责任。

43. 被执行人的财产经拍卖、变卖或裁定以物抵债后，需从现占有人处交付给买受人或申请执行人的，适用民事诉讼法第二百四十九条、第二百五十条[①]和本规定第41条、第42条的规定。

4. 最高人民法院关于人民法院民事执行中查封、扣押、冻结财产的规定（2021年1月1日施行　法释〔2020〕21号）（节录）

第一条　人民法院查封、扣押、冻结被执行人的动产、不动产及其他财产权，应当作出裁定，并送达被执行人和申请执行人。

采取查封、扣押、冻结措施需要有关单位或者个人协助的，人民法院应当制作协助执行通知书，连同裁定书副本一并送达协助执行人。查封、扣押、冻结裁定书和协助执行通知书送达时发生法律效力。

第二条　人民法院可以查封、扣押、冻结被执行人占有的动产、登记在被执行人名下的不动产、特定动产及其他财产权。

未登记的建筑物和土地使用权，依据土地使用权的审批文件和其他相关证据确定权属。

对于第三人占有的动产或者登记在第三人名下的不动产、特定动产及其他财产权，第三人书面确认该财产属于被执行人的，人民法院可以查封、扣押、冻结。

第三条　人民法院对被执行人下列的财产不得查封、扣押、冻结：

（一）被执行人及其所扶养家属生活所必需的衣服、家具、炊具、餐具及其他家庭生活必需的物品；

（二）被执行人及其所扶养家属所必需的生活费用。当地有最低生活保障标准的，必需的生活费用依照该标准确定；

（三）被执行人及其所扶养家属完成义务教育所必需的物品；

（四）未公开的发明或者未发表的著作；

（五）被执行人及其所扶养家属用于身体缺陷所必需的辅助工具、医疗物品；

① 现行《中华人民共和国民事诉讼法》第260条、261条。

（六）被执行人所得的勋章及其他荣誉表彰的物品；

（七）根据《中华人民共和国缔结条约程序法》，以中华人民共和国、中华人民共和国政府或者中华人民共和国政府部门名义同外国、国际组织缔结的条约、协定和其他具有条约、协定性质的文件中规定免于查封、扣押、冻结的财产；

（八）法律或者司法解释规定的其他不得查封、扣押、冻结的财产。

第四条　对被执行人及其所扶养家属生活所必需的居住房屋，人民法院可以查封，但不得拍卖、变卖或者抵债。

第五条　对于超过被执行人及其所扶养家属生活所必需的房屋和生活用品，人民法院根据申请执行人的申请，在保障被执行人及其所扶养家属最低生活标准所必需的居住房屋和普通生活必需品后，可予以执行。

第六条　查封、扣押动产的，人民法院可以直接控制该项财产。人民法院将查封、扣押的动产交付其他人控制的，应当在该动产上加贴封条或者采取其他足以公示查封、扣押的适当方式。

第七条　查封不动产的，人民法院应当张贴封条或者公告，并可以提取保存有关财产权证照。

查封、扣押、冻结已登记的不动产、特定动产及其他财产权，应当通知有关登记机关办理登记手续。未办理登记手续的，不得对抗其他已经办理了登记手续的查封、扣押、冻结行为。

第八条　查封尚未进行权属登记的建筑物时，人民法院应当通知其管理人或者该建筑物的实际占有人，并在显著位置张贴公告。

第十条　查封、扣押的财产不宜由人民法院保管的，人民法院可以指定被执行人负责保管；不宜由被执行人保管的，可以委托第三人或者申请执行人保管。

由人民法院指定被执行人保管的财产，如果继续使用对该财产的价值无重大影响，可以允许被执行人继续使用；由人民法院保管或者委托第三人、申请执行人保管的，保管人不得使用。

第十二条 对被执行人与其他人共有的财产，人民法院可以查封、扣押、冻结，并及时通知共有人。

共有人协议分割共有财产，并经债权人认可的，人民法院可以认定有效。查封、扣押、冻结的效力及于协议分割后被执行人享有份额内的财产；对其他共有人享有份额内的财产的查封、扣押、冻结，人民法院应当裁定予以解除。

共有人提起析产诉讼或者申请执行人代位提起析产诉讼的，人民法院应当准许。诉讼期间中止对该财产的执行。

第十四条 被执行人将其财产出卖给第三人，第三人已经支付部分价款并实际占有该财产，但根据合同约定被执行人保留所有权的，人民法院可以查封、扣押、冻结；第三人要求继续履行合同的，向人民法院交付全部余款后，裁定解除查封、扣押、冻结。

第十五条 被执行人将其所有的需要办理过户登记的财产出卖给第三人，第三人已经支付部分或者全部价款并实际占有该财产，但尚未办理产权过户登记手续的，人民法院可以查封、扣押、冻结；第三人已经支付全部价款并实际占有，但未办理过户登记手续的，如果第三人对此没有过错，人民法院不得查封、扣押、冻结。

第十六条 被执行人购买第三人的财产，已经支付部分价款并实际占有该财产，第三人依合同约定保留所有权的，人民法院可以查封、扣押、冻结。保留所有权已办理登记的，第三人的剩余价款从该财产变价款中优先支付；第三人主张取回该财产的，可以依据民事诉讼法第二百二十七条[①]规定提出异议。

第十七条 被执行人购买需要办理过户登记的第三人的财产，已经

① 现行《中华人民共和国民事诉讼法》第238条。

支付部分或者全部价款并实际占有该财产，虽未办理产权过户登记手续，但申请执行人已向第三人支付剩余价款或者第三人同意剩余价款从该财产变价款中优先支付的，人民法院可以查封、扣押、冻结。

第十八条 查封、扣押、冻结被执行人的财产时，执行人员应当制作笔录，载明下列内容：

（一）执行措施开始及完成的时间；

（二）财产的所在地、种类、数量；

（三）财产的保管人；

（四）其他应当记明的事项。

执行人员及保管人应当在笔录上签名，有民事诉讼法第二百四十五条[①]规定的人员到场的，到场人员也应当在笔录上签名。

第二十一条 查封地上建筑物的效力及于该地上建筑物使用范围内的土地使用权，查封土地使用权的效力及于地上建筑物，但土地使用权与地上建筑物的所有权分属被执行人与他人的除外。

地上建筑物和土地使用权的登记机关不是同一机关的，应当分别办理查封登记。

第二十六条 对已被人民法院查封、扣押、冻结的财产，其他人民法院可以进行轮候查封、扣押、冻结。查封、扣押、冻结解除的，登记在先的轮候查封、扣押、冻结即自动生效。

其他人民法院对已登记的财产进行轮候查封、扣押、冻结的，应当通知有关登记机关协助进行轮候登记，实施查封、扣押、冻结的人民法院应当允许其他人民法院查阅有关文书和记录。

其他人民法院对没有登记的财产进行轮候查封、扣押、冻结的，应当制作笔录，并经实施查封、扣押、冻结的人民法院执行人员及被执行

---

① 现行《中华人民共和国民事诉讼法》第256条。

人签字，或者书面通知实施查封、扣押、冻结的人民法院。

第二十七条 查封、扣押、冻结期限届满，人民法院未办理延期手续的，查封、扣押、冻结的效力消灭。

查封、扣押、冻结的财产已经被执行拍卖、变卖或者抵债的，查封、扣押、冻结的效力消灭。

第二十八条 有下列情形之一的，人民法院应当作出解除查封、扣押、冻结裁定，并送达申请执行人、被执行人或者案外人：

（一）查封、扣押、冻结案外人财产的；

（二）申请执行人撤回执行申请或者放弃债权的；

（三）查封、扣押、冻结的财产流拍或者变卖不成，申请执行人和其他执行债权人又不同意接受抵债，且对该财产又无法采取其他执行措施的；

（四）债务已经清偿的；

（五）被执行人提供担保且申请执行人同意解除查封、扣押、冻结的；

（六）人民法院认为应当解除查封、扣押、冻结的其他情形。

解除以登记方式实施的查封、扣押、冻结的，应当向登记机关发出协助执行通知书。

5. 最高人民法院关于人民法院民事执行中拍卖、变卖财产的规定

（2021年1月1日施行　法释〔2020〕21号）（节录）

第一条 在执行程序中，被执行人的财产被查封、扣押、冻结后，人民法院应当及时进行拍卖、变卖或者采取其他执行措施。

第二条 人民法院对查封、扣押、冻结的财产进行变价处理时，应当首先采取拍卖的方式，但法律、司法解释另有规定的除外。

第五条拍卖应当确定保留价。

拍卖财产经过评估的，评估价即为第一次拍卖的保留价；未作评估

的，保留价由人民法院参照市价确定，并应当征询有关当事人的意见。

如果出现流拍，再行拍卖时，可以酌情降低保留价，但每次降低的数额不得超过前次保留价的百分之二十。

第六条　保留价确定后，依据本次拍卖保留价计算，拍卖所得价款在清偿优先债权和强制执行费用后无剩余可能的，应当在实施拍卖前将有关情况通知申请执行人。申请执行人于收到通知后五日内申请继续拍卖的，人民法院应当准许，但应当重新确定保留价；重新确定的保留价应当大于该优先债权及强制执行费用的总额。

依照前款规定流拍的，拍卖费用由申请执行人负担。

第七条　执行人员应当对拍卖财产的权属状况、占有使用情况等进行必要的调查，制作拍卖财产现状的调查笔录或者收集其他有关资料。

第八条　拍卖应当先期公告。

拍卖动产的，应当在拍卖七日前公告；拍卖不动产或者其他财产权的，应当在拍卖十五日前公告。

第九条　拍卖公告的范围及媒体由当事人双方协商确定；协商不成的，由人民法院确定。拍卖财产具有专业属性的，应当同时在专业性报纸上进行公告。

当事人申请在其他新闻媒体上公告或者要求扩大公告范围的，应当准许，但该部分的公告费用由其自行承担。

第十一条　人民法院应当在拍卖五日前以书面或者其他能够确认收悉的适当方式，通知当事人和已知的担保物权人、优先购买权人或者其他优先权人于拍卖日到场。

优先购买权人经通知未到场的，视为放弃优先购买权。

第十二条　法律、行政法规对买受人的资格或者条件有特殊规定的，竞买人应当具备规定的资格或者条件。

申请执行人、被执行人可以参加竞买。

第十六条 拍卖时无人竞买或者竞买人的最高应价低于保留价，到场的申请执行人或者其他执行债权人申请或者同意以该次拍卖所定的保留价接受拍卖财产的，应当将该财产交其抵债。

有两个以上执行债权人申请以拍卖财产抵债的，由法定受偿顺位在先的债权人优先承受；受偿顺位相同的，以抽签方式决定承受人。承受人应受清偿的债权额低于抵债财产的价额的，人民法院应当责令其在指定的期间内补交差额。

第十七条 在拍卖开始前，有下列情形之一的，人民法院应当撤回拍卖委托：

（一）据以执行的生效法律文书被撤销的；

（二）申请执行人及其他执行债权人撤回执行申请的；

（三）被执行人全部履行了法律文书确定的金钱债务的；

（四）当事人达成了执行和解协议，不需要拍卖财产的；

（五）案外人对拍卖财产提出确有理由的异议的；

（六）拍卖机构与竞买人恶意串通的；

（七）其他应当撤回拍卖委托的情形。

第二十三条 拍卖时无人竞买或者竞买人的最高应价低于保留价，到场的申请执行人或者其他执行债权人不申请以该次拍卖所定的保留价抵债的，应当在六十日内再行拍卖。

第二十四条 对于第二次拍卖仍流拍的动产，人民法院可以依照本规定第十六条的规定将其作价交申请执行人或者其他执行债权人抵债。申请执行人或者其他执行债权人拒绝接受或者依法不能交付其抵债的，人民法院应当解除查封、扣押，并将该动产退还被执行人。

第二十五条 对于第二次拍卖仍流拍的不动产或者其他财产权，人民法院可以依照本规定第十六条的规定将其作价交申请执行人或者其他执行债权人抵债。申请执行人或者其他执行债权人拒绝接受或者依法不能交付其抵债的，应当在六十日内进行第三次拍卖。

第三次拍卖流拍且申请执行人或者其他执行债权人拒绝接受或者依法不能接受该不动产或者其他财产权抵债的，人民法院应当于第三次拍卖终结之日起七日内发出变卖公告。自公告之日起六十日内没有买受人愿意以第三次拍卖的保留价买受该财产，且申请执行人、其他执行债权人仍不表示接受该财产抵债的，应当解除查封、冻结，将该财产退还被执行人，但对该财产可以采取其他执行措施的除外。

第二十六条 不动产、动产或者其他财产权拍卖成交或者抵债后，该不动产、动产的所有权、其他财产权自拍卖成交或者抵债裁定送达买受人或者承受人时起转移。

第二十七条 人民法院裁定拍卖成交或者以流拍的财产抵债后，除有依法不能移交的情形外，应当于裁定送达后十五日内，将拍卖的财产移交买受人或者承受人。被执行人或者第三人占有拍卖财产应当移交而拒不移交的，强制执行。

第二十八条 拍卖财产上原有的担保物权及其他优先受偿权，因拍卖而消灭，拍卖所得价款，应当优先清偿担保物权人及其他优先受偿权人的债权，但当事人另有约定的除外。

拍卖财产上原有的租赁权及其他用益物权，不因拍卖而消灭，但该权利继续存在于拍卖财产上，对在先的担保物权或者其他优先受偿权的实现有影响的，人民法院应当依法将其除去后进行拍卖。

6. 最高人民法院关于人民法院办理执行异议和复议案件若干问题的规定（2021年1月1日施行 法释〔2020〕21号）（节录）

第二十一条 当事人、利害关系人提出异议请求撤销拍卖，符合下列情形之一的，人民法院应予支持：

（一）竞买人之间、竞买人与拍卖机构之间恶意串通，损害当事人或者其他竞买人利益的；

（二）买受人不具备法律规定的竞买资格的；

（三）违法限制竞买人参加竞买或者对不同的竞买人规定不同竞买条件的；

（四）未按照法律、司法解释的规定对拍卖标的物进行公告的；

（五）其他严重违反拍卖程序且损害当事人或者竞买人利益的情形。

当事人、利害关系人请求撤销变卖的，参照前款规定处理。

7. 最高人民法院关于人民法院确定财产处置参考价若干问题的规定（2018年9月1日施行　法释〔2018〕15号）（节录）

第一条　人民法院查封、扣押、冻结财产后，对需要拍卖、变卖的财产，应当在三十日内启动确定财产处置参考价程序。

第二条　人民法院确定财产处置参考价，可以采取当事人议价、定向询价、网络询价、委托评估等方式。

第三条　人民法院确定参考价前，应当查明财产的权属、权利负担、占有使用、欠缴税费、质量瑕疵等事项。

人民法院查明前款规定事项需要当事人、有关单位或者个人提供相关资料的，可以通知其提交；拒不提交的，可以强制提取；对妨碍强制提取的，参照民事诉讼法第一百一十一条、第一百一十四条[①]的规定处理。

查明本条第一款规定事项需要审计、鉴定的，人民法院可以先行审计、鉴定。

第十五条　最高人民法院根据全国性评估行业协会推荐的评估机构名单建立人民法院司法评估机构名单库。按评估专业领域和评估机构的执业范围建立名单分库，在分库下根据行政区划设省、市两级名单子库。

评估机构无正当理由拒绝进行司法评估或者存在弄虚作假等情形的，

① 现行《中华人民共和国民事诉讼法》第114条、第117条。

最高人民法院可以商全国性评估行业协会将其从名单库中除名；除名后五年内不得被纳入名单库。

第十六条 采取委托评估方式确定参考价的，人民法院应当通知双方当事人在指定期限内从名单分库中协商确定三家评估机构以及顺序；双方当事人在指定期限内协商不成或者一方当事人下落不明的，采取摇号方式在名单分库或者财产所在地的名单子库中随机确定三家评估机构以及顺序。双方当事人一致要求在同一名单子库中随机确定的，人民法院应当准许。

第十七条 人民法院应当向顺序在先的评估机构出具评估委托书，评估委托书应当载明财产名称、物理特征、规格数量、目的要求、完成期限以及其他需要明确的内容等，同时应当将查明的财产情况及相关材料一并移交给评估机构。

评估机构应当出具评估报告，评估报告应当载明评估财产的基本情况、评估方法、评估标准、评估结果及有效期等内容。

第十八条 评估需要进行现场勘验的，人民法院应当通知当事人到场；当事人不到场的，不影响勘验的进行，但应当有见证人见证。现场勘验需要当事人、协助义务人配合的，人民法院依法责令其配合；不予配合的，可以依法强制进行。

第十九条 评估机构应当在三十日内出具评估报告。人民法院决定暂缓或者裁定中止执行的期间，应当从前述期限中扣除。

评估机构不能在期限内出具评估报告的，应当在期限届满五日前书面向人民法院申请延长期限。人民法院决定延长期限的，延期次数不超过两次，每次不超过十五日。

评估机构未在期限内出具评估报告、补正说明，且未按照规定申请延长期限的，人民法院应当通知该评估机构三日内将人民法院委托评估时移交的材料退回，另行委托下一顺序的评估机构重新进行评估。

人民法院未在评估结果有效期内发布一拍拍卖公告或者直接进入变卖程序的，应当通知原评估机构在十五日内重新出具评估报告。

第二十条 人民法院应当对评估报告进行审查。具有下列情形之一的，应当责令评估机构在三日内予以书面说明或者补正：

（一）财产基本信息错误；

（二）超出财产范围或者遗漏财产；

（三）选定的评估机构与评估报告上签章的评估机构不符；

（四）评估人员执业资格证明与评估报告上署名的人员不符；

（五）具有其他应当书面说明或者补正的情形。

第二十一条 人民法院收到定向询价、网络询价、委托评估、说明补正等报告后，应当在三日内发送给当事人及利害关系人。

当事人、利害关系人已提供有效送达地址的，人民法院应当将报告以直接送达、留置送达、委托送达、邮寄送达或者电子送达的方式送达；当事人、利害关系人下落不明或者无法获取其有效送达地址，人民法院无法按照前述规定送达的，应当在中国执行信息公开网上予以公示，公示满十五日即视为收到。

第二十二条 当事人、利害关系人认为网络询价报告或者评估报告具有下列情形之一的，可以在收到报告后五日内提出书面异议：

（一）财产基本信息错误；

（二）超出财产范围或者遗漏财产；

（三）评估机构或者评估人员不具备相应评估资质；

（四）评估程序严重违法。

对当事人、利害关系人依据前款规定提出的书面异议，人民法院应当参照民事诉讼法第二百二十五条[①]的规定处理。

---

① 现行《中华人民共和国民事诉讼法》第236条。

第二十三条　当事人、利害关系人收到评估报告后五日内对评估报告的参照标准、计算方法或者评估结果等提出书面异议的，人民法院应当在三日内交评估机构予以书面说明。评估机构在五日内未作说明或者当事人、利害关系人对作出的说明仍有异议的，人民法院应当交由相关行业协会在指定期限内组织专业技术评审，并根据专业技术评审出具的结论认定评估结果或者责令原评估机构予以补正。

当事人、利害关系人提出前款异议，同时涉及本规定第二十二条第一款第一、二项情形的，按照前款规定处理；同时涉及本规定第二十二条第一款第三、四项情形的，按照本规定第二十二条第二款先对第三、四项情形审查，异议成立的，应当通知评估机构三日内将人民法院委托评估时移交的材料退回，另行委托下一顺序的评估机构重新进行评估；异议不成立的，按照前款规定处理。

第二十四条　当事人、利害关系人未在本规定第二十二条、第二十三条规定的期限内提出异议或者对网络询价平台、评估机构、行业协会按照本规定第二十二条、第二十三条所作的补正说明、专业技术评审结论提出异议的，人民法院不予受理。

当事人、利害关系人对议价或者定向询价提出异议的，人民法院不予受理。

第二十六条　当事人、利害关系人对评估报告未提出异议、所提异议被驳回或者评估机构已作出补正的，人民法院应当以评估结果或者补正结果为参考价；当事人、利害关系人对评估报告提出的异议成立的，人民法院应当以评估机构作出的补正结果或者重新作出的评估结果为参考价。专业技术评审对评估报告未作出否定结论的，人民法院应当以该评估结果为参考价。

第二十七条　司法网络询价平台、评估机构应当确定网络询价或者委托评估结果的有效期，有效期最长不得超过一年。

当事人议价的，可以自行协商确定议价结果的有效期，但不得超过前款规定的期限；定向询价结果的有效期，参照前款规定确定。

人民法院在议价、询价、评估结果有效期内发布一拍拍卖公告或者直接进入变卖程序，拍卖、变卖时未超过有效期六个月的，无需重新确定参考价，但法律、行政法规、司法解释另有规定的除外。

第三十条 人民法院应当在参考价确定后十日内启动财产变价程序。拍卖的，参照参考价确定起拍价；直接变卖的，参照参考价确定变卖价。

8. 最高人民法院关于人民法院网络司法拍卖若干问题的规定（2017年1月1日施行 法释〔2016〕18号）（节录）

第二条 人民法院以拍卖方式处置财产的，应当采取网络司法拍卖方式，但法律、行政法规和司法解释规定必须通过其他途径处置，或者不宜采用网络拍卖方式处置的除外。

第六条 实施网络司法拍卖的，人民法院应当履行下列职责：

（一）制作、发布拍卖公告；

（二）查明拍卖财产现状、权利负担等内容，并予以说明；

（三）确定拍卖保留价、保证金的数额、税费负担等；

（四）确定保证金、拍卖款项等支付方式；

（五）通知当事人和优先购买权人；

（六）制作拍卖成交裁定；

（七）办理财产交付和出具财产权证照转移协助执行通知书；

（八）开设网络司法拍卖专用账户；

（九）其他依法由人民法院履行的职责。

第十条 网络司法拍卖应当确定保留价，拍卖保留价即为起拍价。

起拍价由人民法院参照评估价确定；未作评估的，参照市价确定，并征询当事人意见。起拍价不得低于评估价或者市价的百分之七十。

第十一条 网络司法拍卖不限制竞买人数量。一人参与竞拍，出价不低于起拍价的，拍卖成交。

第十二条　网络司法拍卖应当先期公告，拍卖公告除通过法定途径发布外，还应同时在网络司法拍卖平台发布。拍卖动产的，应当在拍卖十五日前公告；拍卖不动产或者其他财产权的，应当在拍卖三十日前公告。

拍卖公告应当包括拍卖财产、价格、保证金、竞买人条件、拍卖财产已知瑕疵、相关权利义务、法律责任、拍卖时间、网络平台和拍卖法院等信息。

第十三条　实施网络司法拍卖的，人民法院应当在拍卖公告发布当日通过网络司法拍卖平台公示下列信息：

（一）拍卖公告；

（二）执行所依据的法律文书，但法律规定不得公开的除外；

（三）评估报告副本，或者未经评估的定价依据；

（四）拍卖时间、起拍价以及竞价规则；

（五）拍卖财产权属、占有使用、附随义务等现状的文字说明、视频或者照片等；

（六）优先购买权主体以及权利性质；

（七）通知或者无法通知当事人、已知优先购买权人的情况；

（八）拍卖保证金、拍卖款项支付方式和账户；

（九）拍卖财产产权转移可能产生的税费及承担方式；

（十）执行法院名称，联系、监督方式等；

（十一）其他应当公示的信息。

第十六条　网络司法拍卖的事项应当在拍卖公告发布三日前以书面或者其他能够确认收悉的合理方式，通知当事人、已知优先购买权人。权利人书面明确放弃权利的，可以不通知。无法通知的，应当在网络司法拍卖平台公示并说明无法通知的理由，公示满五日视为已经通知。

优先购买权人经通知未参与竞买的，视为放弃优先购买权。

第二十四条 拍卖成交后买受人悔拍的，交纳的保证金不予退还，依次用于支付拍卖产生的费用损失、弥补重新拍卖价款低于原拍卖价款的差价、冲抵本案被执行人的债务以及与拍卖财产相关的被执行人的债务。

悔拍后重新拍卖的，原买受人不得参加竞买。

第二十六条 网络司法拍卖竞价期间无人出价的，本次拍卖流拍。流拍后应当在三十日内在同一网络司法拍卖平台再次拍卖，拍卖动产的应当在拍卖七日前公告；拍卖不动产或者其他财产权的应当在拍卖十五日前公告。再次拍卖的起拍价降价幅度不得超过前次起拍价的百分之二十。

再次拍卖流拍的，可以依法在同一网络司法拍卖平台变卖。

第二十七条 起拍价及其降价幅度、竞价增价幅度、保证金数额和优先购买权人竞买资格及其顺序等事项，应当由人民法院依法组成合议庭评议确定。

第二十八条 网络司法拍卖竞价程序中，有依法应当暂缓、中止执行等情形的，人民法院应当决定暂缓或者裁定中止拍卖；人民法院可以自行或者通知网络服务提供者停止拍卖。

网络服务提供者发现系统故障、安全隐患等紧急情况的，可以先行暂缓拍卖，并立即报告人民法院。

暂缓或者中止拍卖的，应当及时在网络司法拍卖平台公告原因或者理由。

暂缓拍卖期限届满或者中止拍卖的事由消失后，需要继续拍卖的，应当在五日内恢复拍卖。

第三十条 因网络司法拍卖本身形成的税费，应当依照相关法律、行政法规的规定，由相应主体承担；没有规定或者规定不明的，人民法院可以根据法律原则和案件实际情况确定税费承担的相关主体、数额。

第三十一条 当事人、利害关系人提出异议请求撤销网络司法拍卖，符合下列情形之一的，人民法院应当支持：

（一）由于拍卖财产的文字说明、视频或者照片展示以及瑕疵说明严重失实，致使买受人产生重大误解，购买目的无法实现的，但拍卖时的技术水平不能发现或者已经就相关瑕疵以及责任承担予以公示说明的除外；

（二）由于系统故障、病毒入侵、黑客攻击、数据错误等原因致使拍卖结果错误，严重损害当事人或者其他竞买人利益的；

（三）竞买人之间，竞买人与网络司法拍卖服务提供者之间恶意串通，损害当事人或者其他竞买人利益的；

（四）买受人不具备法律、行政法规和司法解释规定的竞买资格的；

（五）违法限制竞买人参加竞买或者对享有同等权利的竞买人规定不同竞买条件的；

（六）其他严重违反网络司法拍卖程序且损害当事人或者竞买人利益的情形。

第三十二条　网络司法拍卖被人民法院撤销，当事人、利害关系人、案外人认为人民法院的拍卖行为违法致使其合法权益遭受损害的，可以依法申请国家赔偿；认为其他主体的行为违法致使其合法权益遭受损害的，可以另行提起诉讼。

第三十三条　当事人、利害关系人、案外人认为网络司法拍卖服务提供者的行为违法致使其合法权益遭受损害的，可以另行提起诉讼；理由成立的，人民法院应当支持，但具有法定免责事由的除外。

第三十四条　实施网络司法拍卖的，下列机构和人员不得竞买并不得委托他人代为竞买与其行为相关的拍卖财产：

（一）负责执行的人民法院；

（二）网络服务提供者；

（三）承担拍卖辅助工作的社会机构或者组织；

（四）第（一）至（三）项规定主体的工作人员及其近亲属。

第三十六条 当事人、利害关系人认为网络司法拍卖行为违法侵害其合法权益的，可以提出执行异议。异议、复议期间，人民法院可以决定暂缓或者裁定中止拍卖。

案外人对网络司法拍卖的标的提出异议的，人民法院应当依据《中华人民共和国民事诉讼法》第二百二十七条[①]及相关司法解释的规定处理，并决定暂缓或者裁定中止拍卖。

9. 最高人民法院关于执行设定抵押的房屋的规定（2005年12月21日施行 法释〔2005〕14号）（节录）

第一条 对于被执行人所有的已经依法设定抵押的房屋，人民法院可以查封，并可以根据抵押权人的申请，依法拍卖、变卖或者抵债。

第二条 人民法院对已经依法设定抵押的被执行人及其所扶养家属居住的房屋，在裁定拍卖、变卖或者抵债后，应当给予被执行人六个月的宽限期。在此期限内，被执行人应当主动腾空房屋，人民法院不得强制被执行人及其所扶养家属迁出该房屋。

10. 最高人民法院关于人民法院强制执行股权若干问题的规定（2022年1月1日施行 法释〔2021〕20号）

为了正确处理人民法院强制执行股权中的有关问题，维护当事人、利害关系人的合法权益，根据《中华人民共和国民事诉讼法》《中华人民共和国公司法》等法律规定，结合执行工作实际，制定本规定。

第一条 本规定所称股权，包括有限责任公司股权、股份有限公司股份，但是在依法设立的证券交易所上市交易以及在国务院批准的其他全国性证券交易场所交易的股份有限公司股份除外。

第二条 被执行人是公司股东的，人民法院可以强制执行其在公司持

---

① 现行《中华人民共和国民事诉讼法》第238条。

有的股权，不得直接执行公司的财产。

第三条 依照民事诉讼法第二百二十四条[①]的规定以被执行股权所在地确定管辖法院的，股权所在地是指股权所在公司的住所地。

第四条 人民法院可以冻结下列资料或者信息之一载明的属于被执行人的股权：

（一）股权所在公司的章程、股东名册等资料；

（二）公司登记机关的登记、备案信息；

（三）国家企业信用信息公示系统的公示信息。

案外人基于实体权利对被冻结股权提出排除执行异议的，人民法院应当依照民事诉讼法第二百二十七条[②]的规定进行审查。

第五条 人民法院冻结被执行人的股权，以其价额足以清偿生效法律文书确定的债权额及执行费用为限，不得明显超标的额冻结。股权价额无法确定的，可以根据申请执行人申请冻结的比例或者数量进行冻结。

被执行人认为冻结明显超标的额的，可以依照民事诉讼法第二百二十五条[③]的规定提出书面异议，并附证明股权等查封、扣押、冻结财产价额的证据材料。人民法院审查后裁定异议成立的，应当自裁定生效之日起七日内解除对明显超标的额部分的冻结。

第六条 人民法院冻结被执行人的股权，应当向公司登记机关送达裁定书和协助执行通知书，要求其在国家企业信用信息公示系统进行公示。股权冻结自在公示系统公示时发生法律效力。多个人民法院冻结同一股权的，以在公示系统先办理公示的为在先冻结。

依照前款规定冻结被执行人股权的，应当及时向被执行人、申请执行人送达裁定书，并将股权冻结情况书面通知股权所在公司。

---

① 现行《中华人民共和国民事诉讼法》第235条。
② 现行《中华人民共和国民事诉讼法》第238条。
③ 现行《中华人民共和国民事诉讼法》第236条。

第七条 被执行人就被冻结股权所作的转让、出质或者其他有碍执行的行为，不得对抗申请执行人。

第八条 人民法院冻结被执行人股权的，可以向股权所在公司送达协助执行通知书，要求其在实施增资、减资、合并、分立等对被冻结股权所占比例、股权价值产生重大影响的行为前向人民法院书面报告有关情况。人民法院收到报告后，应当及时通知申请执行人，但是涉及国家秘密、商业秘密的除外。

股权所在公司未向人民法院报告即实施前款规定行为的，依照民事诉讼法第一百一十四条[①]的规定处理。

股权所在公司或者公司董事、高级管理人员故意通过增资、减资、合并、分立、转让重大资产、对外提供担保等行为导致被冻结股权价值严重贬损，影响申请执行人债权实现的，申请执行人可以依法提起诉讼。

第九条 人民法院冻结被执行人基于股权享有的股息、红利等收益，应当向股权所在公司送达裁定书，并要求其在该收益到期时通知人民法院。人民法院对到期的股息、红利等收益，可以书面通知股权所在公司向申请执行人或者人民法院履行。

股息、红利等收益被冻结后，股权所在公司擅自向被执行人支付或者变相支付的，不影响人民法院要求股权所在公司支付该收益。

第十条 被执行人申请自行变价被冻结股权，经申请执行人及其他已知执行债权人同意或者变价款足以清偿执行债务的，人民法院可以准许，但是应当在能够控制变价款的情况下监督其在指定期限内完成，最长不超过三个月。

第十一条 拍卖被执行人的股权，人民法院应当依照《最高人民法院关于人民法院确定财产处置参考价若干问题的规定》规定的程序确定股

① 现行《中华人民共和国民事诉讼法》第117条。

权处置参考价，并参照参考价确定起拍价。

确定参考价需要相关材料的，人民法院可以向公司登记机关、税务机关等部门调取，也可以责令被执行人、股权所在公司以及控制相关材料的其他主体提供；拒不提供的，可以强制提取，并可以依照民事诉讼法第一百一十一条、第一百一十四条[①]的规定处理。

为确定股权处置参考价，经当事人书面申请，人民法院可以委托审计机构对股权所在公司进行审计。

第十二条　委托评估被执行人的股权，评估机构因缺少评估所需完整材料无法进行评估或者认为影响评估结果，被执行人未能提供且人民法院无法调取补充材料的，人民法院应当通知评估机构根据现有材料进行评估，并告知当事人因缺乏材料可能产生的不利后果。

评估机构根据现有材料无法出具评估报告的，经申请执行人书面申请，人民法院可以根据具体情况以适当高于执行费用的金额确定起拍价，但是股权所在公司经营严重异常，股权明显没有价值的除外。

依照前款规定确定的起拍价拍卖的，竞买人应当预交的保证金数额由人民法院根据实际情况酌定。

第十三条　人民法院拍卖被执行人的股权，应当采取网络司法拍卖方式。

依据处置参考价并结合具体情况计算，拍卖被冻结股权所得价款可能明显高于债权额及执行费用的，人民法院应当对相应部分的股权进行拍卖。对相应部分的股权拍卖严重减损被冻结股权价值的，经被执行人书面申请，也可以对超出部分的被冻结股权一并拍卖。

第十四条　被执行人、利害关系人以具有下列情形之一为由请求不得强制拍卖股权的，人民法院不予支持：

---

① 现行《中华人民共和国民事诉讼法》第114条、第117条。

（一）被执行人未依法履行或者未依法全面履行出资义务；

（二）被执行人认缴的出资未届履行期限；

（三）法律、行政法规、部门规章等对该股权自行转让有限制；

（四）公司章程、股东协议等对该股权自行转让有限制。

人民法院对具有前款第一、二项情形的股权进行拍卖时，应当在拍卖公告中载明被执行人认缴出资额、实缴出资额、出资期限等信息。股权处置后，相关主体依照有关规定履行出资义务。

第十五条 股权变更应当由相关部门批准的，人民法院应当在拍卖公告中载明法律、行政法规或者国务院决定规定的竞买人应当具备的资格或者条件。必要时，人民法院可以就竞买资格或者条件征询相关部门意见。

拍卖成交后，人民法院应当通知买受人持成交确认书向相关部门申请办理股权变更批准手续。买受人取得批准手续的，人民法院作出拍卖成交裁定书；买受人未在合理期限内取得批准手续的，应当重新对股权进行拍卖。重新拍卖的，原买受人不得参加竞买。

买受人明知不符合竞买资格或者条件依然参加竞买，且在成交后未能在合理期限内取得相关部门股权变更批准手续的，交纳的保证金不予退还。保证金不足以支付拍卖产生的费用损失、弥补重新拍卖价款低于原拍卖价款差价的，人民法院可以裁定原买受人补交；拒不补交的，强制执行。

第十六条 生效法律文书确定被执行人交付股权，因股权所在公司在生效法律文书作出后增资或者减资导致被执行人实际持股比例降低或者升高的，人民法院应当按照下列情形分别处理：

（一）生效法律文书已经明确交付股权的出资额的，按照该出资额交付股权；

（二）生效法律文书仅明确交付一定比例的股权的，按照生效法律文书作出时该比例所对应出资额占当前公司注册资本总额的比例交付股权。

第十七条　在审理股东资格确认纠纷案件中，当事人提出要求公司签发出资证明书、记载于股东名册并办理公司登记机关登记的诉讼请求且其主张成立的，人民法院应当予以支持；当事人未提出前述诉讼请求的，可以根据案件具体情况向其释明。

生效法律文书仅确认股权属于当事人所有，当事人可以持该生效法律文书自行向股权所在公司、公司登记机关申请办理股权变更手续；向人民法院申请强制执行的，不予受理。

第十八条　人民法院对被执行人在其他营利法人享有的投资权益强制执行的，参照适用本规定。

第十九条　本规定自2022年1月1日起施行。

施行前本院公布的司法解释与本规定不一致的，以本规定为准。

11. 最高人民法院关于人民法院司法拍卖房产竞买人资格若干问题的规定（2022年1月1日施行　法释〔2021〕18号）

为了进一步规范人民法院司法拍卖房产行为，保护当事人合法权益，维护社会和经济秩序，依照《中华人民共和国民法典》《中华人民共和国民事诉讼法》等法律规定，结合司法实践，制定本规定。

第一条　人民法院组织的司法拍卖房产活动，受房产所在地限购政策约束的竞买人申请参与竞拍的，人民法院不予准许。

第二条　人民法院组织司法拍卖房产活动时，发布的拍卖公告载明竞买人必须具备购房资格及其相应法律后果等内容，竞买人申请参与竞拍的，应当承诺具备购房资格及自愿承担法律后果。

第三条　人民法院在司法拍卖房产成交后、向买受人出具成交裁定书前，应当审核买受人提交的自其申请参与竞拍到成交裁定书出具时具备购房资格的证明材料；经审核买受人不符合持续具备购房资格条件，买受人请求出具拍卖成交裁定书的，人民法院不予准许。

第四条 买受人虚构购房资格参与司法拍卖房产活动且拍卖成交，当事人、利害关系人以违背公序良俗为由主张该拍卖行为无效的，人民法院应予支持。

依据前款规定，买受人虚构购房资格导致拍卖行为无效的，应当依法承担赔偿责任。

第五条 司法拍卖房产出现流拍等无法正常处置情形，不具备购房资格的申请执行人等当事人请求以该房抵债的，人民法院不予支持。

第六条 人民法院组织的司法拍卖房产活动，竞买人虚构购房资格或者当事人之间恶意串通，侵害他人合法权益或者逃避履行法律文书确定的义务的，人民法院应当根据情节轻重予以罚款、拘留；构成犯罪的，依法追究刑事责任。

第七条 除前六条规定的情形外，人民法院组织司法拍卖房产活动的其他事宜，适用《最高人民法院关于人民法院网络司法拍卖若干问题的规定》《最高人民法院关于人民法院民事执行中拍卖、变卖财产的规定》以及《最高人民法院关于适用〈中华人民共和国民事诉讼法〉的解释》的有关规定。

第八条 人民法院组织司法变卖房产活动的，参照适用本规定。

第九条 本规定自2022年1月1日起施行。

施行前最高人民法院公布的司法解释与本规定不一致的，以本规定为准。

12. 最高人民法院关于审理涉执行司法赔偿案件适用法律若干问题的解释（2022年3月1日施行 法释〔2022〕3号）

为正确审理涉执行司法赔偿案件，保障公民、法人和其他组织的合法权益，根据《中华人民共和国国家赔偿法》等法律规定，结合人民法院国家赔偿审判和执行工作实际，制定本解释。

第一条 人民法院在执行判决、裁定及其他生效法律文书过程中，错误采取财产调查、控制、处置、交付、分配等执行措施或者罚款、拘留等强制措施，侵犯公民、法人和其他组织合法权益并造成损害，受害人依照国家赔偿法第三十八条规定申请赔偿的，适用本解释。

第二条　公民、法人和其他组织认为有下列错误执行行为造成损害申请赔偿的，人民法院应当依法受理：

（一）执行未生效法律文书，或者明显超出生效法律文书确定的数额和范围执行的；

（二）发现被执行人有可供执行的财产，但故意拖延执行、不执行，或者应当依法恢复执行而不恢复的；

（三）违法执行案外人财产，或者违法将案件执行款物交付给其他当事人、案外人的；

（四）对抵押、质押、留置、保留所有权等财产采取执行措施，未依法保护上述权利人优先受偿权等合法权益的；

（五）对其他人民法院已经依法采取保全或者执行措施的财产违法执行的；

（六）对执行中查封、扣押、冻结的财产故意不履行或者怠于履行监管职责的；

（七）对不宜长期保存或者易贬值的财产采取执行措施，未及时处理或者违法处理的；

（八）违法拍卖、变卖、以物抵债，或者依法应当评估而未评估，依法应当拍卖而未拍卖的；

（九）违法撤销拍卖、变卖或者以物抵债的；

（十）违法采取纳入失信被执行人名单、限制消费、限制出境等措施的；

（十一）因违法或者过错采取执行措施或者强制措施的其他行为。

第三条　原债权人转让债权的，其基于债权申请国家赔偿的权利随之转移，但根据债权性质、当事人约定或者法律规定不得转让的除外。

第四条 人民法院将查封、扣押、冻结等事项委托其他人民法院执行的，公民、法人和其他组织认为错误执行行为造成损害申请赔偿的，委托法院为赔偿义务机关。

第五条 公民、法人和其他组织申请错误执行赔偿，应当在执行程序终结后提出，终结前提出的不予受理。但有下列情形之一，且无法在相关诉讼或者执行程序中予以补救的除外：

（一）罚款、拘留等强制措施已被依法撤销，或者实施过程中造成人身损害的；

（二）被执行的财产经诉讼程序依法确认不属于被执行人，或者人民法院生效法律文书已确认执行行为违法的；

（三）自立案执行之日起超过五年，且已裁定终结本次执行程序，被执行人已无可供执行财产的；

（四）在执行程序终结前可以申请赔偿的其他情形。

赔偿请求人依据前款规定，在执行程序终结后申请赔偿的，该执行程序期间不计入赔偿请求时效。

第六条 公民、法人和其他组织在执行异议、复议或者执行监督程序审查期间，就相关执行措施或者强制措施申请赔偿的，人民法院不予受理，已经受理的予以驳回，并告知其在上述程序终结后可以依照本解释第五条的规定依法提出赔偿申请。

公民、法人和其他组织在执行程序中未就相关执行措施、强制措施提出异议、申请复议或者申请执行监督，不影响其依法申请赔偿的权利。

第七条 经执行异议、复议或者执行监督程序作出的生效法律文书，对执行行为是否合法已有认定的，该生效法律文书可以作为人民法院赔偿委员会认定执行行为合法性的根据。

赔偿请求人对执行行为的合法性提出相反主张，且提供相应证据予以证明的，人民法院赔偿委员会应当对执行行为进行合法性审查并作出认定。

第八条　根据当时有效的执行依据或者依法认定的基本事实作出的执行行为，不因下列情形而认定为错误执行：

（一）采取执行措施或者强制措施后，据以执行的判决、裁定及其他生效法律文书被撤销或者变更的；

（二）被执行人足以对抗执行的实体事由，系在执行措施完成后发生或者被依法确认的；

（三）案外人对执行标的享有足以排除执行的实体权利，系在执行措施完成后经法定程序确认的；

（四）人民法院作出准予执行行政行为的裁定并实施后，该行政行为被依法变更、撤销、确认违法或者确认无效的；

（五）根据财产登记采取执行措施后，该登记被依法确认错误的；

（六）执行依据或者基本事实嗣后改变的其他情形。

第九条　赔偿请求人应当对其主张的损害负举证责任。但因人民法院未列清单、列举不详等过错致使赔偿请求人无法就损害举证的，应当由人民法院对上述事实承担举证责任。

双方主张损害的价值无法认定的，应当由负有举证责任的一方申请鉴定。负有举证责任的一方拒绝申请鉴定的，由其承担不利的法律后果；无法鉴定的，人民法院赔偿委员会应当结合双方的主张和在案证据，运用逻辑推理、日常生活经验等进行判断。

第十条　被执行人因财产权被侵犯依照本解释第五条第一款规定申请赔偿，其债务尚未清偿的，获得的赔偿金应当首先用于清偿其债务。

第十一条　因错误执行取得不当利益且无法返还的，人民法院承担赔偿责任后，可以依据赔偿决定向取得不当利益的人追偿。

因错误执行致使生效法律文书无法执行，申请执行人获得国家赔偿后申请继续执行的，不予支持。人民法院承担赔偿责任后，可以依据赔偿决定向被执行人追偿。

第十二条 在执行过程中，因保管人或者第三人的行为侵犯公民、法人和其他组织合法权益并造成损害的，应当由保管人或者第三人承担责任。但人民法院未尽监管职责的，应当在其能够防止或者制止损害发生、扩大的范围内承担相应的赔偿责任，并可以依据赔偿决定向保管人或者第三人追偿。

第十三条 属于下列情形之一的，人民法院不承担赔偿责任：

（一）申请执行人提供财产线索错误的；

（二）执行措施系根据依法提供的担保而采取或者解除的；

（三）人民法院工作人员实施与行使职权无关的个人行为的；

（四）评估或者拍卖机构实施违法行为造成损害的；

（五）因不可抗力、正当防卫或者紧急避险造成损害的；

（六）依法不应由人民法院承担赔偿责任的其他情形。

前款情形中，人民法院有错误执行行为的，应当根据其在损害发生过程和结果中所起的作用承担相应的赔偿责任。

第十四条 错误执行造成公民、法人和其他组织利息、租金等实际损失的，适用国家赔偿法第三十六条第八项的规定予以赔偿。

第十五条 侵犯公民、法人和其他组织的财产权，按照错误执行行为发生时的市场价格不足以弥补受害人损失或者该价格无法确定的，可以采用下列方式计算损失：

（一）按照错误执行行为发生时的市场价格计算财产损失并支付利息，利息计算期间从错误执行行为实施之日起至赔偿决定作出之日止；

（二）错误执行行为发生时的市场价格无法确定，或者因时间跨度长、市场价格波动大等因素按照错误执行行为发生时的市场价格计算显失公平的，可以参照赔偿决定作出时同类财产市场价格计算；

（三）其他合理方式。

第十六条　错误执行造成受害人停产停业的，下列损失属于停产停业期间必要的经常性费用开支：

（一）必要留守职工工资；

（二）必须缴纳的税款、社会保险费；

（三）应当缴纳的水电费、保管费、仓储费、承包费；

（四）合理的房屋场地租金、设备租金、设备折旧费；

（五）维系停产停业期间运营所需的其他基本开支。

错误执行生产设备、用于营运的运输工具，致使受害人丧失唯一生活来源的，按照其实际损失予以赔偿。

第十七条　错误执行侵犯债权的，赔偿范围一般应当以债权标的额为限。债权受让人申请赔偿的，赔偿范围以其受让债权时支付的对价为限。

第十八条　违法采取保全措施的案件进入执行程序后，公民、法人和其他组织申请赔偿的，应当作为错误执行案件予以立案审查。

第十九条　审理违法采取妨害诉讼的强制措施、保全、先予执行赔偿案件，可以参照适用本解释。

第二十条　本解释自2022年3月1日起施行。施行前本院公布的司法解释与本解释不一致的，以本解释为准。

13. 最高人民法院关于正确处理轮候查封效力相关问题的通知（2022年4月14日施行　法〔2022〕107号）

各省、自治区、直辖市高级人民法院，新疆维吾尔自治区高级人民法院生产建设兵团分院：

轮候查封制度对于确保人民法院间查封处置财产的有序衔接，防止债务人转移财产规避执行，维护轮候查封债权人合法权益，具有重要作用。但实践中部分法院未能准确掌握和运用轮候查封制度，尤其在首封法院处置查封物所得价款由在先查封债权人受偿后有剩余的情况下对轮候查封效力问题存在错误认识，导致相关财产处置损害轮候查封债权人合法权益。为了正确处理轮候查封效力相关问题，现将有关事项通知如下。

一、轮候查封具有确保轮候查封债权人能够取得首封债权人从查封物变价款受偿后剩余部分的作用。首封法院对查封物处置变现后，首封债权人受偿后变价款有剩余的，该剩余价款属于轮候查封物的替代物，轮候查封的效力应当及于该替代物，即对于查封物变价款中多于首封债权人应得数额部分有正式查封的效力。轮候查封债权人对该剩余价款有权主张相应权利。

二、轮候查封对于首封处置法院有约束力。首封法院在所处置的查封物有轮候查封的情况下，对于查封物变价款清偿首封债权人后的剩余部分，不能径行返还被执行人，首封债权人和被执行人也无权自行或协商处理。首封法院有义务将相关处置情况告知变价款处置前已知的轮候查封法院，并将剩余变价款移交给轮候查封法院，由轮候查封法院依法处理；轮候查封法院案件尚在诉讼程序中的，应由首封处置法院予以留存，待审判确定后依法处理。

三、首封处置法院在明知拍卖标的物有轮候查封的情况下，违反上述义务，径行将剩余变价款退还被执行人的，构成执行错误。

请各级人民法院严格遵照执行上述要求，遇有问题，请及时层报最高人民法院。

14. 最高人民法院关于在执行工作中进一步强化善意文明执行理念的意见（2019年12月16日　法发〔2019〕35号）

10. 充分吸引更多主体参与竞买。拍卖过程中，人民法院应当全面真实披露拍卖财产的现状、占有使用情况、附随义务、已知瑕疵和权利负担、竞买资格等事项，严禁故意隐瞒拍品瑕疵诱导竞买人竞拍，严禁故意夸大拍品瑕疵误导竞买人竞拍。拍卖财产为不动产且被执行人或他人无权占用的，人民法院应当依法负责腾退，不得在公示信息中载明“不负责腾退交付”等信息。要充分发挥网拍平台、拍卖辅助机构的专业优势，做好拍品视频宣介、向专业市场主体定向推送拍卖信息、实地看样等相关工作，以吸引更多市场主体参与竞拍。

15. 最高人民法院关于进一步规范网络司法拍卖工作的指导意见

（2024年10月29日　法〔2024〕238号）

为进一步规范网络司法拍卖行为，着力提升执行财产处置水平，切实保障当事人的合法权益，根据《中华人民共和国民事诉讼法》（以下简称民事诉讼法）以及有关司法解释的规定，结合执行工作实践，就做好网络司法拍卖工作提出如下意见。

1. 尽职调查财产现状。执行法院应当对财产现状进行调查，不得以“现状拍卖”为由免除调查职责。对下列财产，应当重点调查以下事项：

（1）对不动产，应当通过调取登记信息、实地勘察、入户调查等方式，调查权属关系、占有使用情况、户型图、交易税目和税率、已知瑕疵等信息；

（2）对机动车，应当调查登记信息、违章信息、排放标准、行驶里程等对车辆价值有重要影响的信息；

（3）对食品，应当调查是否过期、是否腐败变质、是否属于禁止生产销售物品等信息，防止假冒伪劣食品通过网络司法拍卖流入市场，损害人民群众身体健康和生命安全；

（4）对股权，应当调查持股比例、认缴出资额、实缴出资额、出资期限、财务报表，以及股息、红利等对股权价值有重要影响的信息。

2. 严格审查权利负担的真实性。执行法院在财产调查过程中应当加大对虚假权利负担的甄别力度，案外人主张财产上存在租赁权、居住权等权利负担的，重点围绕合同签订时间、租赁或者居住权期限、租金支付、占有使用等情况，对权利负担的真实性进行审查。案外人所提事实和主张有悖日常生活经验、商业交易习惯的，对案外人“带租赁权”、“带居住权”处置的请求不予支持。案外人有异议的，可以通过执行异议程序救济。发现被执行人与第三人通过恶意串通倒签租赁合同、虚构长期租约等方式规避或者妨碍执行的，应当依法严肃追究其法律责任。

3. 认真核查建设工程价款情况。执行法院处置建设工程时，应当依法查明是否欠付建设工程价款，并按照下列情形分别处理：

(1) 发现存在或者可能存在欠付建设工程价款，但没有权利人主张的，执行法院可以通过张贴拍卖公告、调取工程合同、询问被执行人等方式查明有关权利人，通知其及时主张权利，争取一次性解决纠纷，减少后续争议。

(2) 尚未取得执行依据的案外人主张享有建设工程价款优先受偿权并提出优先受偿的，执行法院应当对建设工程施工合同等进行审查并询问被执行人。经审查，认定案外人不具有优先受偿资格，案外人不服的，可以通过执行异议程序或者另诉救济；认定案外人具有优先受偿资格的，应当将其纳入分配方案，当事人对该方案不服的，可以通过分配方案异议及分配方案异议之诉程序救济。

(3) 建设工程价款优先受偿权人主张已与被执行人达成“以房抵债”协议，据以申请排除执行的，执行法院应当依照民事诉讼法第二百三十八条处理。

4. 规范适用询价方式。对于无需由专业人员现场勘验或者鉴定且有大数据交易参考的住宅、机动车等财产，可以选择网络询价方式。当事人、利害关系人认为不应适用网络询价或者网络询价结果明显偏离市场价值，申请适用委托评估的，执行法院经审查可以准许。

工业厂房、在建工程、土地使用权、商铺较多的综合市场、装修装饰价值较高的不动产以及股权、采矿权等特殊或者复杂财产，目前尚不具备询价条件，当事人议价不成时，应当适用委托评估。

5. 完善刑事涉案财产变价程序。刑事裁判涉财产部分执行，涉案财物最后一次拍卖未能成交的，执行法院应当按照《最高人民法院关于刑事裁判涉财产部分执行的若干规定》（法释〔2014〕13号）第十二条第二款规定，征询财政部门、被害人是否同意接收财产或者以物退赔等意见。财政部门、被害人不同意接收财产或者以物退赔的，可以进行无保留价拍卖。但对不动产、采矿权、大宗股票等价值较高的财产进行无保留价拍卖的，应当合理确定保证金和加价幅度，经合议庭合议后，报主管院领导批准。

6. 如实披露拍卖财产信息。执行法院应当全面如实披露财产调查所掌握的拍卖财产现状、占有使用情况、已知瑕疵和权利负担等信息，严禁隐瞒或者夸大拍卖财产瑕疵。

拍卖财产为不动产的，执行法院应当在拍卖公告中公示不动产占有使用情况，不得在拍卖公告中使用“占有不明”、“他人占用”等表述。决定“带租赁权”或者“带居住权”拍卖的，应当如实披露占有使用情况、租金、期限以及有关权利人情况等重要信息。

法律、行政法规和司法解释对买受人有竞买资格限制的，应当在拍卖公告中予以公示。

7. 完善被执行人自行处置机制。第二次网络司法拍卖流拍，债权人申请以物抵债或者第三人申请以流拍价购买的，执行法院应当通知被执行人。被执行人主张以高于流拍价的价格对拍卖财产自行处置的，执行法院经审查后可以允许，暂不启动以物抵债、第三人购买程序。

自行处置期限由执行法院根据财产状况、市场行情等情况确定，一般不得超过60日。自行处置不动产成交的，买受人向执行法院交付全部价款后，执行法院可以出具成交过户裁定。买方支付部分价款，剩余价款申请通过贷款等方式融资，并向执行法院提交相关融资等手续的，执行法院经协调不动产登记机构同意后，可以出具成交过户裁定，由买卖双方办理“带封过户”手续。被执行人自行处置失败的，执行法院应当启动以物抵债、第三人购买等程序。

8. 加大不动产腾退交付力度。对不动产进行处置，除有法定事由外，执行法院应当负责腾退交付，严禁在拍卖公告中声明“不负责腾退”。

需要组织腾退交付的，执行法院应当制作腾退预案，积极督促被执行人及有关占用人员主动搬离。对于督促后仍不主动搬离的，应当严格依法腾退，并做好执法记录、安全保障等工作。

腾退过程中，被执行人、案外人存在破坏财产、妨碍执行等行为的，应当根据情节轻重予以罚款、拘留；构成犯罪的，应当依法追究刑事责任。

9. 严格重大事项合议与审批。执行法院应当建立重大事项权力清单和台账，对起拍价、加价幅度、权利负担、唯一住房拍卖、自行处置、以物抵债、第三人以流拍价购买等重要事项应当合议决定，按程序报批，严格落实院局（庭）长阅核制，不得由执行人员一人作出决定。

10. 加强拍卖辅助工作管理。各高级、中级人民法院要加强对辖区拍卖辅助工作的统一管理，加大对重大复杂敏感案件拍卖辅助工作的指导力度。具备条件的中级人民法院可以根据辖区实际情况，设置相对固定的人员或者团队统一负责辖区拍卖辅助工作。执行法院将拍卖辅助工作委托拍卖辅助机构承担的，要加强对拍卖辅助机构履职情况的监督力度，严禁将法律、司法解释规定必须由执行人员办理的事项委托给拍卖辅助机构完成；严禁拍卖辅助人员使用办案系统、账户和密钥等，严防泄露办案秘密；严禁私下接触竞买人，需要现场看样的，必须有两名以上拍卖辅助人员在场；严禁拍卖辅助机构、拍卖辅助人员及其近亲属参与其承担拍卖辅助工作的财产的竞买；严禁向第三方泄露意向竞买人信息；严禁私自收取费用违规排除潜在竞买人。要结合辖区工作实际，制定行之有效的管理办法，明确拍卖辅助机构工作职责和清单，规范计费方式和标准，严格规范拍卖辅助机构的准入和退出程序。要建立违纪违法追责机制，发现拍卖辅助机构存在违法违规行为或者不符合入库要求的，视情节采取暂停、取消委托资质乃至除名等惩戒措施。

11. 依法打击扰乱网拍秩序的行为。对通过夸大、欺瞒、误导等手段宣传提供“拍前调查”、“清场收房”、“对接法院”等一站式服务，诱导买受人支付高额佣金，甚至伪造司法文书骗取财物，严重扰乱网络司法拍卖秩序的行为，各级人民法院要积极联合公安、住建、市场监督管理等部门，坚决依法打击。要建立常态化工作机制，通过加大网络司法拍卖宣传、定期发布典型案例、开展专项活动等方式，依法维护网络司法拍卖秩序。

12. 深化对网拍的全面监督。各级人民法院要严格按照法律、司法解释要求开展工作，确保网络司法拍卖公开透明、及时高效、全程留痕。要主动接受当事人和社会公众对拍卖活动的全程监督，对当事人、社会公众或者媒体反映的拍卖问题，要及时核查、及时纠正、及时回应社会关切。

要主动接受检察机关法律监督，推动信息共享，畅通监督渠道，使执行检察监督规范化、常态化、机制化。对重大敏感复杂及人民群众反映强烈的拍卖或者腾退交付案件，可以邀请检察机关到场监督执行活动。

16. 最高人民法院关于加强和规范人民法院网络司法拍卖工作的意见

（2016 年 1 月 1 日施行 〔2015〕384 号）

为贯彻落实《最高人民法院关于全面深化人民法院改革的意见》，适应互联网信息技术发展新形势，实现依法、公开、公平、便民的司法拍卖工作目标，根据《中华人民共和国民事诉讼法》、最高人民法院相关司法解释和有关文件规定，制定本意见。

一、各级人民法院要高度重视网络司法拍卖工作。网络司法拍卖工作是人民法院依照法律规定，在互联网平台上公开拍卖诉讼资产的司法行为，是执行工作的重要组成部分。加强和规范人民法院网络司法拍卖工作，是公开司法、司法为民的本质要求，是保障当事人合法权益、实现诉讼资产价值最大化的有效途径，是全面深化人民法院改革的重要内容，是提高人民法院司法公信力的重要举措，要切实抓紧抓好。

二、进一步明确职责，实行归口管理。网络司法拍卖工作坚持执行与拍卖相分离的原则，最高人民法院司法行政装备管理局司法辅助工作办公室负责指导全国法院网络司法拍卖工作。地方各级人民法院司法技术辅助工作部门负责网络司法拍卖工作。

三、坚持公开透明，接受各方面监督。各级人民法院必须在人民法院诉讼资产网以及各地法院选择的网络交易平台上发布拍卖公告、随机选择机构结果和成交结果等信息，公开司法拍卖信息。

四、严格依法办事，方便人民群众和审判工作。人民法院开展司法拍卖应全面推行网上拍卖方式，各高级人民法院结合当地实际，选择具有信息发布、网上报名、网上竞价、网上结算等功能且运作规范、安全可靠、服务优质的网络平台开展网络司法拍卖。选定的网络平台必须链接人民法院诉讼资产网，实现信息与资源共享。对不宜在网上拍卖或不具备条件的，可以采取现场拍卖方式。

五、完善、规范委托拍卖和法院自主拍卖行为。人民法院开展网络司法拍卖原则上应将拍卖事务委托给符合要求的专业拍卖机构进行，选择拍卖机构一律采取公开随机方式。有条件的法院或不适宜委托拍卖的诉讼资产，可由法院在网络平台上自主拍卖。各高级人民法院应根据相关规定，降低司法拍卖佣金和拍卖成本。采取委托拍卖方式的，司法拍卖成本由买受人以拍卖佣金方式承担。人民法院自主拍卖诉讼资产的，成本由法院承担。

六、加强监督监察，确保司法廉洁。人民法院在开展网络司法拍卖过程中，要严格执行法律法规司及司法解释，健全各项规章制度，加强对网络平台流程环节的监管，强化对法院工作人员、拍卖机构的监管，严防串标等违规行为，确保网络拍卖资产、资金、信息的安全。

本意见自2016年1月1日起执行。各高级人民法院根据本意见，结合当地实际，制定实施细则，并报最高人民法院备案。

17. 最高人民法院关于认真做好网络司法拍卖与网络司法变卖衔接工作的通知（2017年7月18日施行　法明传〔2017〕455号）

一、关于网络司法变卖平台选择的问题。网络司法拍卖二拍流拍后，人民法院采取网络司法变卖方式处置财产的，应当在最高人民法院确定的网络服务提供者名单库中的平台上实施。原则上沿用网拍程序适用的平台，但申请执行人在网拍二拍流拍后10日内书面要求更换到名单库中的其他平台上实施的，执行法院应当准许。

二、关于发布网络司法变卖公告期限的问题。网拍二拍流拍后，人民法院应当于10日内询问申请执行人或其他执行债权人是否接受以物抵债。不接受以物抵债的，人民法院应当于网拍二拍流拍之日起15日内发布网络司法变卖公告。

三、关于网络司法变卖公告期、变卖期的问题。网络司法变卖期为60天，人民法院应当在公告中确定变卖期的开始时间。变卖动产的，应当在变卖期开始7日前公告；变卖不动产或者其他财产权的，应当在变卖期开始15日前公告。变卖公告应当包括但不限于变卖财产、变卖价、变卖期、变卖期开始时间、变卖流程、保证金数额、加价幅度等内容，应当特别提示变卖成交后不交纳尾款的，保证金不予退还。

四、关于变卖价确定的问题。网络司法变卖的变卖价为网络司法拍卖二拍流拍价。各级人民法院应当认真领会《网拍规定》关于确定一拍、二拍起拍价的精神，在评估价（或市场价）基础上按《网拍规定》进行降价拍卖。

五、关于竞买人资格确定的问题。竞买人交齐变卖价全款后，取得竞买资格。竞买人可以向法院指定的账户交纳，也可以在变卖平台上在线报名并交纳。竞买人向法院指定账户交纳的，人民法院应当及时通过操作系统录入并推送给确定的变卖平台。

六、关于网络司法拍卖变卖流程问题。变卖期开始后，取得竞买资格的竞买人即可以出价。自第一次出价开始进入24小时竞价程序，其他取得竞买资格的竞买人可在竞价程序内以递增出价方式参与竞买。竞价程序参照《网拍规定》第二十条规定进行，加价幅度参照我院法明传(2017)第253号通知要求进行设置。竞价程序内无其他人出价的，变卖财产由第一次出价的竞买人竞得；竞价程序内有其他人出价的，变卖财产由竞价程序结束时最高出价者竞得。变卖成交的，竞价程序结束时变卖期结束。

七、关于网络司法变卖结束后相关事宜处理的问题。变卖成交的，由平台以买受人的真实身份自动生成确认书并公示；变卖期内无人出价的，变卖期结束时变卖程序结束，相关财产按相关司法解释和规范性文件依法处置。

八、关于变卖成交后买受人不交纳尾款如何处理的问题。经过竞价变卖成交后，买受人反悔不交纳尾款的，从所交纳变卖价款中扣留变卖公告中所确定的保证金不予退还，扣留的保证金参照《网拍规定》第二十四条处理，买受人反悔不交纳尾款导致人民法院重新变卖的，原买受人不得再次参与竞买。

九、关于未经拍卖直接变卖财产如何处置的问题。未经拍卖直接变卖的财产，按照《最高人民法院关于人民法院民事执行中拍卖、变卖财产的规定》进行变卖。

第五节　到期债权执行检察监督

除动产、不动产等常规财产外，被执行人对第三人享有的债权，在一定条件下也可以强制执行。根据《中华人民共和国民法典》第 118 条规定，债权是因合同、侵权行为、无因管理、不当得利以及法律的其他规定，权利人请求特定义务人为或不为一定行为的权利。民事执行活动中，常见的债权有借款、应收货款以及工程款等。以是否到债务履行期为标准，债权可以分为到期债权和未到期债权。根据《最高人民法院关于人民法院执行工作若干问题的规定（试行）》第 45 条的规定，如果被执行人不能清偿债务，但对本案以外的第三人享有到期债权的，人民法院可以依申请执行人或者被执行人的申请，对该到期债权依照法定程序予以强制执行。对于未到期债权，根据《最高人民法院关于依法制裁规避执行行为的若干意见》第 13 条规定，人民法院可以依法予以保全，采取冻结措施，待债权到期后参照到期债权程序予以执行。由于到期债权的执行涉及案外第三人，法律关系较为复杂，因此，执行时应当严格遵守法定条件与程序，否则极易产生侵害案外人合法权益的情形。

一、监督要领

（一）到期债权执行程序的启动

被执行人的到期债权实际上也是被执行人的财产线索，但根据人民法院目前的财产查控系统很难获取该线索，因此，司法实践中一般需要案件当事人向执行法院提供。为此，《最高人民法院关于人民法院执行工作若干问题的规定（试行）》第45条规定，依申请执行人或被执行人的申请，人民法院可以启动对第三人的到期债权执行程序，申请主体既可以是申请执行人，也可以是被执行人。换言之，对被执行人到期债权的执行程序一般依当事人申请启动。

在没有当事人申请的情况下，人民法院是否可以依职权对被执行人采取强制执行措施呢？答案是肯定的。因为只要被执行人未依法履行法律文书确定的金钱给付义务，人民法院发现被执行人财产线索的，均可依法定程序采取强制执行措施，被执行人到期债权亦不例外。当然，前提首先是人民法院已获取该财产线索。

（二）到期债权执行的前提条件

根据《最高人民法院关于认真贯彻实施民事诉讼法及相关司法解释有关规定的通知》第3条的规定，被执行人的债权作为其财产的重要组成部分，是其债务的一般担保，不能豁免执行。但被执行人有银行存款或者其他能够执行的财产的，人民法院原则上应优先予以执行。这实际上涉及对被执行人财产执行顺位的问题，根据《最高人民法院关于人民法院执行工作若干问题的规定（试行）》第45条规定，人民法院依申请对被执行人到期债权采取执行措施的前提是被执行人不能清偿到期债务，如果人民法院查控的被执行人财产足以清偿法律文书确定的法律义务的，则不应对被执行人到期债权再采取强制执行措施。作出这一规定，主要也是因为执行到期债权涉及次债务人的权利保护，法律关系较为复杂，民事执行权作为公权力其行使需兼顾相关各方主体的权利保护。

（三）关于履行到期债务通知的内容

对被执行人到期债权执行，必须向第三人送达履行到期债务通知书。根据《最高人民法院关于人民法院执行工作若干问题的规定（试行）》第45条的规定，履行通知包含四个方面的内容：一是第三人的协助义务，即按照人民法院的要求直接向案件申请执行人履行其对被执行人所负的债务，不得向被执行人清偿；二是履行期限，即收到履行通知书后15日内；三是第三人的异议权，即第三人对其与被执行人之间是否有债权或者到期债权的具体数额有异议的，可以在收到履行通知书后15日内向执行法院提出，以维护其自身合法权益；四是法律后果，也就是第三人未履行人民法院通知书内容所需要承担的法律责任。以上四个内容关系到申请执行人与第三人合法利益的保护，缺一不可。

（四）未将履行到期债务通知书直接送达第三人

1. 履行通知书必须直接送达第三人

《最高人民法院关于人民法院执行工作若干问题的规定（试行）》第45条规定，执行被执行人到期债权应当向第三人发出履行到期债务通知书，且履行通知书必须直接送达第三人。对于直接送达，根据《最高人民法院关于适用〈中华人民共和国民事诉讼法〉的解释》第131条的规定，人民法院可以通知当事人到人民法院领取，当事人到达人民法院，拒绝签署送达回证的，视为送达，审判人员、书记员应当在送达回证上注明送达情况并签名。人民法院也可以在当事人住所地以外向当事人直接送达诉讼文书。当事人拒绝签署送达回证的，采用拍照、录像等方式记录送达过程即视为送达，审判人员、书记员应当在送达回证上注明送达情况并签名。因此，向第三人送达履行到期债务通知书亦应当按照上述程序进行。

2. 是否需要对债权采取冻结措施

《最高人民法院关于适用〈中华人民共和国民事诉讼法〉的解释》第499条规定，人民法院执行被执行人到期债权，可以作出冻结债权的裁定，并通知第三人向申请执行人履行。根据该规定，人民法院向被执行人送达履行到期债务通知书时可以同时对债权采取冻结措施。其实，如果未采取冻结措施，对该债权的执行也并无实质影响，因为根据履行通知书的必备要素以及《最高人民法院关于人民法院执行工作若干问题的规定（试行）》第51条的规定，第三人收到人民法院要求其履行到期债务通知后，擅自向被执行人履行，造成已履行财产不能追回的，第三人不仅要在履行的财产范围内与被执行人承担连带清偿责任，还可能被追究妨害执行的责任。从上述规定可以看出，人民法院向第三人送达的履行到期债务通知书，已同时具有了冻结债权的效力。

（五）对到期债权异议的处理不当

根据《最高人民法院关于人民法院执行工作若干问题的规定（试行）》第49条的规定，第三人在履行通知书指定期限内未提出异议，又未按履行通知书内容履行其义务的，执行法院有权裁定对该第三人强制执行。如果第三人或利害关系人提出异议，则按照下列情形处理：

1. 第三人对到期债权的异议

人民法院在执行到期债权中，既可以直接向被执行人送达履行到期债务通知书，也可以在送达履行通知的同时对到期债权采取冻结措施，因此，第三人的异议又可以分为对冻结措施的异议和对履行通知的异议。

（1）第三人对履行通知的异议。根据《最高人民法院关于人民法院执行工作若干问题的规定（试行）》第46条、第47条、第48条的规定，第三人对到期债权有异议的，一般以书面形式提出，且应当在履行通知指定的期间提出，人民法院不得对异议部分强制执行，对第三人异议不进行审查。也就是说，人民法院对该到期债权依法不能予以强制执行。但根据《最高人民法院关于适用〈中华人民共和国民事诉讼法〉的解释》第501条规定，对生效法律文书确定的到期债权，第三人予以否认的，人民法院不予支持。第三人对到期债权有异议，主要是指第三人对其与被执行人之间是否存在到期债权关系，以及到期债权的具体金额有异议，第三人提出自己无履行能力或者与申请执行人无直接法律关系，则不属于上述异议范围，人民法院应当对该异议审查，符合条件的亦可以依法采取强制执行措施。

需要注意的是，如果第三人对履行通知书提出异议，人民法院依法不进行审查，且不得对第三人强制执行，这种情况下申请执行人权利如何主张？根据《最高人民法院关于依法制裁规避执行行为的若干意见》第14条的规定，申请执行人可以通过提起代位权诉讼主张权利。

（2）第三人对冻结债权的异议。根据前文所述，人民法院对被执行人的到期债权和未到期债权均可以采取冻结措施。该冻结措施实质是冻结一种抽象的债权债务关系，并非直接冻结第三人所有的财产，第三人的法律地位为协助执行人，履行的是协助执行的义务，只要其未向被执行人支付相应的财产，即视为第三人履行了冻结裁定确定的义务。因此，第三人的权益并未因为人民法院的冻结措施受到损害，故第三人在到期债权执行中对协助冻结提出异议，一般难以得到支持，其可以在人民法院后续执行过程中依法对履行到期债务通知书提出异议。

2. 利害关系人对到期债权的异议

根据《最高人民法院关于适用〈中华人民共和国民事诉讼法〉的解释》第499条规定，利害关系人对到期债权有异议的，人民法院应当按照现行《中华人民共和国民事诉讼法》第238条规定处理。司法实践中，第三人由于其自身权益未受到损害，对人民法院冻结到期债权的异议一般难以得到支持，但该冻结有可能对其他利害关系人产生影响，这种情况下利害关系人可以对到期债权的执行向执行法院提出异议。由于利害关系人对到期债权主张实体权利，因此，对该异议的处理，人民法院应当按照《中华人民共和国民事诉讼法》第238条的规定处理。

（六）对第三人对他人的到期债权强制执行

根据《最高人民法院关于人民法院执行工作若干问题的规定（试行）》第52条的规定，人民法院对第三人作出强制执行裁定后，如果第三人亦无财产可供执行，则不能对第三人对他人享有的到期债权强制执行。

二、相关案例

案例一：南京建工集团有限公司申请执行复议案[①]

【案例要旨】人民法院执行第三人到期债权必须向第三人直接送达履行通知书，且执行到期债权的过程中，不应当对被执行人与第三人之间是否存在债权债务关系进行实体判断，一旦第三人提出异议，即不得对第三人强制执行。此外，不得就第三人对他人享有的到期债权强制执行。

① 案例来源于中国裁判文书网。

【基本案情】

申请复议人（案外人）：南京建工集团有限公司。

申请执行人：南京悦旺物资实业有限公司。

被执行人：盐城万通航道工程有限公司。

案外人：江苏国业建设工程有限公司（原名江苏弘洲市政建设有限公司）。

申请复议人南京建工集团有限公司（以下简称南京建工集团）因申请执行人南京悦旺物资实业有限公司（以下简称悦旺公司）与被执行人盐城万通航道工程有限公司（以下简称万通公司）、万某松买卖合同纠纷一案，不服江苏省盐城市中级人民法院（以下简称盐城中院）（2014）盐执异字第0037号执行裁定，向江苏省高级人民法院申请复议。江苏省高级人民法院经审查查明，江苏省盐城市亭湖区人民法院（以下简称亭湖法院）立案受理原告悦旺公司与被告万通公司、万某松、江苏弘洲市政建设有限公司（以下简称弘洲公司）买卖合同纠纷一案后，因诉讼保全需要，于2010年9月19日向南京建工集团发出协助执行通知书，载明：请协助冻结弘洲公司在你公司的工程款430万元。冻结时间为6个月，从2010年9月19日起至2011年3月18日止。当日，南京建工集团工作人员刘某军在亭湖法院送达回证上签署下述意见：“协助裁定书所记载的430万元，我公司经核实，尚欠弘洲公司没有430万元，据估算300万元左右，还需要再确定。”

因本案诉讼标的超出亭湖法院级别管辖范围，亭湖法院于2010年10月11日将本案移送盐城中院审理，盐城中院于2010年11月4日立案受理，案号为（2010）盐商初字第0063号。

盐城中院在审理中查明：2008年6月28日，弘洲公司与南京建工集团盐城市高新技术产业区项目经理部签订劳务承包合同一份。2009年10月、2010年7月、2009年8月、2008年12月、2009年9月，案外人厉某进、陈某柱、王某贵、万某红、被告万某松分别在盐城市公安机关陈述，弘洲公司与南京建工集团签订的劳务承包合同实际是万某松在履行。2011 年 2 月 16 日，盐城中院作出（2010）盐商初字第 0063 号民事判决：（1）万通公司于本判决生效后 10 日内给付悦旺公司 417.40 万元；（2）万某松对万通公司的上述债务承担连带责任；（3）驳回悦旺公司对弘洲公司的诉讼请求。

2011 年 3 月 15 日，盐城中院作出（2010）盐商初字第 0063 号民事裁定：继续冻结弘洲公司银行存款 430 万元，或查封其等值的其他财产。

2011 年 3 月 17 日，盐城中院向南京建工集团发出（2010）盐商初字第 0063 号协助执行通知书：请协助冻结弘洲公司在你公司的工程款 430 万元。冻结时间为 6 个月，从 2011 年 3 月 19 日起至 2011 年 9 月 18 日止。

悦旺公司不服盐城中院（2010）盐商初字第 0063 号民事判决，向浙江省高级人民法院提出上诉。本院于 2011 年 7 月 13 日作出（2011）苏商终字第 0079 号民事判决：驳回上诉，维持原判决。

盐城中院民事判决生效后，因万通公司、万某松未履行义务，悦旺公司向盐城中院提交落款时间为 2011 年 7 月 28 日的《申请执行书》，盐城中院依法立案执行，案号为（2011）盐执字第 0096 号。

本案执行过程中，盐城中院于 2011 年 8 月 17 日作出（2011）盐执字第 0096-1 号民事裁定：查封、扣押、冻结、扣划、评估、拍卖、扣留、提取被执行人万通公司、万某松 422 万元或相应财产（银行账户）。2011 年 8 月 18 日，盐城中院向南京建工集团作出（2011）盐执字第 0096 号协助执行通知书：冻结万通公司在弘洲公司名下的盐都振兴路工程款 300 万元。盐城中院于 2011 年 9 月 18 日向南京建工集团送达了上述民事裁定书和协助执行通知书。

2011年12月13日，盐城中院作出（2011）盐执字第0096号执行结案通知书：因双方当事人达成和解协议，本案予以报结。但因万通公司、万某松未按承诺还款，悦旺公司向盐城中院提交落款时间为2012年1月5日的恢复执行申请书，请求恢复执行本案。

2012年12月11日，盐城中院向南京建工集团发出（2011）盐执字第0096-1号协助执行通知书："一、提取万通公司在国业公司名下的盐都区振兴路工程款，提取款项以391万元为限；二、在你公司先行支付上述款项后，如有超出部分，由国业公司自行结算支付；三、请将本院提取的上述工程款汇至本院执行款账户。"南京建工集团朱维芝当日在盐城中院送达回证上签字。

2013年1月16日，盐城中院向南京建工集团发出（2011）盐执字第0096-2号协助执行通知书，载明："一、本院于2012年12月11日向你公司发出（2011）盐执字第0096-1号协助执行通知书暂不协助执行；二、请你公司仍按本院（2011）盐执字第0096号协助执行通知书的内容协助执行［即冻结万通公司在弘洲公司（现名国业公司）名下的盐都区振兴路工程款300万元］。"南京建工集团当日签收了盐城中院上述法律文书。

悦旺公司向盐城中院提交落款时间为2014年7月2日的《提取到期债权申请书》，请求依法提取万通公司在国业公司名下盐都区振兴路工程的到期工程款债权277.3万元。2014年8月13日，盐城中院向南京建工集团发出（2011）盐执字第0096-3号协助执行通知书，载明："1.请继续按照本院2012年12月11日向你公司发出的（2011）盐执字第0096-1号协助执行通知书的要求协助执行。即提取万通公司在国业公司（原名弘洲公司）名下的盐都区振兴路工程款，提取款项金额确定为2773013.64元。2.将本院提取的上述工程款在十日内汇至本院执行款账户。"盐城中院当日下午向南京建工集团留置送达了（2011）盐执字第

0096-3 号协助执行通知书，执行法官在送达回证上备注：“该公司法务部刘某军称要核实情况后才可以签收，建议本院留置送达。本院留置送达在刘某军办公室。”

另查明：2011 年 10 月 10 日，盐城中院向弘洲公司作出（2011）盐执字第 0096 号通知书，称：根据悦旺公司申请及相关法律规定，该院已请南京建工集团协助冻结万通公司在弘洲公司名下的盐都区振兴路工程款 300 万元。弘洲公司认为其并非生效法律文书确定的义务人，其名下没有万通公司的盐都区振兴路工程款 300 万元，故向盐城中院提出执行异议，请求解除对弘洲公司工程款的冻结。盐城中院于 2012 年 10 月 19 日作出（2012）盐执异字第 0011 号民事裁定书。该裁定载明：“该院认为，本案可以认定弘洲公司与南京建工集团签订的劳务承包合同实际是万某松在履行，且弘洲公司的董事长万某红在公安机关陈述中已认可万某松履行的工程量达 500 万元左右，弘洲公司也未能提交证据证明其已支付给万某松相应的工程款。故从现有证据来看，在南京建工集团应支付给弘洲公司的工程款中有 500 万元左右属于万某松（万通公司）。该院要求南京建工集团协助执行并无不当。依照《中华人民共和国民事诉讼法》第二百零四条[①]规定，裁定：驳回弘洲公司提出的执行异议。如不服本裁定，可在裁定书送达之日起十五日内，向该院提起诉讼。”

国业公司不服上述裁定，以悦旺公司、万通公司、万某松为被告，向盐城中院提起案外人执行异议之诉。盐城中院于 2013 年 1 月 29 日立案受理，于 2013 年 11 月 12 日作出（2013）盐商初字第 0041 号民事裁定：驳回国业公司的起诉。

还查明：2011 年 2 月 1 日，南京建工集团向弘洲公司支付工程款 214 万元。

① 现行《中华人民共和国民事诉讼法》第 215 条。

南京建工集团不服盐城中院（2011）盐执字第0096-3号协助执行通知书，向该院提出执行异议称：（1）盐城中院要求南京建工集团履行协助义务，没有法律依据。根据相关法律规定，执行被执行人到期债权，可以向第三人送达履行到期债务通知书等手续，但不可以再要求第三人的债务人履行协助义务。本案被执行人是万通公司，第三人是弘洲公司，南京建工集团是第三人的债务人，故南京建工集团没有法定协助义务，盐城中院向其发出协助执行通知违反法律规定。（2）截至目前，南京建工集团仅欠弘洲公司633013.64元，盐城中院要求提取2773031.64元没有事实依据。南京建工集团仅于2011年2月1日（春节前）向弘洲公司支付214万元工程款，而盐城中院则于2011年8月18日、2012年12月11日、2013年1月16日、2014年8月13日向南京建工集团发出协助执行通知书，故南京建工集团的付款发生在盐城中院发出协助执行通知之前。至于亭湖法院于2010年9月19日向南京建工集团发出的协助执行通知书，该案与盐城中院执行案件属于两个不同案件，该协助执行通知书未向南京建工集团告知异议权，且该协助执行期限已过期。综上，请求撤销盐城中院（2011）盐执字第0096-3号协助执行通知书，在各方当事人协商一致的情况下，南京建工集团可以协助履行剩余的633013.64元。

申请执行人悦旺公司答辩称：（1）南京建工集团主张其并非万通公司的债务人没有事实依据。盐城中院（2012）盐执异字第0011号、（2013）盐商初字第0041号民事裁定书认定如下事实："《劳务承包合同》是万通公司借用弘洲公司资质和名义签订，实际是万某松在履行""弘洲公司没有投入任何资金"及"南京建工集团应付给弘洲公司的工程款中有500万元左右属于万某松（万通公司）"，据此盐城中院驳回了弘洲公司的执行异议和执行异议之诉。南京建工集团的主张不能对抗人民法院的生效法律文书。（2）南京建工集团存在擅自支付的情形。①南京建工集团在亭湖法院（2010）亭商初字第1078号协助执行通知书的冻结期限之内，于2011年2月1日向弘洲公司擅自支付工程款违反法律规定。②亭湖法院将案件移送盐城中院审理后，盐城中院在亭湖法院冻结期限内对该工程款进行续冻。亭湖法院及盐城中院先后四次向南京建工集团送达协助执行通知书，南京建工集团均予签收，并未提出任何异议。③亭湖法院与盐城中院冻结的是弘洲公司名下实属万通公司所有的同一笔工程款，南京建工集团应当支付。综上，请求驳回南京建工集团的异议申请。

盐城中院认为：本案的争议焦点是该院要求南京建工集团协助执行，即提取万通公司在国业公司（原名弘洲公司）名下的盐都区振兴路工程款2773013.64元是否符合法律规定。该院认为：该院在执行悦旺公司与万通公司、万某松买卖合同纠纷一案中，要求南京建工集团协助执行，即提取万通公司在国业公司（原名弘洲公司）名下的盐都区振兴路工程款2773013.64元符合法律规定。主要理由是：（1）该院（2012）执异字第0011号民事裁定书已认定“弘洲公司与南京建工集团签订的《劳务承包合同》实际是万某松在履行，且弘洲公司的董事长万某红在公安机关陈述中已认可万某松履行的工程量达500万元左右，弘洲公司也未能提交证据证明其已支付给万某松相应的工程款，在南京建工集团应支付给弘洲公司的工程款中有500万元左右属于万某松（万通公司）”。本案中，万通公司与弘洲公司实际上是同一主体，南京建工集团是实际上的第三人，故该院要求南京建工集团协助执行并无不当。（2）南京建工集团在执行异议书中明确表示尚欠弘洲公司（现名为国业公司）工程款633013.64元，故该院要求南京建工集团协助提取633013.64元符合法律规定。（3）该院受理的原告悦旺公司与被告万通公司、万某松、弘洲公司买卖合同纠纷一案［案号：（2010）盐商初字第0063号］，系亭湖法院将其受理的案件移送后由该院立案审理，故亭湖法院所实施的财产保全措施，应视为其移送该院受理后的相应案件的保全措施。亭湖法院冻结弘洲公司工程款430万元，冻结时间从2010年9月19日起至2011年3月18日止。南京建工集团在上述冻结期限内即2011年2月1日向弘洲公司支付工程款214万元，违反法律规定，依法应当承担相应的责任。故该院要求南京建工集团协助提取上述工程款214万元符合法律规定。综上所述，案外人南京建工集团的异议理由不能成立，该院不予支持。依照《中华人民共和国民事诉讼法》第225条[①]规定，裁定：驳回南京建工集团的异议。

南京建工集团不服上述裁定，向江苏省高级人民法院申请复议称：（1）南京建工集团并非被执行人万通公司的债务人。首先，盐城中院（2010）盐商初字第0063号民事判决及江苏省高级人民法院（2011）苏商终字第0079号民事判决明确认定：万通公司完全以自己的名义与悦旺公司订立钢材买卖合同，至于万通公司购买钢材之后用于何处以及万通公司是否挂靠他人承接工程，均不影响买卖合同的相对性。故本案中，南京建工集团与国业公司系建设工程分包法律关系，但南京建工集团与万通公司没有任何法律关系，并非万通公司到期债权的第三人。其次，盐城中院（2012）盐执字第0011号裁定认定："弘洲（国业）公司与南京建工集团签订的劳务承包合同实际是万某松在履行，且弘洲公司董事长万某红在陈述中已认可万某松履行的工程量达500万元左右，弘洲公司也未能提交证据证明其已支付给万某松相应的工程款，南京建工集团应支付给弘洲公司的工程款属于万某松（万通公司）。"盐城中院（2014）盐执字第0037号执行裁定据此认定：本案中万通公司与弘洲公司实际上是同一主体，南京建工集团是实际上的第三人。上述认定与客观事实不符，盐城中院未经实体审理作出上述认定亦属以执代审，违反法律规定。（2）盐城中院向南京建工集团作出协助执行通知书时没有告知异议权。

---

① 现行《中华人民共和国民事诉讼法》第236条。

《江苏省高级人民法院关于执行疑难若干问题的解答》第16条规定，在执行中，对被执行人在第三人处的到期债权，应当向第三人送达履行到期债务通知书，并做好执行笔录，告知相关后果。《最高人民法院关于人民法院执行工作若干问题的规定（试行）》第63条[①]规定，第三人在履行通知指定期间内提出异议的，人民法院不得对第三人强制执行，对提出的异议不进行审查。本案中，盐城中院及亭湖法院均未向南京建工集团交代异议权，且弘洲公司在执行中已向盐城中院提出执行异议，盐城中院不但没有停止执行，反而以执代审，作出错误裁定。（3）盐城中院向南京建工集团发出协助执行通知书，要求提取万通公司在弘洲公司名下的盐都区振兴路工程款，违反法律规定。盐城中院并未依法向南京建工集团发出履行到期债务通知书，且在执行中不断调整协助内容。（4）盐城中院在诉讼过程中诉讼保全的效力不能延续至执行中转为执行查封。综上，请求撤销盐城中院（2014）盐执异字第0037号执行裁定以及（2011）盐执字第0096-3号协助执行通知书。

申请执行人悦旺公司答辩称：（1）根据生效法律文书认定的事实，南京建工集团是万通公司的债务人。承包合同虽由弘洲公司签订，但此系万通公司借用弘洲公司资质和名义，案涉工程由万通公司实际施工，工程款亦应属万通公司所有。（2）亭湖法院向南京建工集团送达协助执行通知书时，南京建工集团仅对冻结数额提出异议，对冻结本身并无异议。（3）本案从亭湖法院到盐城中院，从审理到执行，对到期债权的保全均相互衔接。综上，请求驳回南京建工集团的复议申请。

案外人国业公司述称：案涉盐都区振兴路工程由弘洲公司与南京建工集团签订合同，由弘洲公司实际施工和投入相关建设款项，工程款亦由弘洲公司与南京建工集团结算，不存在万通公司系实际施工人和实际

---

① 现行《最高人民法院关于人民法院执行工作若干问题的规定（试行）》第47条，本案例下同。

投资人的情形。在执行依据判决弘洲公司不承担责任的情况下，盐城中院不应执行弘洲公司的到期债权。

江苏省高级人民法院听证过程中，南京建工集团确认：（1）刘某军是其法务人员，朱某芝是其财务人员。（2）万通公司在南京建工集团没有到期债权，案涉工程由南京建工集团与国业公司结算。（3）南京建工集团向弘洲公司支付214万元系因春节前农民工讨薪，但南京建工集团于查封期间在未获盐城中院许可的情况下，向弘洲公司支付工程款不当。

【裁判结果及理由】江苏省高级人民法院认为本案的争议焦点是：在生效判决确定被告弘洲公司对悦旺公司不承担责任的情况之下，对于原诉讼期间针对被告弘洲公司的第三人债权的保全，是否应当继续执行，南京建工集团请求撤销盐城中院（2011）盐执字第0096-3号协助执行通知书，是否有事实和法律依据。

该院认为：在生效判决确定弘洲公司对悦旺公司不承担民事责任的情况下，对于原诉讼期间针对弘洲公司第三人债权的保全不应继续执行，南京建工集团请求撤销盐城中院（2011）盐执字第0096-3号协助执行通知书有事实和法律依据。理由如下：

1. 盐城中院在本案执行依据生效后，继续冻结、提取万通公司在弘洲公司的债权没有事实和法律依据

（1）在执行依据驳回悦旺公司对弘洲公司诉讼请求的情况下，弘洲公司并非本案被执行人，盐城中院无权执行弘洲公司对南京建工集团的到期债权。本案执行依据生效前，弘洲公司系被告或被上诉人，人民法院冻结其对南京建工集团享有的到期债权并无不当。但自盐城中院驳回悦旺公司对弘洲公司诉讼请求的民事判决生效之日起，弘洲公司即对悦旺公司不负任何义务，盐城中院不得再行对弘洲公司包括其对南京建工集团到期债权在内的所有财产采取任何强制措施，并应及时解除对弘洲公司已经采取的保全措施。盐城中院在执行过程中，继续冻结、提取弘

洲公司在南京建工集团的到期债权没有任何事实依据。

（2）盐城中院不得直接执行被执行人对次债务人享有的到期债权。《最高人民法院关于人民法院执行工作若干问题的规定（试行）》第68条[①]规定：“在对第三人作出强制执行裁定后，第三人确无财产可供执行的，不得就第三人对他人享有的到期债权强制执行。”故对到期债权的执行仅限于被执行人对第三人的到期债权，而不得继续执行第三人对其债务人享有的到期债权。本案中，盐城中院直接向南京建工集团发出提取万通公司在弘洲公司的工程款没有法律依据。

（3）在各方对万通公司在南京建工集团存有到期债权存在争议的情况下，悦旺公司应当通过代位权诉讼主张己方权利。本案中，尽管悦旺公司主张案涉工程实为万通公司借用弘洲公司名义实际施工，故对南京建工集团享有工程款到期债权的应为万通公司而非弘洲公司。但弘洲公司及南京建工集团对该主张均予否认，并一致认为南京建工集团仅对弘洲公司负有到期债务。事实上，无论是亭湖法院还是盐城中院，冻结的均为弘洲公司在南京建工集团的到期债权或万通公司对弘洲公司的到期债权。故悦旺公司关于万通公司对南京建工集团享有到期债权的主张应当通过诉讼途径予以主张。

（4）盐城中院以万通公司与弘洲公司实为同一主体为由，驳回南京建工集团的异议请求，没有事实和法律依据。对第三人到期债权的执行，实为在未对被执行人与第三人债权债务关系进行实体审理的情况下，通过法定程序以被执行人到期债权为执行对象的，有别于一般强制执行措施的保障性措施。《最高人民法院关于人民法院执行工作若干问题的规定（试行）》第63条规定：“第三人在履行通知指定的期间内提出异议的，人民法院不得对第三人强制执行，对提出的异议不进行审查。”故人民法院

---

① 现行《最高人民法院关于人民法院执行工作若干问题的规定（试行）》第52条。

在执行第三人到期债权的过程中，不应当对被执行人与第三人之间是否存在债权债务关系进行实体判断，一旦第三人提出异议，即不得对第三人强制执行。盐城中院在执行异议裁定中直接认定万通公司与弘洲公司实为同一主体超出执行异议审查范围，并且与本案执行依据中对相关实体问题的认定相悖。

2. 盐城中院适用法律错误

对于到期债权的执行，应当适用《最高人民法院关于人民法院执行工作若干问题的规定（试行）》第七部分“被执行人到期债权的执行”的规定，而不应适用该规定第五部分“金钱给付的执行”的规定。《中华人民共和国民事诉讼法》第243条[①]规定：“被执行人未按执行通知履行法律文书确定的义务，人民法院有权扣留、提取被执行人应当履行义务部分的收入。”《最高人民法院关于人民法院执行工作若干问题的规定（试行）》第36条[②]规定：“被执行人在有关单位的收入尚未支取的，人民法院应当作出裁定，向该单位发出协助执行通知书，由其协助扣留或提取。”故提取收入主体是自然人，提取的对象是被执行人的收入。盐城中院用协助执行通知书提取到期债权属于适用法律错误。

3. 盐城中院执行程序违法

《最高人民法院关于人民法院执行工作若干问题的规定（试行）》第61条[③]规定：“被执行人不能清偿债务，但对本案以外的第三人享有到期债权的，人民法院可以依申请执行人或被执行人的申请，向第三人发出履行到期债务的通知（以下简称履行通知）。履行通知必须直接送达第三人。履行通知应当包含下列内容：（1）第三人直接向申请执行人履行其对被执行人所负的债务，不得向被执行人清偿；（2）第三人应当在收到履行

---

① 现行《中华人民共和国民事诉讼法》第254条。
② 现行《最高人民法院关于人民法院执行工作若干问题的规定（试行）》第29条。
③ 现行《最高人民法院关于人民法院执行工作若干问题的规定（试行）》第45条。

通知后的十五日内向申请执行人履行债务；（3）第三人对履行到期债权有异议的，应当在收到履行通知后的十五日内向执行法院提出；（4）第三人违背上述义务的法律后果。”故人民法院执行被执行人到期债权的，应当向第三人直接送达履行通知，并告知第三人异议权及违背相关义务的法律后果。本案中，盐城中院并未向南京建工集团发出履行通知，亦未交代异议权，并且采用留置送达的方式送达履行通知，明显程序违法。

4. 南京建工集团在保全期间，擅自向弘洲公司支付 214 万元工程款，属于拒不履行协助义务，盐城中院可对其采取罚款等措施

本案一审审理期间，人民法院冻结被告弘洲公司的到期债权并无不当。在亭湖法院向弘洲公司送达了相关民事裁定及协助执行通知书的情况下，南京建工集团应当依照相关法律文书记载的内容履行协助执行的义务。但南京建工集团却在冻结期间，擅自向弘洲公司支付工程款，应当承担相应的法律责任。

综上，依照《中华人民共和国民事诉讼法》第 225 条[①]，《最高人民法院关于适用〈中华人民共和国民事诉讼法〉执行程序若干问题的解释》第 8 条[②]、第 9 条[③]规定，裁定：（1）撤销江苏省盐城市中级人民法院（2014）盐执异字第 0037 号执行裁定；（2）撤销江苏省盐城市中级人民法院（2011）盐执字第 0096-3 号协助执行通知书。

【案例评析】本案是民事执行司法实践中典型的对到期债权的执行，执行到期债权涉及次债务人的权利保护，法律关系较为复杂，民事执行权作为公权力，其行使需兼顾相关各方主体的权利保护，这也就要求人民法院在到期债权执行中恪守执行权的边界，以避免侵害到第三人的合

---

① 现行《最高人民检察院关于适用〈中华人民共和国民事诉讼法〉的解释》第 236 条。

② 该解释于 2020 年 12 月 23 日修正后删除该条。

③ 现行《最高人民检察院关于适用〈中华人民共和国民事诉讼法〉的解释》第 8 条。

法权益。江苏省高级人民法院在本案审查中，对执行法院在到期债权执行中存在的问题进行了系统、全面的梳理，上级人民法院对执行异议的复议，虽是人民法院内部程序的监督，但与检察监督的角度高度契合。

首先，需要明确的是到期债权是被执行人对第三人享有的债权。本案中，人民法院驳回悦旺公司对弘洲公司诉讼请求，因此，案件进入执行程序后弘洲公司并非本案的被执行人。弘洲公司对南京建工集团享有到期债权，在弘洲公司不是被执行人的情况下，法院执行弘洲公司对南京建工集团的到期债权显然缺乏法律依据。

其次，从执行程序上来说，由于第三人并非案件的当事人，如果对第三人采取执行措施，必须严格遵守相应的法定程序。一是必须向第三人发出履行到期债务的通知，并且在通知中明确如何清偿第三人对被执行人所负的债务、对通知的异议权利，以及违背上述义务的法律后果。二是履行到期债务的通知必须直接送达第三人，对于直接送达方式，《最高人民法院关于适用〈中华人民共和国民事诉讼法〉的解释》已作出详细的规定，本案中采取留置送达的方式明显与法定执行程序不符。

另外，人民法院不得直接执行被执行人对次债务人享有的到期债权。根据《最高人民法院关于人民法院执行工作若干问题的规定（试行）》第52条[①]的规定，对到期债权的执行仅限于被执行人对第三人的到期债权，而不得强制执行第三人对其债务人享有的到期债权。本案中，人民法院直接向南京建工集团发出提取万通公司在弘洲公司的工程款，显然违反了上述法律规定。

---

① 现行《最高人民法院关于人民法院执行工作若干问题的规定（试行）》第37条。

案例二：胡海波与陆登山、刘兹春，原审被告宿迁中厦建设工程有限公司案外人执行异议之诉一案①

【案例要旨】建设工程承包人为被执行人，对发包人享有到期工程款债权，执行法院对涉案到期工程款债权采取强制执行措施，案外人以实际施工人为由提出执行异议，请求排除执行的应予以支持。

【基本案情】

上诉人（原审原告）：胡海波。

被上诉人（原审被告）：陆登山。

被上诉人（原审被告）：刘兹春。

原审被告：宿迁中厦建设工程有限公司。

上诉人胡海波因与被上诉人陆登山、刘兹春，原审被告宿迁中厦建设工程有限公司（以下简称中厦公司）案外人执行异议之诉一案，不服江苏省宿迁市中级人民法院（以下简称宿迁中院）（2018）苏13民初292号民事判决，向江苏省高级人民法院提起上诉。

上诉人胡海波上诉请求：撤销宿迁中院（2018）苏13民初292号民事判决，改判支持上诉人一审诉讼请求，一、二审诉讼费用由被上诉人承担。事实与理由：(1）案涉工程款债权已经合法转让归上诉人胡海波所有，不论认定上诉人胡海波与中厦公司之间就案涉工程款建立的是挂靠施工关系还是借款关系，均不影响双方基于真实债权债务关系而进行债权转让行为的法律效力。一审判决已经查明，2016年4月2日，上诉人与中厦公司签订债务结算确认书，又于同年4月18日签订债权转让协议书，将中厦公司对宿迁市开源置业有限公司（以下简称开源置业公司）享有的2205.41万元债权转让给上诉人胡海波，中厦公司向开源置业公司发出债权转让通知书，该债权转让通知书已经被开源置业公司签

① 案例来源于中国裁判文书网，(2019) 苏民终745号。

收，经办人郭大伟在通知书上签字，确认收到，签署时间为 2016 年 4 月 20 日。2016 年 6 月 14 日，宿迁市宿豫区人民法院（以下简称宿豫法院）受理胡海波起诉中厦公司、开源置业公司债权转让合同纠纷一案，请求确认案涉工程款归胡海波所有，虽然在 2016 年 7 月 27 日开庭审理中开源置业公司否认收到上述债权转让通知书的时间为落款的 2016 年 4 月 20 日，且该案经宿豫法院释明后胡海波撤回起诉，但关于债权转让的基本事实经宿豫法院开庭已经查明，债权转让通知书到达开源置业公司的时间可以确定在 2016 年 6 月 14 日宿豫法院受理此案之前。然而本案中宿迁中院冻结案涉工程款债权的时间为 2018 年 5 月 25 日，此时该案涉工程款债权早已合法转让归胡海波所有。（2）上诉人与中厦公司之间就案涉工程设立的是挂靠关系还是借款关系，只是合同当事人对此类民事法律关系的自我法律适用或评判，通过现有证据可以认定的基础事实则是一致的：中厦公司只是中标承包人，上诉人是工程项目的出资人、组织者、管理者和项目工程经营风险的承担者，双方基于该基础事实进行结算，并根据结算结果进行案涉工程款债权的转让，该债权转让依法已经由中厦公司通知了债务人开源置业公司。开源置业公司如何付款走账，是开源置业公司内部财务处理规程，不能动摇债权合法转让的事实。（3）一审法院没有适用债权转让的相关法律规定审查本案诉讼请求，而仅仅适用实际施工人和民间借贷法律，认定上诉人不享有排除执行的民事权益，适用法律错误。

被上诉人辩称：中厦公司与胡海波存在恶意串通虚假诉讼行为，上诉人胡海波既然主张其是实际施工人，法律已经赋予实际施工人特殊的权利，该工程款债权根本无须转让。而上诉人胡海波在宿豫法院关于其与中厦公司、开源置业公司债权转让合同纠纷一案的开庭审理中明确其是借款给案涉工程的项目经理做工程，债权转让协议也明确为抵销借款，债务结算确认书中描述为甲方借款给乙方，说明胡海波在之前一直以民间借贷的基础法律关系来确认所谓借款行为，而在本案中其却主张为实际施工人，其陈述互相矛盾，说明其转让的债权基础法律关系不存在。

江苏省高级人民法院经审理查明：陆登山、刘兹春与中厦公司建设工程施工合同纠纷两案，山东省临沂市中级人民法院（2013）临民一初字第78号、（2013）临民一初字第81号民事判决已经发生法律效力。因中厦公司未能自觉履行生效法律文书确定的义务，根据陆登山、刘兹春的申请，宿迁中院立案执行，案号分别为（2018）苏13执13号、（2018）苏13执111号。在案件执行过程中，宿迁中院于2018年5月25日作出（2018）苏13执13、111号执行裁定书，冻结中厦公司在开源置业公司的工程款4839300元，对其中的2450000元工程款予以扣划。胡海波主张上述工程款为其所有，向该院提出异议。该院于2018年6月27日作出（2018）苏13执异23号民事裁定：驳回胡海波的异议请求。胡海波因而提起本案诉讼。

胡海波一审诉讼请求：依法解除对中厦公司在开源置业公司工程款4839300元的查封，终止扣划（返还）工程款2450000元。事实与理由：2014年3月5日，胡海波与中厦公司就开源置业公司开发的三树新城小区A1#-A10#楼、B1#-B10#楼，D3#-D6#土建安装工程签订《合作协议书》，约定该工程由胡海波组织、投入该工程所需资金，及时支付工程的材料款、各项税费、人工工资以及其他工程中发生的一切款项等。因胡海波系上述工程的实际投资人、施工人，2016年4月18日，胡海波与中厦公司就开源置业公司开发的三树新城小区A1#-A10#、B1#-B6#、D3#-D6#土建安装工程签订《债权转让协议》，约定中厦公司对开源置业公司享有的债权2205.41万元转让给胡海波，但相关债权（工程款）未能审计且债权转让通知未能有效送达债务人。据此，胡海波为开源置业公司开发的三树新城小区A1#-A10#、B1#-B6#、D3#-D6#工程款的实际债权人，对开源置业公司实际享有到期和未到期工程款，而中厦公司仅为被挂靠的名义债权人。2018 年 6 月 2 日，胡海波得知上述债权因陆登山、刘兹春申请强制执行中厦公司两案，被宿迁市中级人民法院冻结、扣划，胡海波依法提出执行异议，被裁定驳回。胡海波不服上述裁定，故提起本案诉讼。

被告陆登山、刘兹春发表答辩意见称，本案系胡海波和中厦公司恶意串通的虚假诉讼，目的是规避对中厦公司的执行，损害债权人的利益。

中厦公司发表答辩意见称，同意胡海波的诉讼请求。

一审法院另查明，中厦公司与胡海波于 2016 年 4 月 2 日签订《债务结算确认书》，内容为：中厦公司因承包开源置业公司发包的三树新城小区 A1#-A10#、B1#-B6#、D3#-D6# 楼工程缺乏资金，胡海波借款给中厦公司（包括胡海波直接为中厦公司支付人工工资、材料款等方式）帮助中厦公司工程顺利进行。经中厦公司和胡海波核对往来明细，现达成如下协议：截至 2016 年 3 月 31 日，中厦公司累计向胡海波借款 7019 万元，利息（按照年利率 24% 计算）合计 1784 万元，中厦公司共偿还胡海波 5994 万元，中厦公司累计欠胡海波本金 2205 万元、利息 604 万元，本息合计 2809 万元……2016 年 4 月 18 日，中厦公司与胡海波签订债权转让协议书，约定中厦公司将其对开源置业公司享有的债权 2205.41 万元转让给胡海波，用以抵销胡海波对中厦公司债权中的同等金额。后中厦公司出具《债权转让通知书》，开源置业公司郭大伟在该通知书上签字确认收到。

一审法院再查明，胡海波诉中厦公司、开源置业公司债权转让合同纠纷一案，宿迁市宿豫区人民法院于 2016 年 6 月 14 日立案受理，胡海波于 2016 年 9 月 14 日提出撤诉申请，该院于 2016 年 9 月 28 日作出（2016）苏 1311 民初 3349 号民事裁定，准许胡海波撤回起诉。在该案审理过程中，胡海波向该院陈述“中厦公司之所以将债权转让给我，是因为中厦公司这次的项目经理没有资金做这个项目，就向我借款做这个工程，然后回来的工程款再偿还给我；借款是分批借的，我安排一个人在施工现场做会计，如果需要进钢材、支付人工工资等，均由我安排在现场的会计操作，因为这个工程下浮太多，公司先叫我做，我觉得不能做，为稳妥起见，借款人同意并安排会计现场操作，防止出现问题。”

一审法院还查明，2018 年 5 月 25 日，该院与开源置业公司谈话时，开源置业公司陈述“从账上看，2016 年 4 月 20 日之后的工程款还是支付给中厦公司的”。

上述事实由双方当事人的当庭陈述，原告胡海波提交的债务结算确认书、债权转让协议书、中厦公司提交的（2018）苏 13 执异 23 号执行裁定书、宿迁中院依职权调取的谈话笔录两份等证据予以证明，一审法院依法予以确认。

一审法院归纳本案的争议焦点是：原告胡海波主张排除执行异议的理由能否成立，即胡海波主张解除中厦公司在开源置业公司工程款债权的查封理由能否成立。一审法院认为，在建筑活动中，承包人与发包人订立建设工程施工合同后，将建设工程转包或者违法分包给第三人，该第三人就是实际施工人。实际施工人与发包人全面履行发包人与承包人之间的合同并形成事实上的权利义务关系。本案中，胡海波主张其为开源置业公司发包给中厦公司的工程的实际施工人，并提交合作协议、买卖合同、付款凭证、证人证言等证据，但上述证据与债权结算书、债权转让通知书上载明的内容相悖，且与胡海波在宿豫法院陈述的内容不符，开源置业公司主张其系向中厦公司支付工程款。胡海波提交的证据相互矛盾，不能证明其系开源置业公司发包给中厦公司的工程的实际施工人，其以此为由要求解除中厦公司在开源置业公司工程款债权的查封理由不能成立。原告胡海波另申请追加开源置业公司作为第三人参加本案诉讼，一审法院认为根据双方提交的证据足以查明本案事实，追加开源置业公司参加本案诉讼实无必要，故对胡海波的申请不予准许。一审法院判决驳回胡海波的诉讼请求。

江苏省高级人民法院二审审理过程中，上诉人胡海波提交以下新证据：证据一，宿迁市宿豫区人民法院 2016 年 7 月 27 日庭审笔录复印件 1 份，证明胡海波与中厦公司债权转让协议已经成立并生效，签订债权转让协议书后，由中厦公司出具债权转让通知书，开源置业公司郭大伟签收。证据二，开源置业公司的《工程造价评审报告书》、已付工程款明细，证明截至 2017 年 9 月 30 日，开源置业公司已付工程款 74610404.66 元，工程造价的最终审定价 79449312.63 元，开源置业公司所欠工程款余额为 4838912.63 元。

根据一审庭审质证的证据，江苏省高级人民法院认定以下事实：2014 年 3 月 5 日，中厦公司（甲方）与胡海波（乙方）签订合作协议书，该协议书载明：甲方作为三树新城小区 A1#-A10#、B1#-B6#、D3#-D6# 的中标人，和开源置业公司签订建设工程施工合同，承包该项目施工。乙方愿意为该项目垫资，并参与该项目的经营管理。甲方权利义务为：（1）负责组织投标报价并与建设单位签订工程合同，对工程施工的质量、进度、安全及现场文明施工进行管理，享有施工承包人的权利，履行相应的义务，承担相应的责任；（2）接受建设单位支付的工程款；（3）按照工程施工进度审核乙方上报的施工计划、施工进度表、材料采购合同、供货清单、人工工资、施工费用等，将甲方支付的工程款及时支付给乙方支付垫付的人工工资、材料款等；（4）按照工程总造价（最终决算开票价）的 1.5% 获取该工程利润。乙方权利和义务为：（1）乙方负责组织、投入该工程施工所需要资金，及时支付工程的材料款、各项税费、人工工资以及其他工程中发生的一切款项；（2）参与工地现场施工的管理和协调与建设单位的关系，妥善处理各种地方关系，确保工程顺利施工；（3）除甲方获得约定的利润外，本工程项目的全部风险和利润由乙方一揽子承担和享有，即本工程全部价款支付工程成本和甲方利润外，剩余的全部归乙方。发生亏损乙方自愿承担；（4）根据合同及工程进度，及时帮助甲方向建设单位催要工程款，并保证工程款汇入甲方账户。工程款不进入甲方账户，视同乙方职务侵占。根据胡海波提交的开源置业公司工程付款审批表显示，施工单位付款申请一栏由胡海波签字。此外，中厦公司的部分工程款系支付给胡海波，工程施工过程中发生的材料费、工程款等由胡海波支付。

江苏省高级人民法院另查明，宿迁中院于2018年2月7日、5月25日两次作出（2018）苏13执13、111号执行裁定书和协助执行通知书，冻结中厦公司在开源置业公司的工程款4839300元，开源置业公司于2018年2月12日、6月4日两次提出执行异议，主张中厦公司于2016年4月18日已将对开源置业公司享有的2205.41万元工程款债权转让给了案外人胡海波，并于2016年4月18日向开源置业公司送达了债权转让通知书，因此开源置业公司已经不欠中厦公司任何到期应付工程款，据此请求撤销上述执行裁定书和协助执行通知书，停止开源置业公司的协助履行。宿迁中院于2019年4月16日作出（2018）苏13执字第13、111号执行裁定书和协助扣划存款通知书，扣划中厦公司在开源置业公司处工程款2383470元。

【裁判结果及理由】本案二审争议焦点为：胡海波是否为涉案工程的实际施工人，涉案工程款债权是否在本案查封之前已经依法转让给胡海波所有，胡海波对涉案工程款债权是否享有排除执行的实体权利。

江苏省高级人民法院认为：第一，实际施工人与发包人全面履行发包人与承包人之间的合同的，形成事实上的权利义务关系。在实际施工人参与施工的工程项目中，普遍存在实际施工人为了保障其权利的实现，另行与承包人签订债权转让协议的做法，此外，在实际施工人垫资建设的情况下，亦存在实际施工人以出借款项的名义垫付工程款的做法。人民法院在审理此类案外人执行异议之诉案件中，应综合审查判断实际施工人与承包人、发包人之间的实际权利义务关系和真实意思表示，不应仅凭其权利外观作出认定。本案中，中厦公司与胡海波签订的合作协议书约定，乙方胡海波负责组织、投入该工程施工所需要资金，及时支付工程的材料款、各项税费、人工工资以及其他工程中发生的一切款项。根据胡海波提交的开源置业公司工程付款审批表、买卖合同、付款凭证、证人证言等证据，能够证明胡海波确系三树新城工程项目的实际施工人，并自行组织资金支付了工程施工所需材料费、工程款等各项款项。2016年4月2日胡海波（甲方）与中厦公司（乙方）签订的债务结算确认书虽然表述乙方向甲方借款7019万元及利息1784万元，乙方共偿还甲方5994万元，累计欠甲方本金2205万元、利息604万元，然而双方在2016年4月18日签订的债权转让协议书中亦明确中厦公司将其对开源置业公司享有的工程款债权2205.41万元转让给乙方以抵销甲方借款本息合计2205.41万元。结合上述事实，应该认定胡海波以借款名义垫付工程款进行建设，其后通过与中厦公司签订工程款债权转让协议的方式取得直接向发包人开源置业公司追讨债权的权利。一审法院仅以胡海波提交的合作协议、买卖合同、付款凭证、证人证言等证据与债权结算书、债权转让通知书上载明的内容相悖，且与胡海波在宿豫法院陈述的内容不符，开源置业公司主张其系向中厦公司支付工程款等为由，否定胡海波系开源置业公司发包给中厦公司的三树新城工程的实际施工人并垫付了工程款的事实，没有事实和法律依据，依法予以纠正。被上诉人主张涉案工程并非胡海波实际施工，胡海波与中厦公司恶意串通，但未能充分举证予以证明，不予采信。

第二，2016年4月18日，中厦公司与胡海波已经签订债权转让协议书，将三树新城项目工程款债权2205.41万元转让给胡海波。在2016年7月27日胡海波诉中厦公司、开源置业公司债权转让合同纠纷一案的庭审中，开源置业公司虽然对收到债权转让通知书的具体时间有异议，但对其在开庭前已经收到债权转让通知书的事实并不否认，也即开源置业公司起码在2016年7月27日已经收到债权转让通知书。此外，本案执行过程中，宿迁中院于2018年2月7日、5月25日两次作出（2018）苏13执13、111号执行裁定书和协助执行通知书，冻结中厦公司在开源置业公司的工程款4839300元，开源置业公司于2018年2月12日、6月4日两次提出执行异议，主张中厦公司于2016年4月18日已将对开源置业公司享有的2205.41万元工程款债权转让给了案外人胡海波，并于2016年4月18日向开源置业公司送达了债权转让通知书，因此开源置业公司已经不欠中厦公司任何到期应付工程款。由此可见，在本案查封涉案工程款债权之前，中厦公司与胡海波已经签订合法有效的《债权转让协议书》，将三树新城项目工程款债权2205.41万元转让给胡海波，且开源置业公司已经接到债权转让通知书，涉案工程款债权的转让行为已经完成。

综上所述，无论胡海波作为实际施工人还是作为债权受让人，其对本案涉案工程款债权均享有排除强制执行的实体权利。上诉人胡海波的上诉请求成立，判决如下：（1）撤销江苏省宿迁市中级人民法院（2018）苏13民初292号民事判决；（2）不得执行江苏省宿迁市中级人民法院在（2018）苏13执13、111号案件中冻结的4839300元工程款债权，已经扣划的款项应予返还。

【案例评析】本案也是司法实践中涉及到期债权执行的典型案例，案外人以实际施工人的身份对涉案工程款到期债权主张实体权利，请求排除对承包人到期债权的强制执行。

首先，关于法院在本案中对到期债权的执行程序是否符合法律规定。根据江苏省高级人民法院二审查明的事实，宿迁中院于2018年2月7日、5月25日先后两次向开源置业公司送达执行裁定书和协助执行通知书，冻结中厦公司在开源置业公司的工程款4839300元，开源置业公司于2018年2月12日、6月4日两次提出执行异议，主张中厦公司已将对开源置业公司享有的工程款债权转让给了案外人胡海波，因此开源置业公司已经不欠中厦公司任何到期应付工程款。2019年4月16日，宿迁中院作出裁定扣划中厦公司在开源置业公司处工程款2383470元。以上为法院对涉案到期债权基本的执行程序。根据《最高人民法院关于适用〈中华人民共和国民事诉讼法〉的解释》第501条[①]的规定，法院执行被执行人到期债权可以作出冻结债权的裁定，因此，宿迁中院冻结中厦公司在开源置业公司的工程款4839300元符合法律规定。但如果对到期债权采取执行措施，根据《最高人民法院关于适用〈中华人民共和国民事诉讼法〉的解释》第501条的规定，应当向开源置业公司发送履行通知书，且该履行通知书必须直接送达开源置业公司，若开源置业公司在履行通知书指定的期限内没有提出异议，又不履行的，法院才能够对开源置业公司强制执行。而本案中，法院在未向开源置业公司发送履行通知书的情况下，直接扣划中厦公司在开源置业公司处工程款2383470元显然与法律规定不符，存在违法情形。

其次，关于在执行异议之诉中，实际施工人主张对涉案工程款到期债权享有实体权利，请求排除对承包人到期债权的强制执行的诉请能否得到支持。对此，各地方法院在相关审理执行异议之诉案件解答或指南中作出了相应的规定。如根据《江苏省高级人民法院执行异议及执行异议之诉案件审理指南（三）》第30条的规定，建设工程承包人为被执行人的，执行法院对涉案到期工程款债权采取强制执行措施，案外人以其系实际施工人为由提出执行异议，请求排除执行的，适用《中华人民共和国民事诉讼法》第227条[②]规定进行审查，因此引发的执行异议之诉案件，如果符合下列情形，应当予以支持：一是案外人符合最高人民法

① 现行《最高人民法院关于适用〈中华人民共和国民事诉讼法〉的解释》第499条。
② 现行《中华人民共和国民事诉讼法》第238条。

院关于审理建设工程施工合同纠纷案件适用法律问题的相关解释中实际施工人身份；二是案外人提供的证据能够支持其所主张的债权数额；三是案外人主张的工程价款数额覆盖涉案债权的，对其超过涉案债权部分的主张不予支持。本案判决支持胡海波的上诉请求，即采纳了上述意见。又如《江西省高级人民法院执行异议之诉案件审理指南》（赣高法〔2021〕18号）第36条规定，人民法院针对建设工程发包人应给付承包人的工程款到期债权实施强制执行，实际施工人以其与承包人之间存在挂靠关系，其应享有工程款债权为由提起执行异议之诉的，不予支持。此外，根据《吉林省高级人民法院关于审理执行异议之诉案件若干疑难问题的解答》（问题三十二），人民法院针对建设工程发包人应给付承包人的工程款到期债权实施强制执行，实际施工人以其与承包人之间存在挂靠关系，其应享有工程款债权为由提起案外人执行异议之诉的，在建设工程存在违法分包、转包及挂靠的情形下，实际施工人不能直接向发包人主张债权，且与排除执行的诉讼目的无关，其提起执行异议之诉的，人民法院应当不予受理；已经受理的，裁定驳回起诉。

《最高人民法院关于审理建设工程施工合同纠纷案件适用法律问题的解释》第26条[①]的规定，实际施工人以发包人为被告主张权利的，人民法院应当追加转包人或者违法分包人为本案第三人，在查明发包人欠付转包人或者违法分包人建设工程价款的数额后，判决发包人在欠付建设工程价款范围内对实际施工人承担责任。上述规定明确了转包、违法分包情形下实际施工人的权益保护，因此，在案外人符合司法解释实际施工人身份的情况下，结合其他具体案情，其请求排除执行的，应当予以支持。而司法解释上述规定之外的借用或者挂靠资质的施工人能否构成实际施工人，在实践中尚存争议。

---

① 现行《最高人民法院关于审理建设工程施工合同纠纷案件适用法律问题的解释（一）》第43条。

案例三：赵富皓、李朝阳因与被申请人中科建工集团有限公司及一审第三人刘金兵、六安城市建设投资有限公司案外人执行异议之诉一案①

【案例要旨】实际施工人为被执行人，对发包人享有到期工程款债权，承包人提出执行异议主张享有工程款，视为利害关系人对到期债权有异议，人民法院应当依照案外人异议之规定审查处理。

【基本案情】

再审申请人（一审被告、二审上诉人）：赵富皓。

再审申请人（一审被告、二审上诉人）：李朝阳。

被申请人（一审原告、二审上诉人）：中科建工集团有限公司。

一审第三人：刘金兵，男，1971年3月6日出生，汉族，住安徽省六安市金安区。

一审第三人：六安城市建设投资有限公司，住所地：安徽省六安市皖西东路城投大厦19楼。

再审申请人赵富皓、李朝阳因与被申请人中科建工集团有限公司（以下简称中科建工公司）及一审第三人刘金兵、六安城市建设投资有限公司（以下简称六安城投公司）案外人执行异议之诉一案，不服安徽省高级人民法院（2019）皖民终925号民事判决，向最高人民法院申请再审。

赵富皓、李朝阳申请再审称：（1）二审判决认定中科建工公司是案涉到期债权的债权人属于事实认定错误、法律适用错误。①二审判决认定刘金兵是案涉工程实际施工人，但未根据现有证据认定刘金兵是基于挂靠关系而成为实际施工人的事实，导致后续法律适用错误。赵富皓、李朝阳二审提交的中科建工公司2014年3月13日就强制执行第一次提出异议时的异议申请书，该异议申请书事实和理由部分载明“刘金兵个人

---

① 案例来源于中国裁判文书网，（2020）最高法民申4289号。

虽挂靠申请人名下，承接六安城市建设投资有限公司投资开发的友谊北苑Ⅳ标段施工”，该份证据证明刘金兵与中科建工公司之间是挂靠关系，刘金兵是基于挂靠关系而成为实际施工人。②六安城投公司与中科建工公司之间的建设工程施工合同因挂靠而无效，此时实际施工人刘金兵为承包人，依法享有请求参照合同约定向六安城投公司要求支付工程款的权利。③二审判决认为“六安城投公司应支付的案涉工程款，中科建工公司是对应的债权人；刘金兵不是案涉建设工程施工合同的当事人，其作为案涉工程的实际施工人，与中科建工公司就其实际施工形成债权债务关系”，这一认定违背查明事实，且适用法律错误。二审判决认定的基础是案涉建设工程施工合同合法有效，在挂靠施工的情形下，案涉合同已然无效。此时基于合同法的规定，无效合同的施工方所享有的是建设工程折价补偿款，并非合同价款。只是折价补偿款参照合同约定的工程款计算方式进行计算。在明知存在实际施工人情形下，还认定案涉合同有效，二审法院以无效合同的形式外观来证明合同合法有效，本末倒置。案涉工程折价补偿款的请求权人当然为案涉工程的实际施工人刘金兵。（2）二审判决认为中科建工公司享有到期债权，且该债权足以排除强制执行属认定事实和适用法律错误。①六安城投公司的工作人员知晓刘金兵是案涉工程实际施工人、刘金兵完成整个工程的事实。在强制执行过程中，乃至执行异议诉讼中，六安城投公司并未明确提出异议，六安城投公司在六安市中级人民法院强制执行扣划过程中，针对该院的多次函告均回函明确同意扣划的数额，表明六安城投公司对此是没有异议的，二审判决认定六安城投公司对案涉到期债权明确提出异议属认定事实错误。②二审判决以中科建工公司的主张、六安城投公司的理由来论证中科建工公司排除强制执行的事由成立，逻辑混乱。中科建工公司的权利若真实存在，应当通过判断该权利自身是否具有排除强制执行的能力，而不应当用六安城投公司的意见作为中科建工公司具有排除强制执行的理由。③二审判决认定中科建工公司与刘金兵之间无工程款支付争议，与其认定的“但具体债权数额，涉及当事人合同项下请求权、抗辩权的行使，以及实际履行等动态情况，本案中不宜直接认定”相矛盾。中科建工公司与刘金兵存在恶意串通的可能。④二审判决认为赵富皓、李朝阳“未举证证明刘金兵就案涉工程的实际施工仍享有工程款债权，未举证证明刘金兵与六安城投公司之间就案涉工程款形成债权债务关系”，系将执行异议之诉的异议人的举证责任倒置给赵富皓、李朝阳。（3）刘金兵对执行标的具有实体权益，中科建工公司的实体权益对于赵富皓、李朝阳依据执行依据相应的债权不具有优先效力，不足以排除强制执行。①刘金兵是案涉工程的实际施工人，被执行的工程款依法应归属刘金兵。刘金兵作为实际施工人，投入了资金、人力，组织了工程建设，提供了合格的建设工程，对案涉工程款享有请求权，对执行标的具有实体权益。②刘金兵对执行标的享有全部权益。中科建工公司施工工程占总工程的20%，应获得总工程价款24387453.78元的20%，即4877490.76元，刘金兵施工工程占总工程的80%，应获得工程总价款24387453.78元的80%，即19509963.02元。中科建工公司实际收到工程款17494000元，扣减其支付给刘金兵的工程款10620418元，中科建工公司实际获得工程款为6873582元，已超过了其应得工程款4877490.76元，因此，六安城投公司剩余未付的6893453.78元均应为刘金兵应得工程款，中科建工公司不享有剩余工程款相关权利。③因案涉《建设工程施工合同》无效，即使形式上六安城投公司先向中科建工公司履行，也不能改变依据法律规定向刘金兵实际履行的事实。④中科建工公司主张其为刘金兵垫付了10153481元及税金765000元，证据不足。即使中科建工公司为刘金兵垫付了上述费用，其对刘金兵享有的亦是一般债权，与赵富皓、李朝阳的债权相比，不具有优先受偿的效力。综上，赵富皓、李朝阳依据《中华人民共和国民事诉讼法》第200条[①]第2项、第6项规定，向本院申请再审。

中科建工公司提交书面意见称：（1）二审判决未对案涉建设工程施工合同效力予以认定，不影响本案对执行标的权利人的认定。本案属于案外人执行异议之诉，审查的重点为是否足以排除强制执行，并非审查合同是否有效问题，二审法院对建设工程施工合同效力未作认定，并无不当。①根据《最高人民法院关于审理建设工程施工合同纠纷案件适用法律问题的解释》[②]第2条关于“建设工程施工合同无效，但建设工程经竣工验收合格，承包人请求参照合同约定支付工程价款的，应予支持”的规定，在承包人或者实际施工人完成建设工程施工且验收合格后，承包人有权请求发包人支付工程款。也就是说，不论合同因挂靠、转包、违法分包等何种情形导致无效，只要工程竣工验收合格，中科建工公司作为承包人仍然是工程款的权利人。②《最高人民法院关于审理建设工程施工合同纠纷案件适用法律问题的解释》第26条[③]规定只赋予转包人或违法分包人情形下的实际施工人，有权突破合同相对性向发包人直接主张权利，并不适用借用资质的挂靠人，因此，如果赵富皓、李朝阳认为案涉建设工程施工合同因挂靠而无效，依据该条规定，刘金兵作为实际施工人无权突破合同相对性直接向发包人主张工程款。（2）二审判决认定案涉工程由中科建工公司和刘金兵共同施工的相关事实正确。（3）二审判决在认定刘金兵不享有工程款到期债权方面，不存在认定事实和适用法律错误。赵富皓、李朝阳作为民间借贷案件的申请执行人，申请法院强制执行发包人应付工程款的前提是被执行人刘金兵对发包人

---

① 现行《中华人民共和国民事诉讼法》第211条。

② 该解释已失效。

③ 现行《最高人民法院关于审理建设工程施工合同纠纷案件适用法律问题的解释（一）》第43条。

享有到期债权。刘金兵作为案涉工程实际施工人，与发包人六安城投公司之间没有建设工程施工合同关系，与中科建工公司之间因施工关系而产生债权债务关系。刘金兵不存在直接享有对发包人的到期债权，赵富皓、李朝阳以合同无效将案涉工程折价补偿的请求权与到期债权混为一谈，进而主张全部工程款归刘金兵所有，明显缺乏依据。（4）中科建工公司作为案涉建设工程施工合同当事人，在工程竣工验收合格具备支付工程款条件时，理所当然对案涉工程款享有到期债权，二审判决认定中科建工公司享有工程款到期债权，认定事实和适用法律并无不当。（5）二审判决依据《最高人民法院关于适用〈中华人民共和国民事诉讼法〉的解释》第 501 条[①]关于“该他人对到期债权有异议，申请执行人请求对异议部分强制执行的，人民法院不予支持”的规定，在认定发包人对到期债权提出异议情形下，依法判决不予执行，有事实和法律依据。（6）二审判决关于刘金兵施工工程量为工程的 80% 的事实认定正确。案涉工程款由发包方六安城投公司向中科建工公司支付，经双方核对确认尚有 518100 元没有支付，表明双方对欠付工程款的数额没有争议，六安城投公司同意扣划，并不代表六安城投公司对到期债权没有异议。中科建工公司作为工程承包方，负有支付工程材料款、设备款、劳务工程款等工程款项的义务，中科建工公司支付的工程材料款 10153481 元和垫付工程款税金 765000 元，刘金兵不持异议，该款项都是施工发生的材料和工资等费用，是案涉工程款的重要组成部分，是中科建工公司依法应当承担的付款责任。中科建工公司作为案外人主张案涉工程款的权利，已经举证证明，本案不存在举证责任倒置问题。没有证据显示刘金兵与中科建工公司恶意串通。中科建工公司作为工程承包人，依据《中华人民共和国合同法》第 286 条[②]规定，对案涉工程依法享有优先受偿权。综

---

① 现行《最高人民法院关于适用〈中华人民共和国民事诉讼法〉的解释》第 499 条。
② 现行《中华人民共和国民法典》第 807 条。

上，赵富皓、李朝阳的再审申请不符合《中华人民共和国民事诉讼法》第200条规定，请求驳回其再审申请。

六安城投公司提交书面意见称，（1）案涉工程发包方是六安城投公司，承包方是中科建工公司。六安城投公司在签订建设工程施工合同时，不知晓刘金兵与中科建工公司之间的关系，但施工过程中，刘金兵前期在施工现场参与管理。刘金兵与中科建工公司之间的关系，应以在案证据及当事人陈述认可的事实进行认定。（2）六安城投公司按六安市中级人民法院民事裁定和协助执行通知书履行协助执行义务并无过错。2016年六安城投公司知晓了中科建工公司就案涉执行工程款提出了异议，才知道就案涉工程款可能存在争议，故2016年8月2日向六安市中级人民法院提交《关于暂停执行、暂停支付执行款的意见》，函请法院暂停支付执行款。（3）徐宏刚是六安城投公司工作人员，为协助法院查清案件事实，提供证据线索，其在六安市中级人民法院执行局的谈话笔录，是基于其本人所知晓的事实进行陈述，属于证人证言性质。刘金兵在案涉工程中的法律地位和作用应依据法院查清的案件事实来判定。（4）六安城投公司在一、二审中均表述“案涉工程款的权利归属应以法庭查明的事实以及在案证据认定”，就案涉工程款归属，六安城投公司并未发表倾向性意见。（5）二审判决作出后，六安城投公司依据该生效判决请求六安市中级人民法院退还扣留提取的工程款，该院于2020年1月13日退还六安城投公司518100元，六安城投公司于2020年1月21日将该518100元工程款全部支付至中科建工公司，六安城投公司就案涉工程款已全部支付完毕，不应再承担任何付款责任和协助义务。综上，请求依法裁决。

【裁判结果及理由】最高人民法院经审查认为，根据赵富皓、李朝阳的再审申请理由，本案需审查的焦点问题为：中科建工公司是否为案涉到期债权的权利人，其享有的民事权益是否足以排除强制执行。

一是关于中科建工公司是否为案涉到期债权的权利人问题。根据查明事实，案涉建设工程施工合同系六安城投公司作为发包方与中科建工公司作为承包方于2010年5月16日签订，本案中，拟被强制执行的518100元属于基于该建设工程施工合同关系产生的工程款到期债权，并无证据证明该建设工程施工合同签订时，六安城投公司对刘金兵系借用中科建工公司资质进行施工的事实明知。该建设工程施工合同实际履行中，均是由六安城投公司向中科建工公司支付或者受中科建工公司委托支付工程款，六安城投公司并未直接向刘金兵支付工程款，刘金兵亦认可是中科建工公司与六安城投公司签订了案涉建设工程施工合同，故六安城投公司与刘金兵之间并未直接建立建设工程施工合同关系。据此可知，案涉建设工程施工合同的相对方为六安城投公司与中科建工公司，二审判决认定中科建工公司系案涉工程款到期债权的债权人，有事实和法律依据，并无不当。二审判决未认定刘金兵是基于挂靠关系而成为实际施工人的事实，并不影响中科建工公司作为建设工程施工合同相对方享有向六安城投公司主张工程款的权利。

二是关于中科建工公司享有的民事权益是否足以排除强制执行的问题。首先，《最高人民法院关于适用〈中华人民共和国民事诉讼法〉的解释》第501条规定："人民法院执行被执行人对他人的到期债权，可以作出冻结债权的裁定，并通知该他人向申请执行人履行。该他人对到期债权有异议，申请执行人请求对异议部分强制执行的，人民法院不予支持。利害关系人对到期债权有异议的，人民法院应当按照民事诉讼法第二百二十七条[①]规定处理。"本案中，赵富皓、李朝阳依据生效裁判，申请执行刘金兵可能享有的到期债权，六安城投公司作为发包人根据法院发出的协助执行通知，将案涉518100元工程款转至六安市中级人民法院账户上。中科建工公司则提出案外人异议，主张其对该债权享有实体权

① 现行《中华人民共和国民事诉讼法》第238条，本案例下同。

利，此时中科建工公司即属于上述司法解释规定的“利害关系人”，本案即为中科建工公司提起的，一、二审法院依照《中华人民共和国民事诉讼法》第227条规定予以审理的案外人执行异议之诉，六安城投公司向执行法院出具《关于暂停执行、暂停支付执行款的意见》，起到了进一步印证案涉到期债权实际权利人认定的作用，六安城投公司是否提出异议，并不影响二审法院根据中科建工公司的诉讼请求对案外人异议之诉进行实体审理，进而作出中科建工公司能否就案涉工程款对抗执行的判断。其次，如前所述，中科建工公司系基于其为建设工程施工合同相对人而享有对案涉工程款债权的权利，被执行人刘金兵并非案涉建设施工合同相对人，故二审判决确认中科建工公司对六安城投公司享有应付工程款债权，并无不当，因具体债权数额有赖于中科建工公司与六安城投公司进一步结算和确认，概括确认中科建工公司的债权人地位，已足以保护其相应权益，二审判决对具体债权数额不予确认，并不存在与赵富皓、李朝阳的主张前后矛盾问题。最后，本案中，中科建工公司主张其已经付清刘金兵实际施工工程量的工程款，刘金兵自认目前无其他证据或理由向中科建工公司再主张权利，赵富皓、李朝阳对此虽不予认可，但其未能提供充分证据证明刘金兵就案涉工程仍享有工程款债权，亦不能否定中科建工公司对案涉到期债权享有实体权利。赵富皓、李朝阳主张刘金兵与中科建工公司恶意串通，并未提供充分证据予以证明，其主张缺乏事实依据。综上，二审判决不得执行六安城投公司应付友谊北苑Ⅳ标段安置房项目工程款，并无不当。赵富皓、李朝阳的相关申请理由不能成立。裁定驳回赵富皓、李朝阳的再审申请。

【案例评析】本案是涉及建设工程款到期债权执行的一个典型案例，也是司法实践中较为常见的涉及到期债权执行的典型案例，实际施工人为被执行人，工程承包人作为利害关系人对到期工程款主张实体权利。

第一，根据《最高人民法院关于适用〈中华人民共和国民事诉讼法〉的解释》第501条的规定，利害关系人对到期债权有异议的，人民法院应当按照《中华人民共和国民事诉讼法》第227条的规定处理，即按照案外人执行异议程序处理。本案中，如果中科建工公司对涉案到期工程款主张权利，可以向执行法院提出执行异议。执行法院审查后作出执行裁定，中科建工公司如不服执行裁定，则按照执行异议之诉程序处理。

第二，关于中科建工公司是否为案涉到期债权的权利人，尽管二审判决认定刘金兵为涉案工程实际施工人，但根据原审查明的事实，案涉建设工程施工合同系六安城投公司作为发包方与中科建工公司作为承包方所签订，拟被强制执行的518100元属于基于该建设工程施工合同关系产生的工程款到期债权，没有证据证明该建设工程施工合同签订时，六安城投公司对刘金兵系借用中科建工公司资质进行施工的事实明知。除此之外，中科建工公司主张其已经付清刘金兵实际施工工程量的工程款，刘金兵对此亦未否认，从上述证据可以看出刘金兵对案涉工程仍享有工程款债权。因此，法院认定中科建工公司对案涉到期债权享有实体权利，从而判决中科建工公司享有排除对涉案工程款强制执行的权利并无不当。

三、法条链接

1. 最高人民法院关于适用《中华人民共和国民事诉讼法》的解释（2022年4月10日施行　法释〔2022〕11号）（节录）

第一百三十一条　人民法院直接送达诉讼文书的，可以通知当事人到人民法院领取。当事人到达人民法院，拒绝签署送达回证的，视为送达。审判人员、书记员应当在送达回证上注明送达情况并签名。

人民法院可以在当事人住所地以外向当事人直接送达诉讼文书。当事人拒绝签署送达回证的，采用拍照、录像等方式记录送达过程即视为送达。审判人员、书记员应当在送达回证上注明送达情况并签名。

第四百九十九条 人民法院执行被执行人对他人的到期债权，可以作出冻结债权的裁定，并通知该他人向申请执行人履行。

该他人对到期债权有异议，申请执行人请求对异议部分强制执行的，人民法院不予支持。利害关系人对到期债权有异议的，人民法院应当按照民事诉讼法第二百三十四条[①]规定处理。

对生效法律文书确定的到期债权，该他人予以否认的，人民法院不予支持。

2. 最高人民法院关于人民法院执行工作若干问题的规定（试行）（2021年1月1日施行 法释〔2020〕21号）（节录）

45. 被执行人不能清偿债务，但对本案以外的第三人享有到期债权的，人民法院可以依申请执行人或被执行人的申请，向第三人发出履行到期债务的通知（以下简称履行通知）。履行通知必须直接送达第三人。

履行通知应当包含下列内容：

（1）第三人直接向申请执行人履行其对被执行人所负的债务，不得向被执行人清偿；

（2）第三人应当在收到履行通知后的十五日内向申请执行人履行债务；

（3）第三人对履行到期债权有异议的，应当在收到履行通知后的十五日内向执行法院提出；

（4）第三人违背上述义务的法律后果。

46. 第三人对履行通知的异议一般应当以书面形式提出，口头提出的，执行人员应记入笔录，并由第三人签字或盖章。

---

① 现行《中华人民共和国民事诉讼法》第238条。

47. 第三人在履行通知指定的期间内提出异议的，人民法院不得对第三人强制执行，对提出的异议不进行审查。

48. 第三人提出自己无履行能力或其与申请执行人无直接法律关系，不属于本规定所指的异议。

第三人对债务部分承认、部分有异议的，可以对其承认的部分强制执行。

49. 第三人在履行通知指定的期限内没有提出异议，而又不履行的，执行法院有权裁定对其强制执行。此裁定同时送达第三人和被执行人。

50. 被执行人收到人民法院履行通知后，放弃其对第三人的债权或延缓第三人履行期限的行为无效，人民法院仍可在第三人无异议又不履行的情况下予以强制执行。

51. 第三人收到人民法院要求其履行到期债务的通知后，擅自向被执行人履行，造成已向被执行人履行的财产不能追回的，除在已履行的财产范围内与被执行人承担连带清偿责任外，可以追究其妨害执行的责任。

52. 在对第三人作出强制执行裁定后，第三人确无财产可供执行的，不得就第三人对他人享有的到期债权强制执行。

53. 第三人按照人民法院履行通知向申请执行人履行了债务或已被强制执行后，人民法院应当出具有关证明。

3. 最高人民法院关于认真贯彻实施民事诉讼法及相关司法解释有关规定的通知（2017 年 12 月 29 日　法〔2017〕369 号）（节录）

三、被执行人的债权作为其财产的重要组成部分，是其债务的一般担保，不能豁免执行。但是执行到期债权涉及次债务人的权利保护，法律关系较为复杂，在执行程序中适用《民诉法解释》第五百零一条[①]时，应当严格遵守法定条件与程序，兼顾相关各方主体的权利保护。

---

① 现行《最高人民法院关于适用〈中华人民共和国民事诉讼法〉的解释》第 499 条。

在对到期债权的执行中，应当依法保护次债务人的利益，对于次债务人在法定期限内提出异议的，除到期债权系经生效法律文书确定的外，人民法院对提出的异议不予审查，即应停止对次债务人的执行，债权人可以另行提起代位权诉讼主张权利。对于其他利害关系人提出的异议符合民事诉讼法第二百二十七条[①]规定的，人民法院应当按照相应程序予以处理。

被执行人有银行存款或者其他能够执行的财产的，人民法院原则上应优先予以执行；对于被执行人未到期的债权，在到期之前，只能冻结，不能责令次债务人履行。

4. 最高人民法院关于依法制裁规避执行行为的若干意见（2011年5月27日施行　法〔2011〕195号）（节录）

12. 依法执行已经生效法律文书确认的被执行人的债权。对于被执行人已经生效法律文书确认的债权，执行法院可以书面通知被执行人在限期内向有管辖权的人民法院申请执行该生效法律文书。限期届满被执行人仍怠于申请执行的，执行法院可以依法强制执行该到期债权。

被执行人已经申请执行的，执行法院可以请求执行该债权的人民法院协助扣留相应的执行款物。

13. 依法保全被执行人的未到期债权。对被执行人的未到期债权，执行法院可以依法冻结，待债权到期后参照到期债权予以执行。第三人仅以该债务未到期为由提出异议的，不影响对该债权的保全。

14. 引导申请执行人依法诉讼。被执行人怠于行使债权对申请执行人造成损害的，执行法院可以告知申请执行人依照《中华人民共和国合同法》第七十三条[②]的规定，向有管辖权的人民法院提起代位权诉讼。

被执行人放弃债权、无偿转让财产或者以明显不合理的低价转让财

① 现行《中华人民共和国民事诉讼法》第238条。

② 相关规定已被《中华人民共和国民法典》第535条吸收。

产，对申请执行人造成损害的，执行法院可以告知申请执行人依照《中华人民共和国合同法》第七十四条[①]的规定向有管辖权的人民法院提起撤销权诉讼。

第六节　参与分配检察监督

根据《最高人民法院关于适用〈中华人民共和国民事诉讼法〉的解释》第508条的规定，参与分配是指被执行人为公民或者其他组织，在执行程序开始后，被执行人的其他已经取得执行依据的债权人发现被执行人的财产不能清偿所有债权的，可以向人民法院申请对执行财产依其债权性质或者债权数额按比例予以受偿的制度。

一、监督要领

（一）参与分配制度的适用条件

1. 被执行人为自然人或非法人组织。根据《最高人民法院关于适用〈中华人民共和国民事诉讼法〉的解释》第508条的规定，被执行人限定为公民或者其他组织。另根据《最高人民法院关于执行案件移送破产审查若干问题的指导意见》第4条的规定，执行法院采取财产调查措施后，发现作为被执行人的企业法人符合《企业破产法》第2条规定的，

① 相关规定已被《中华人民共和国民法典》第538条、第539条、第540条吸收。

应当及时询问申请执行人、被执行人是否同意将案件移送破产审查。申请执行人、被执行人均不同意移送且无人申请破产的，执行法院应当按照《最高人民法院关于适用〈中华人民共和国民事诉讼法〉的解释》第508条的规定处理，即就执行变价所得价款，在扣除执行费用及清偿优先受偿的债权后，对于普通债权按照财产保全和执行中查封、扣押、冻结财产的先后顺序受偿，企业法人的其他已经取得执行依据的债权人申请参与分配的，人民法院不予支持。所以，民事执行活动中作为被执行人的企业法人的财产不能清偿所有债权的，不适用参与分配制度。

对于其他组织的范围，根据《最高人民法院关于适用〈中华人民共和国民事诉讼法〉的解释》第52条的规定，其他组织是指合法成立、有一定的组织机构和财产，但又不具备法人资格的组织，包括：（1）依法登记领取营业执照的个人独资企业；（2）依法登记领取营业执照的合伙企业；（3）依法登记领取我国营业执照的中外合作经营企业、外资企业；（4）依法成立的社会团体的分支机构、代表机构；（5）依法设立并领取营业执照的法人的分支机构；（6）依法设立并领取营业执照的商业银行、政策性银行和非银行金融机构的分支机构；（7）经依法登记领取营业执照的乡镇企业、街道企业；（8）其他符合本条规定条件的组织。2021年1月1日起，民法典开始实施，民法典将民事主体分为自然人、法人和非法人组织。根据《中华人民共和国民法典》第102条的规定，非法人组织是不具有法人资格，但是能够依法以自己的名义从事民事活动的组织，包括个人独资企业、合伙企业、不具有法人资格的专业服务机构等。“其他组织”的概念被“非法人组织”替代。

2. 被执行人的财产不足以清偿全部债务。也就是说，当被执行人的财产足以清偿全部债务时，不适用参与分配制度，各执行案件由执行法院按照法定的执行程序进行。

（二）申请参与分配的主体

根据《最高人民法院关于适用〈中华人民共和国民事诉讼法〉的解释》第 506 条的规定，一般情况下，债权人需取得执行依据才能申请参与分配。但对人民法院查封、扣押、冻结的财产有优先权、担保物权的债权人，可以直接申请参与分配，主张优先受偿权。

需要注意的是，根据《最高人民法院关于人民法院执行工作若干问题的规定（试行）》第 56 条的规定，首先查封、扣押、冻结的法院所采取的执行措施如系为执行财产保全裁定，具体分配应当在该院案件审理终结后进行。这就意味着，参与分配程序需等待首先申请保全查封、扣押、冻结的债权人取得执行依据后方能进行。

（三）参与分配的申请程序

1. 申请人提交参与分配申请书

根据《最高人民法院关于适用〈中华人民共和国民事诉讼法〉的解释》第 507 条的规定，申请书应当写明参与分配和被执行人不能清偿所有债权的事实、理由，并附有执行依据。

2. 提交申请的时限

根据《最高人民法院关于适用〈中华人民共和国民事诉讼法〉的解释》第 507 条的规定，参与分配申请应当在执行程序开始后，被执行人的财产执行终结前提出。

3. 向主持参与分配的法院申请

《最高人民法院关于人民法院执行工作若干问题的规定（试行）》（法释〔1998〕15 号）第 92 条规定，债权人申请参与分配的，应当向其原申请执行法院提交参与分配申请书，写明参与分配的理由，并附有执行依据。该执行法院应将参与分配申请书转交给主持分配的法院，并说明执行情况。但2020年修正时删除了该条规定。又根据《最高人民法院关于适用〈中华人民共和国民事诉讼法〉的解释》第506条的规定，优先债权人在没有申请执行的情况下可以直接申请参与分配。综上可以推知，参与分配的申请可以不经执行法院，直接向主持参与分配的法院提出申请。

（四）关于主持参与分配的法院

《最高人民法院关于人民法院执行工作若干问题的规定（试行）》第56条明确规定，对参与被执行人财产的具体分配，应当由首先查封、扣押或冻结的法院主持进行。根据《最高人民法院关于首先查封法院与优先债权执行法院处分查封财产有关问题的批复》的规定，已进入其他法院执行程序的债权对查封财产有顺位在先的担保物权、优先权（该债权以下简称优先债权），自首先查封之日起已超过60日，且首先查封法院就该查封财产尚未发布拍卖公告或者进入变卖程序的，优先债权执行法院可以要求将该查封财产移送执行。处置权移交之后，则由优先债权执行法院主持参与分配。

（五）财产分配数额的确定和财产分配方案的制作、送达

1. 参与分配债权数额的确定

《最高人民法院关于适用〈中华人民共和国民事诉讼法〉的解释》第508条规定，参与分配执行中，执行所得价款扣除执行费用，并清偿应当优先受偿的债权后，对于普通债权，原则上按照其占全部申请参与分配债权数额的比例受偿。由于被执行人未按规定期限履行生效法律文书确定的义务，往往会产生迟延履行利息或迟延履行金，产生的迟延履行利息等是否可以计入申请参与分配的债权数额中，在民事执行司法实践中往往会产生一定争议。对此，其实《最高人民法院关于执行程序中计算

迟延履行期间的债务利息适用法律若干问题的解释》有较为明确的规定，其第 4 条规定，被执行人的财产不足以清偿全部债务的，应当先清偿生效法律文书确定的金钱债务，再清偿加倍部分的债务利息，但当事人对清偿顺序另有约定的除外。从上述规定可以看出，被执行人财产不足以清偿全部债权的，各债权人在案款分配或参与分配程序中受偿的债权数额中一般不包括迟延履行利息或迟延履行金，如果执行依据确定的债权清偿完毕后，案款尚有剩余，则各债权的迟延履行利息或迟延履行金再按比例受偿。

2. 制作、送达分配方案

《最高人民法院关于适用〈中华人民共和国民事诉讼法〉的解释》第 509 条的规定，执行法院应当制作财产分配方案，并送达各债权人和被执行人。《最高人民法院关于人民法院执行工作若干问题的规定（试行）》第 5 条规定，执行程序中的重大事项的办理，应有三名以上执行员讨论，并报院长批准。参与分配案件往往涉及当事人多、金额较大，案件的执行会有较大社会影响，因此，民事执行司法实践中，为预防执行中可能发生的风险，有些地方法院要求制作参与分配方案应当经合议庭合议。如《浙江省高级人民法院关于合理配置民事执行权的规定》（浙高法〔2009〕312 号）第 8 条规定，执行法院制作分配方案应当由三名以上执行法官或者执行员、司法警察讨论决定。《北京市高、中级法院执行局（庭）长座谈会（第五次会议）纪要——关于案款分配及参与分配若干问题的意见》第 24 条规定，案款分配或参与分配程序中，主持分配的法院应当经合议庭合议后制作书面的财产分配方案，并逐级报本院执行局局长或者主管院长审批。因此，检察机关办理相关执行监督案件时，可以当地法院的具体规定作为监督依据。

（六）参与分配异议

1. 关于异议的类型

《最高人民法院关于适用〈中华人民共和国民事诉讼法〉的解释》第509条规定，债权人或者被执行人对分配方案有异议的，可以向执行法院提出异议，但该规定较为原则。司法实践中，针对分配方案的异议有程序性异议和实体性异议之分。程序性异议如是否适用参与分配程序的决定、申请参与分配的债权人是否适格的认定、债权人申请参与分配是否逾期、分配方案是否送达等，该类程序异议应当属于执行行为异议，对该异议的处理应当适用《中华人民共和国民事诉讼法》第232条的规定。分配方案实体性异议如分配方案中的分配数额、分配顺位、执行依据确定的建设工程价款是否享有优先受偿权及优先受偿的款项范围等，则应当通过参与分配异议及参与分配异议之诉处理，即本节所述的内容。

2. 提出异议的形式和期限

根据《最高人民法院关于适用〈中华人民共和国民事诉讼法〉的解释》第509条的规定，债权人或者被执行人对分配方案有异议的，应当自收到分配方案之日起15日内向执行法院提出书面异议。

3. 执行法院通知义务

根据《最高人民法院关于适用〈中华人民共和国民事诉讼法〉的解释》第510条第1款的规定，债权人或者被执行人对分配方案提出书面异议的，执行法院应当通知未提出异议的债权人、被执行人。

4. 执行异议的处理

根据《最高人民法院关于适用〈中华人民共和国民事诉讼法〉的解释》第510条第2款的规定，未提出异议的债权人、被执行人自收到通知之日起15日内未提出反对意见的，执行法院依异议人的意见对分配方案审查修正后进行分配。未提出异议的债权人、被执行人提出反对意见的，则根据《最高人民法院关于适用〈中华人民共和国民事诉讼法〉的解释》第 510 条第 2 款、第 3 款的规定，执行法院应当通知异议人。异议人可以自收到通知之日起 15 日内，以提出反对意见的债权人、被执行人为被告，向执行法院提起诉讼；异议人逾期未提起诉讼的，执行法院按照原分配方案进行分配。诉讼期间进行分配的，执行法院应当提存与争议债权数额相应的款项。

二、相关案例

某区人民法院执行人员违法检察监督案

【监督要旨】被执行人的财产不足以清偿所有债权的，符合参与分配法定条件的，人民法院应当严格依法适用参与分配以保障各债权人的合法权益。对于违反规定采取执行措施，造成相关案件当事人财产损失的，检察机关应当依法对该违法行为予以监督，建议依法给予执行人员相应的处分。

【申请监督】2014 年 9 月，申请人楼某某等向某区检察院检察长来信反映一民事执行案件，称某区人民法院执行员陈某违反法律规定，在执行涉被执行人俞某某、郑某某执行案件中，将所执行款项仅分配给侯某某、杨某某，包括楼某某在内的其他普通债权人均未受偿，请求检察机关对该执行违法行为进行监督。

【调查核实】检察机关通过调查核实查明，2014 年，执行人员陈某在办理侯某某与俞某某、郑某某民间借贷纠纷参与分配一案，杨某某与俞某某、郑某某民间借贷纠纷参与分配一案中，接受当事人请客送礼，并违反规定进行财产分配，具体事实如下：2014 年 4 月至 7 月期间，在办理申请执行人侯某某参与被执行人俞某某、郑某某财产分配案过程中，在办公室分三次收受侯某某送的利群香烟 9 条，并接受侯某某请吃一次；2014 年 7 月，在办理申请执行人杨某某参与被执行人俞某某、郑某某财产分配案过程中，在办公室收受杨某某所送的利群香烟 2 条。后申请执行人侯某某、杨某某在该财产分配案中分别分配到了执行款 192000 元和 177000 元，而同为普通债权人的楼某某等其他债权人均未能分配到执行款。

【监督要点】检察机关审查后认为，根据《最高人民法院关于适用〈中华人民共和国民事诉讼法〉的解释》第 508 条、第 510 条[①]的规定，被执行人为公民或者非法人组织的，被执行人财产不能清偿所有债权的，被执行人其他已经取得执行依据的债权人可以向人民法院申请参与分配，对于普通债权原则上按照其占全部申请参与分配债权数额的比例受偿。本案中，承办案件的执行人员陈某在办理财产分配案件过程中，接受案件当事人请客送礼，未按照相关法律规定的执行程序采取相应的执行措施，侵害了其他执行案件当事人的合法权益，遂依法向某区人民法院发出检察建议。

【监督结果】根据某区人民检察院的建议，2015 年 1 月 16 日，某区人民法院依据《人民法院监察工作条例》《人民法院工作人员处分条例》对陈某作出了记大过的处分。

三、法条链接

1. 中华人民共和国民法典（2021 年 1 月 1 日施行）（节录）

第一百零二条 非法人组织是不具有法人资格，但是能够依法以自己

① 现行《最高人民法院关于适用〈中华人民共和国民事诉讼法〉的解释》第 506 条、第 510 条。

的名义从事民事活动的组织。

非法人组织包括个人独资企业、合伙企业、不具有法人资格的专业服务机构等。

2. 中华人民共和国民事诉讼法（2024年1月1日施行）（节录）

第二百三十六条　当事人、利害关系人认为执行行为违反法律规定的，可以向负责执行的人民法院提出书面异议。当事人、利害关系人提出书面异议的，人民法院应当自收到书面异议之日起十五日内审查，理由成立的，裁定撤销或者改正；理由不成立的，裁定驳回。当事人、利害关系人对裁定不服的，可以自裁定送达之日起十日内向上一级人民法院申请复议。

3. 最高人民法院关于适用《中华人民共和国民事诉讼法》的解释（2022年4月10日施行　法释〔2022〕11号）（节录）

第五十二条　民事诉讼法第五十一条规定的其他组织是指合法成立、有一定的组织机构和财产，但又不具备法人资格的组织，包括：

（一）依法登记领取营业执照的个人独资企业；

（二）依法登记领取营业执照的合伙企业；

（三）依法登记领取我国营业执照的中外合作经营企业、外资企业；

（四）依法成立的社会团体的分支机构、代表机构；

（五）依法设立并领取营业执照的法人的分支机构；

（六）依法设立并领取营业执照的商业银行、政策性银行和非银行金融机构的分支机构；

（七）经依法登记领取营业执照的乡镇企业、街道企业；

（八）其他符合本条规定条件的组织。

第五百零六条　被执行人为公民或者其他组织，在执行程序开始后，被执行人的其他已经取得执行依据的债权人发现被执行人的财产不能清偿所有债权的，可以向人民法院申请参与分配。

对人民法院查封、扣押、冻结的财产有优先权、担保物权的债权人，可以直接申请参与分配，主张优先受偿权。

第五百零七条 申请参与分配，申请人应当提交申请书。申请书应当写明参与分配和被执行人不能清偿所有债权的事实、理由，并附有执行依据。

参与分配申请应当在执行程序开始后，被执行人的财产执行终结前提出。

第五百零八条 参与分配执行中，执行所得价款扣除执行费用，并清偿应当优先受偿的债权后，对于普通债权，原则上按照其占全部申请参与分配债权数额的比例受偿。清偿后的剩余债务，被执行人应当继续清偿。债权人发现被执行人有其他财产的，可以随时请求人民法院执行。

第五百零九条 多个债权人对执行财产申请参与分配的，执行法院应当制作财产分配方案，并送达各债权人和被执行人。债权人或者被执行人对分配方案有异议的，应当自收到分配方案之日起十五日内向执行法院提出书面异议。

第五百一十条 债权人或者被执行人对分配方案提出书面异议的，执行法院应当通知未提出异议的债权人、被执行人。

未提出异议的债权人、被执行人自收到通知之日起十五日内未提出反对意见的，执行法院依异议人的意见对分配方案审查修正后进行分配；提出反对意见的，应当通知异议人。异议人可以自收到通知之日起十五日内，以提出反对意见的债权人、被执行人为被告，向执行法院提起诉讼；异议人逾期未提起诉讼的，执行法院按照原分配方案进行分配。

诉讼期间进行分配的，执行法院应当提存与争议债权数额相应的款项。

第五百一十四条 当事人不同意移送破产或者被执行人住所地人民法院不受理破产案件的，执行法院就执行变价所得财产，在扣除执行费用及清偿优先受偿的债权后，对于普通债权，按照财产保全和执行中查封、扣押、冻结财产的先后顺序清偿。

4. 最高人民法院关于人民法院执行工作若干问题的规定（试行）（2021年1月1日施行　法释〔2020〕21号）（节录）

5. 执行程序中重大事项的办理，应由三名以上执行员讨论，并报经院长批准。

56. 对参与被执行人财产的具体分配，应当由首先查封、扣押或冻结的法院主持进行。首先查封、扣押、冻结的法院所采取的执行措施如系为执行财产保全裁定，具体分配应当在该院案件审理终结后进行。

5. 最高人民法院关于首先查封法院与优先债权执行法院处分查封财产有关问题的批复（2016年4月14日施行　法释〔2016〕6号）（节录）

一、执行过程中，应当由首先查封、扣押、冻结（以下简称查封）法院负责处分查封财产。但已进入其他法院执行程序的债权对查封财产有顺位在先的担保物权、优先权（该债权以下简称优先债权），自首先查封之日起已超过60日，且首先查封法院就该查封财产尚未发布拍卖公告或者进入变卖程序的，优先债权执行法院可以要求将该查封财产移送执行。

二、优先债权执行法院要求首先查封法院将查封财产移送执行的，应当出具商请移送执行函，并附确认优先债权的生效法律文书及案件情况说明。

首先查封法院应当在收到优先债权执行法院商请移送执行函之日起15日内出具移送执行函，将查封财产移送优先债权执行法院执行，并告知当事人。

移送执行函应当载明将查封财产移送执行及首先查封债权的相关情况等内容。

三、财产移送执行后，优先债权执行法院在处分或继续查封该财产时，可以持首先查封法院移送执行函办理相关手续。

优先债权执行法院对移送的财产变价后，应当按照法律规定的清偿顺序分配，并将相关情况告知首先查封法院。

首先查封债权尚未经生效法律文书确认的，应当按照首先查封债权的清偿顺位，预留相应份额。

四、首先查封法院与优先债权执行法院就移送查封财产发生争议的，可以逐级报请双方共同的上级法院指定该财产的执行法院。

共同的上级法院根据首先查封债权所处的诉讼阶段、查封财产的种类及所在地、各债权数额与查封财产价值之间的关系等案件具体情况，认为由首先查封法院执行更为妥当的，也可以决定由首先查封法院继续执行，但应当督促其在指定期限内处分查封财产。

6. 最高人民法院关于商品房消费者权利保护问题的批复（2023年4月20日施行　法释〔2023〕1号）（节录）

河南省高级人民法院：

你院《关于明确房企风险化解中权利顺位问题的请示》（豫高法〔2023〕36号）收悉。就人民法院在审理房地产开发企业因商品房已售逾期难交付引发的相关纠纷案件中涉及的商品房消费者权利保护问题，经研究，批复如下：

一、建设工程价款优先受偿权、抵押权以及其他债权之间的权利顺位关系，按照《最高人民法院关于审理建设工程施工合同纠纷案件适用法律问题的解释（一）》第三十六条的规定处理。

二、商品房消费者以居住为目的购买房屋并已支付全部价款，主张其房屋交付请求权优先于建设工程价款优先受偿权、抵押权以及其他债权的，人民法院应当予以支持。

只支付了部分价款的商品房消费者，在一审法庭辩论终结前已实际支付剩余价款的，可以适用前款规定。

三、在房屋不能交付且无实际交付可能的情况下，商品房消费者主张价款返还请求权优先于建设工程价款优先受偿权、抵押权以及其他债权的，人民法院应当予以支持。

7. 最高人民法院关于执行案件移送破产审查若干问题的指导意见（2017年1月20日施行　法发〔2017〕2号）（节录）

4. 执行法院在执行程序中应加强对执行案件移送破产审查有关事宜的告知和征询工作。执行法院采取财产调查措施后，发现作为被执行人的企业法人符合破产法第二条规定的，应当及时询问申请执行人、被执行人是否同意将案件移送破产审查。申请执行人、被执行人均不同意移送且无人申请破产的，执行法院应当按照《最高人民法院关于适用〈中华人民共和国民事诉讼法〉的解释》第五百一十六条[①]的规定处理，企业法人的其他已经取得执行依据的债权人申请参与分配的，人民法院不予支持。

第七节　执行和解检察监督

根据《中华人民共和国民事诉讼法》第241条、《最高人民法院关于执行和解若干问题的规定》第1条的规定，在执行程序中，双方当事人可以自行协商达成和解协议，变更生效法律文书确定的权利义务主体、履行标的、期限、地点和方式等内容，从而阻却原生效法律文书的执行。《最高人民法院关于在执行工作中进一步强

① 现行《最高人民法院关于适用〈中华人民共和国民事诉讼法〉的解释》第514条。

化善意文明执行理念的意见》亦指出，要在依法采取执行措施的同时，妥善把握执行时机、讲究执行策略、注意执行方法。对资金链暂时断裂，但仍有发展潜力、存在救治可能的企业，可以通过和解分期履行、兼并重组、引入第三方资金等方式盘活企业资产。作为最为常见的一种合法阻却执行的事由，执行和解可以缓和当事人双方的矛盾冲突，在实践中运用较为广泛。但也正是由于执行和解具有阻却执行的效力，直接涉及申请执行人的合法权益，也可能涉及利害关系人的利益，因此，执行和解应当做到依法、规范。

一、监督要领

（一）执行和解的构成要件

1. 当事人自愿

根据《中华人民共和国民事诉讼法》第 241 条、《最高人民法院关于执行和解若干问题的规定》第 1 条的规定，执行和解协议的有效要件之一是双方当事人出于自愿并就协议内容的意思表示一致。申请执行人因受欺诈、胁迫与被执行人达成和解协议的，法院可以根据当事人的申请，恢复对原生效法律文书的执行。

2. 和解协议采用书面形式

根据《中华人民共和国民事诉讼法》第 241 条，《最高人民法院关于执行和解若干问题的规定》第 1 条、第 2 条的规定，和解协议一般应当采取书面形式，执行人员应将和解协议副本附卷。无书面协议的，执行人员应将和解协议的内容记入笔录，并由双方当事人签名或盖章。

3. 和解协议需向法院提交

根据《最高人民法院关于执行和解若干问题的规定》第 2 条的规定，各方当事人共同向法院提交书面和解协议；或一方当事人向法院提交书面和解协议其他当事人予以认可；或当事人达成口头和解协议，执行人员将和解协议内容记入笔录，由各方当事人签名盖章的，法院可以裁定中止执行。亦即和解协议向法院提交后，方可能产生阻却执行的效力。

4. 和解协议内容需合法

根据《最高人民法院关于执行和解若干问题的规定》第 1 条、第 16 条的规定，当事人可以自愿协商达成和解协议，依法变更生效法律文书确定的内容。如果和解协议存在违法情形，当事人、利害关系人认为执行和解协议无效或者应予撤销的，可以向执行法院提起诉讼。执行和解协议被确认无效或者撤销后，申请执行人可以据此申请恢复执行。

（二）执行和解的效力

1. 中止执行

根据《最高人民法院关于适用〈中华人民共和国民事诉讼法〉的解释》第 464 条、《最高人民法院关于执行和解若干问题的规定》第 2 条的规定，和解协议达成后，人民法院可以裁定中止执行。

2. 终结执行

根据《最高人民法院关于适用〈中华人民共和国民事诉讼法〉的解释》第 464 条的规定，和解协议达成后，申请执行人撤回执行申请的，人民法院可以裁定终结执行。

3. 解除对财产的查封、扣押、冻结

根据《最高人民法院关于执行和解若干问题的规定》第 3 条的规定，当事人达成执行和解，案件中止执行后，申请执行人申请解除查封、扣押、冻结的，人民法院可以准许。需要注意的是，如果申请执行人没有提出申请，根据《最高人民法院关于人民法院民事执行中查封、扣押、冻结财产的规定》第28条的规定，执行和解而中止执行的，并不包含在该条规定的人民法院应当作出解除查封、扣押、冻结裁定的情形范围内，因此，人民法院不应当依职权作出解除查封、扣押、冻结的裁定。

4. 执行和解案件的结案

根据《最高人民法院关于进一步规范近期执行工作相关问题的通知》第3条、《最高人民法院关于执行和解若干问题的规定》第8条的规定，执行和解后，案件结案的，应区分三种情形：（1）执行和解协议履行完毕的，人民法院作“执行完毕”结案处理。（2）当事人达成执行和解，申请执行人撤回执行申请的，人民法院裁定终结执行，案件以“终结执行”方式结案。（3）当事人达成执行和解协议，需要长期履行的，可以终结执行方式（选择“和解长期履行”情形）结案，此种情形下，人民法院不制作终结执行裁定书。

（三）关于是否可以依据执行和解协议作出以物抵债裁定

《最高人民法院关于执行和解若干问题的规定》第6条明确规定，当事人达成以物抵债执行和解协议的，人民法院不得依据该协议作出以物抵债裁定。需要注意的是，《最高人民法院关于适用〈中华人民共和国民事诉讼法〉的解释》第489条规定，经申请执行人和被执行人同意，且不损害其他债权人合法权益和社会公共利益的，人民法院可以不经拍卖、变卖，直接将被执行人的财产作价交申请执行人抵偿债务。在《最高人民法院关于执行和解若干问题的规定》施行后，应按照该规定第6条执行，避免当事人恶意串通损害第三人的合法权益。

（四）关于未提交法院的执行和解的处理

一般来说，和解协议应当提交法院才有可能达成执行和解，进而产生相关效力。但司法实践中，也有和解协议未按规定向法院提交的情况发生。根据《最高人民法院关于执行和解若干问题的规定》第 19 条的规定，执行过程中，被执行人根据当事人自行达成但未提交人民法院的和解协议，或者一方当事人提交人民法院但其他当事人不予认可的和解协议，依照《中华人民共和国民事诉讼法》第 236 条规定提出执行异议的，人民法院根据情形作出区别处理：

一是和解协议履行完毕的，裁定终结原生效法律文书的执行。此种情形下，相当于达成了执行和解，产生和解效力。

二是和解协议约定的履行期限尚未届至或者履行条件尚未成就的，裁定中止执行，但符合《中华人民共和国民法典》第 578 条规定，当事人明确表示拒绝履行或者以自己的行为表明不履行的情形除外。此种情形，亦视为执行和解。

三是被执行人一方正在按照和解协议约定履行义务的，裁定中止执行。此种情形，具有执行和解效力。

四是被执行人不履行和解协议的，裁定驳回异议。此种情形下，执行法院按照原生效法律文书执行。

五是和解协议不成立、未生效或者无效的，裁定驳回异议。此种情形，视为当事人未达成执行和解。

（五）申请执行人的权利救济

司法实践中，被执行人一方未按照和解协议内容履行相应义务的情况也较为常见，在这种情况下，申请执行人如何维护自己的合法权益？根据《最高人民法院关于执行和解若干问题的规定》第 9 条的规定，被执行人一方不履行执行和解协议的，申请执行人可以申请恢复执行原生效法律文书，也可以就履行执行和解协议向执行法院提起诉讼。也就是说，在被执行人不履行或者不完全履行执行和解协议的情况下，申请执行人有向执行法院申请执行原生效法律文书和就履行执行和解协议提起诉讼的选择权。

需要注意的是，如果执行案件因当事人双方和解，执行法院裁定终结执行的，申请执行人申请恢复执行原生效法律文书，应当在申请执行期间（申请执行的期间为两年）内提出，申请执行期间自执行和解协议约定履行期间的最后一日起计算。

（六）错误追加第三人为被执行人

司法实践中，当事人为了达成执行和解，往往会要求第三人提供担保，即在执行和解协议中约定担保条款，由第三人向执行法院作出承诺，对于该承诺行为是适用执行担保直接执行担保财产，还是适用变更追加规定需要予以重视。根据《最高人民法院关于执行和解若干问题的规定》第 18 条的规定，担保人向执行法院承诺在被执行人不履行执行和解协议时自愿接受直接强制执行的，恢复执行原生效法律文书后，执行法院可以依申请执行人申请及担保条款的约定，直接执行担保财产或者保证人的财产。根据《最高人民法院关于民事执行中变更、追加当事人若干问题的规定》第 24 条规定，案件执行过程中，第三人向执行法院书面承诺自愿代被执行人履行生效法律文书确定的债务，申请执行人向执行法院提出追加该第三人为被执行人，要求该第三人在承诺范围内承担责任的，执行法院应当支持。因此，在案件执行和解中，一定要严格区分第三人的承诺属于执行担保行为，还是承诺代被执行人履行生效法律文书确定债务的行为，否则极易造成适用法律错误的后果。

二、相关案例

任某勇申请民事执行监督案

【监督要旨】双方当事人自愿协商可以就案件执行达成和解协议，变更生效法律文书确定的权利义务主体、履行标的、期限等。若被执行人不履行和解协议，申请执行人可以通过申请恢复执行原生效法律文书，或就履行和解协议提起诉讼两种方式救济自身合法权益。对于人民法院以错误方式执行结案侵害申请执行人选择救济权利方式的行为，检察机关应当予以监督纠正。

【申请监督】任某勇认为，某区人民法院在执行其因与某投资管理公司、王某贤、吴某明、应某童民间借贷纠纷一案过程中，未按照其恢复执行申请恢复原案件执行，反而迫使其另行起诉，存在违法情形，进而向某区人民检察院申请执行监督。

【调查核实】某区人民检察院通过调查核实查明，任某勇因与某投资管理有限公司、王某贤、吴某明、应某童民间借贷纠纷一案，于 2015 年 7 月 1 日向某区人民法院提起诉讼，案件审理过程中，某区人民法院根据任某勇的申请，依法对某投资管理有限公司、王某贤、吴某明、应某童实施了财产保全。2015 年 12 月 11 日，某区人民法院判决某投资管理有限公司返还任某勇借款 2203516.6 元及利息，吴某明、王某贤、应某童对上述还款承担连带保证责任。

2016 年 1 月 26 日，任某勇向某区人民法院申请执行，某区人民法院于同日立案执行。同日，任某勇向某区人民法院出具授权委托书，载明委托任某龙在本案执行中作为委托代理人，对任某龙在办理上述事项过程中所签署的相关文件任某勇均予认可，并承担相应的法律责任。2016 年 2 月 24 日，某区人民法院扣划应某童银行存款 101082 元，并于同日将上述款项发还任某勇。2016 年 5 月 10 日，某区人民法院作出执行裁定，以本案审理中查封的被执行人房地产、车辆等财产短时间内均难以处理，暂无其他可供执行的财产，申请执行人任某勇亦未能提供其他有效的财产线索，并同意延期执行为由，裁定本案终结执行。

2016 年 8 月 15 日，某区人民法院制作执行笔录，载明任某龙、王某贤就协商情况向法院说明，任某勇同意四被执行人再向申请执行人支付 50 万元现金，另外将登记在案外人应某燕名下的奔驰轿车一辆抵给申请执行人，其余执行款转为另外的债权，另行处理。本案执行完毕，并申请法院解除对被执行人名下所有车辆、房产、银行账户的查封、冻结等。执行人员向任某龙释明，因案外人应某燕的车辆法院无法处理，你们要自行办理过户手续，如因无法过户等而导致被执行人未能履行本案法定义务，法院将无法再执行本案的法律后果。任某龙表示明白上述法律后果，自行承担因车辆过户问题而产生的一切法律后果。执行笔录由申请人的委托代理人任某龙和四被执行人之一王某贤签字确认。2016 年 8 月 15 日，任某龙同时向法院出具结案证明一份，本案执行完毕。同日，王某贤向任某勇出具借条一份，载明某投资管理有限公司、吴某明向任某勇借款 305 万元，现双方现金归还 60 万元，车辆抵扣 70 万元，尚欠借款 175 万元。本借条出具后，任某勇与某投资管理有限公司、王某贤、吴某明、应某童之间经济纠纷最终双方以本借条结算为准。同时约定，10 月 1 日付 40 万元、过年前付 40 万元，余款 2017 年 5 月结清。

2017 年 1 月 11 日，某区人民法院就本案恢复执行，同日，以本案执行过程中，被执行人向申请执行人支付了 601082 元（其中 101082 元法院已划付，50 万元由被执行人直接支付申请执行人，任某龙代领），另经双方协商，被执行人将案外人名下车辆抵给申请执行人，剩余执行款双方通过自愿协商转为另外的债权另行处理为由，本案执行完毕。

2017 年 7 月 5 日，任某勇以 2016 年 8 月 15 日王某贤向其出具的借条为证据，向某区人民法院提起诉讼，要求王某贤支付借款 175 万元。2017 年 9 月 1 日某区人民法院判决王某贤返还任某勇借款 135 万元。

2019 年 3 月 19 日，任某勇以某投资管理有限公司、王某贤、吴某明、应某童为被告向某区人民法院提起诉讼，要求确认 2016 年 8 月 15 日的执行和解协议（执行笔录）无效。2019 年 5 月 24 日，某区人民法院作出民事判决驳回了任某勇的诉讼请求。任某勇不服一审判决提出上诉，2019 年 9 月 29 日，某市中级人民法院判决驳回任某勇的上诉，维持原判。任某勇不服申请再审被驳回。任某勇仍不服，于 2020 年 6 月 9 日向某市人民检察院申请监督。2020 年 8 月 28 日，某市人民检察院审查后认为，任某勇主张涉案执行和解协议无效缺乏事实和法律依据，决定不支持任某勇的监督申请。后任某勇向检察机关申请民事执行监督。

【监督要点】检察机关审查后认为，本案的争议焦点为在当事人达成执行和解协议后，某区人民法院以执行完毕结案是否符合法律规定。

1. 关于涉案执行和解的效力

根据《中华人民共和国民事诉讼法》第 230 条第 1 款[①]的规定，在执行中双方当事人自行和解达成协议的，执行员应当将协议内容记入笔录，由双方当事人签名或者盖章。本案中，根据某区人民法院于 2016 年 8 月 15 日所做的执行笔录，任某龙与王某贤协商，本案四被执行人再向申请执行人支付 50 万元现金，另外将登记在案外人应某燕名下车辆抵给申请执行人，其余执行款转为另外的债权，另行处理。同日，王某贤向任某勇出具借条，载明某投资管理有限公司、吴某明向任某勇借款 305 万元，尚欠 175 万元，本借条出具后，任某勇与某投资管理有限公司、王某贤、应某童、吴某明之间的经济纠纷双方以本借条结算为准。同时明确 10 月 1 日付 40 万元，过年前付 40 万元，余款 2017 年 5 月结清。由于任某勇

① 现行《中华人民共和国民事诉讼法》第 241 条第 1 款。

于2016年1月26日向法院出具授权委托书，授权委托书载明，任某勇委托任某龙作为其参加诉讼的委托代理人，并对任某龙在办理委托权限事项过程中所签署的相关文件均予认可，承担相应的法律责任，由此证明，申请人认可任某龙作为委托代理人签署的执行笔录。因此，涉案执行笔录系双方真实意思表示，应当合法有效，对双方均有拘束力。

2. 关于申请人任某勇在达成执行和解协议时是否放弃了剩余债权

根据2016年8月15日涉案执行笔录的内容，任某勇与王某贤双方协商，四被执行人除向任某勇支付50万元现金、将登记在案外人应某燕名下车辆抵给任某勇外，剩余执行款转为另外的债权，另行处理。另行处理，说明任某勇并未放弃50万元现金及车辆之外的债权，也就是说，任某勇对王某贤等被执行人尚有债权。

3. 关于王某贤等被执行人是否履行了和解协议

本案中，根据某区人民法院2016年8月15日所做的执行笔录，关于执行和解协议的内容载体，不仅包括2016年8月15日所做的执行笔录，同日王某贤向任某勇出具的借条也是执行和解的重要组成部分。因为执行笔录中的“其余执行款转为另外的债权，另行处理”含义不明，但在上述借条中进行了明确，即包括本案剩余执行款以及吴某明另外向任某勇所借款项，除去已归还的60万元现金和车辆抵偿70万元，尚欠任某勇175万元，该借条同时明确载明了剩余款项分期支付的方式以及每期支付的时间和金额，补充和解释了执行笔录中的内容。因此，2016年8月15日王某贤向任某勇出具借条不应视为某投资管理有限公司等四被执行人的债务转移，只是某投资管理有限公司等四被执行人履行和解协议的一种方式，故该借条也属于执行和解协议内容的一部分，而不能将王某贤以自己的名义出具借条的行为视为任某勇与某投资管理有限公司等四被执行人之间的执行和解协议履行完毕。而从任某勇于2017年7月5日以2016年8月15日王某贤向其出具的借条为证据，向某区人民法院提起诉讼要求王某贤支付借款 175 万元来看，王某贤并未履行上述付款义务。因此，任某勇与某投资管理有限公司等四被执行人于 2016 年 8 月 15 日达成的执行和解协议，四被执行人只履行了支付 50 万元现金和交付了抵偿车辆的义务，并未按照王某贤出具的借条载明的付款期限、付款金额等履行和解协议。故涉案执行和解协议并未完全履行。

综上，根据《最高人民法院关于人民法院执行工作若干问题的规定（试行）》第 87 条[①]的规定，当事人之间达成的和解协议合法有效并已履行完毕的，人民法院作执行结案处理。根据《最高人民法院关于执行案件立案、结案若干问题的规定》第 15 条的规定，当事人达成执行和解协议，且执行和解协议履行完毕，可以“执行完毕”方式结案。本案中，某投资管理有限公司、王某贤、吴某明、应某童并未完全履行执行和解协议，根据《中华人民共和国民事诉讼法》第 230 条第 2 款[②]的规定，当事人不履行和解协议的，人民法院可以根据当事人的申请恢复对原生效法律文书的执行。因此，某区人民检察院认为某区人民法院在执行和解协议未完全履行的情况下直接以执行完毕方式结案，侵害了任某勇就原生效法律文书申请恢复执行的权利，结案方式错误，遂依法建议某区人民法院予以纠正。

在对本案执行活动进行监督的同时，检察机关认为，任某勇于 2017 年 7 月 5 日以 2016 年 8 月 15 日王某贤向其出具的借条为证据，向某区人民法院提起诉讼，2017 年 9 月 1 日某区人民法院判决王某贤返还任某勇借款 135 万元，该案诉请实质上具有否定前述案件判决结果的作用，任某勇的起诉构成重复起诉，应予以驳回，任某勇可以申请恢复执行原生效判决。据此，依法向某区人民法院发出再审检察建议。

【监督结果】2021 年 8 月 20 日，某区人民法院作出民事裁定，认

---

① 该规定于 2020 年 12 月 23 日修正后删除该条款。

② 现行《中华人民共和国民事诉讼法》第 241 条第 2 款。

为王某贤在本案执行程序中出具的涉案借条，包含前述案件判决的应付款项，具有执行和解协议的性质，在王某贤未按照借条约定履行还款义务的情况下，任某勇有权申请恢复执行，在任某勇提出恢复执行的申请后，又依据该借条向该院对王某贤提起诉讼，不符合起诉条件，应驳回起诉。据此，裁定撤销任某勇于2017年7月5日以2016年8月15日王某贤向其出具的借条为证据起诉的案件民事判决，驳回任某勇的起诉。

2021年10月，任某勇就本案向某区人民法院申请恢复执行，某区人民法院纠正“执行完毕”错误结案方式，依法对本案恢复执行。

三、法条链接

1. **中华人民共和国民法典**（2021年1月1日施行）（节录）

第五百七十八条 当事人一方明确表示或者以自己的行为表明不履行合同义务的，对方可以在履行期限届满前请求其承担违约责任。

2. **中华人民共和国民事诉讼法**（2024年1月1日施行）（节录）

第二百四十一条 在执行中，双方当事人自行和解达成协议的，执行员应当将协议内容记入笔录，由双方当事人签名或者盖章。

申请执行人因受欺诈、胁迫与被执行人达成和解协议，或者当事人不履行和解协议的，人民法院可以根据当事人的申请，恢复对原生效法律文书的执行。

第二百六十八条 有下列情形之一的，人民法院裁定终结执行：

（一）申请人撤销申请的；

（二）据以执行的法律文书被撤销的；

（三）作为被执行人的公民死亡，无遗产可供执行，又无义务承担人的；

（四）追索赡养费、扶养费、抚育费案件的权利人死亡的；

（五）作为被执行人的公民因生活困难无力偿还借款，无收入来源，又丧失劳动能力的；

（六）人民法院认为应当终结执行的其他情形。

3. 最高人民法院关于适用《中华人民共和国民事诉讼法》的解释（2022年4月10日施行　法释〔2022〕11号）（节录）

第四百六十四条　申请执行人与被执行人达成和解协议后请求中止执行或者撤回执行申请的，人民法院可以裁定中止执行或者终结执行。

第四百六十六条　申请恢复执行原生效法律文书，适用民事诉讼法第二百四十六条[①]申请执行期间的规定。申请执行期间因达成执行中的和解协议而中断，其期间自和解协议约定履行期限的最后一日起重新计算。

第四百八十九条　经申请执行人和被执行人同意，且不损害其他债权人合法权益和社会公共利益的，人民法院可以不经拍卖、变卖，直接将被执行人的财产作价交申请执行人抵偿债务。对剩余债务，被执行人应当继续清偿。

4. 最高人民法院关于执行和解若干问题的规定（2021年1月1日施行　法释〔2020〕201号）（节录）

第一条　当事人可以自愿协商达成和解协议，依法变更生效法律文书确定的权利义务主体、履行标的、期限、地点和方式等内容。

和解协议一般采用书面形式。

第二条　和解协议达成后，有下列情形之一的，人民法院可以裁定中止执行：

（一）各方当事人共同向人民法院提交书面和解协议的；

---

① 现行《中华人民共和国民事诉讼法》第250条。

（二）一方当事人向人民法院提交书面和解协议，其他当事人予以认可的；

（三）当事人达成口头和解协议，执行人员将和解协议内容记入笔录，由各方当事人签名或者盖章的。

第三条 中止执行后，申请执行人申请解除查封、扣押、冻结的，人民法院可以准许。

第四条 委托代理人代为执行和解，应当有委托人的特别授权。

第五条 当事人协商一致，可以变更执行和解协议，并向人民法院提交变更后的协议，或者由执行人员将变更后的内容记入笔录，并由各方当事人签名或者盖章。

第六条 当事人达成以物抵债执行和解协议的，人民法院不得依据该协议作出以物抵债裁定。

第七条 执行和解协议履行过程中，符合民法典第五百七十条规定情形的，债务人可以依法向有关机构申请提存；执行和解协议约定给付金钱的，债务人也可以向执行法院申请提存。

第八条 执行和解协议履行完毕的，人民法院作执行结案处理。

第九条 被执行人一方不履行执行和解协议的，申请执行人可以申请恢复执行原生效法律文书，也可以就履行执行和解协议向执行法院提起诉讼。

第十条 申请恢复执行原生效法律文书，适用民事诉讼法第二百三十九条[①]申请执行期间的规定。

当事人不履行执行和解协议的，申请恢复执行期间自执行和解协议约定履行期间的最后一日起计算。

第十一条 申请执行人以被执行人一方不履行执行和解协议为由申请

---

① 现行《中华人民共和国民事诉讼法》第250条。

恢复执行，人民法院经审查，理由成立的，裁定恢复执行；有下列情形之一的，裁定不予恢复执行：

（一）执行和解协议履行完毕后申请恢复执行的；

（二）执行和解协议约定的履行期限尚未届至或者履行条件尚未成就的，但符合民法典第五百七十八条规定情形的除外；

（三）被执行人一方正在按照执行和解协议约定履行义务的；

（四）其他不符合恢复执行条件的情形。

第十二条　当事人、利害关系人认为恢复执行或者不予恢复执行违反法律规定的，可以依照民事诉讼法第二百二十五条①规定提出异议。

第十三条　恢复执行后，对申请执行人就履行执行和解协议提起的诉讼，人民法院不予受理。

第十四条　申请执行人就履行执行和解协议提起诉讼，执行法院受理后，可以裁定终结原生效法律文书的执行。执行中的查封、扣押、冻结措施，自动转为诉讼中的保全措施。

第十五条　执行和解协议履行完毕，申请执行人因被执行人迟延履行、瑕疵履行遭受损害的，可以向执行法院另行提起诉讼。

第十六条　当事人、利害关系人认为执行和解协议无效或者应予撤销的，可以向执行法院提起诉讼。执行和解协议被确认无效或者撤销后，申请执行人可以据此申请恢复执行。

被执行人以执行和解协议无效或者应予撤销为由提起诉讼的，不影响申请执行人申请恢复执行。

第十七条　恢复执行后，执行和解协议已经履行部分应当依法扣除。当事人、利害关系人认为人民法院的扣除行为违反法律规定的，可以依照民事诉讼法第二百二十五条②规定提出异议。

---

① 现行《中华人民共和国民事诉讼法》第236条。
② 现行《中华人民共和国民事诉讼法》第236条。

第十八条 执行和解协议中约定担保条款，且担保人向人民法院承诺在被执行人不履行执行和解协议时自愿接受直接强制执行的，恢复执行原生效法律文书后，人民法院可以依申请执行人申请及担保条款的约定，直接裁定执行担保财产或者保证人的财产。

第十九条 执行过程中，被执行人根据当事人自行达成但未提交人民法院的和解协议，或者一方当事人提交人民法院但其他当事人不予认可的和解协议，依照民事诉讼法第二百二十五条[①]规定提出异议的，人民法院按照下列情形，分别处理：

（一）和解协议履行完毕的，裁定终结原生效法律文书的执行；

（二）和解协议约定的履行期限尚未届至或者履行条件尚未成就的，裁定中止执行，但符合民法典第五百七十八条规定情形的除外；

（三）被执行人一方正在按照和解协议约定履行义务的，裁定中止执行；

（四）被执行人不履行和解协议的，裁定驳回异议；

（五）和解协议不成立、未生效或者无效的，裁定驳回异议。

5. 最高人民法院关于人民法院民事执行中查封、扣押、冻结财产的规定（2021 年 1 月 1 日施行　法释〔2020〕21 号）（节录）

第二十八条 有下列情形之一的，人民法院应当作出解除查封、扣押、冻结裁定，并送达申请执行人、被执行人或者案外人：

（一）查封、扣押、冻结案外人财产的；

（二）申请执行人撤回执行申请或者放弃债权的；

（三）查封、扣押、冻结的财产流拍或者变卖不成，申请执行人和其他执行债权人又不同意接受抵债，且对该财产又无法采取其他执行措施的；

---

① 现行《中华人民共和国民事诉讼法》第 236 条。

（四）债务已经清偿的；

（五）被执行人提供担保且申请执行人同意解除查封、扣押、冻结的；

（六）人民法院认为应当解除查封、扣押、冻结的其他情形。

解除以登记方式实施的查封、扣押、冻结的，应当向登记机关发出协助执行通知书。

6. 最高人民法院关于民事执行中变更、追加当事人若干问题的规定（2021年1月1日施行　法释〔2020〕21号）（节录）

第二十四条　执行过程中，第三人向执行法院书面承诺自愿代被执行人履行生效法律文书确定的债务，申请执行人申请变更、追加该第三人为被执行人，在承诺范围内承担责任的，人民法院应予支持。

7. 最高人民法院关于进一步规范近期执行工作相关问题的通知（2018年5月28日施行　法〔2018〕141号）（节录）

三、关于和解长期履行案件的报结问题

当事人达成执行和解协议，需要长期履行的，可以以终结执行方式（选择"和解长期履行"情形）报结。执行案件流程系统须进行相应改造，在终结执行内增加"和解长期履行"作为终结执行的一种情形；同时，对该种情形终结执行的案件在报结时可以不作必须解除强制执行措施的要求。因被执行人不履行和解协议申请执行人申请恢复执行原生效法律文书的，以恢复执行方式立案。对接使用最高人民法院执行案件流程信息管理系统的执行法院，由各高级人民法院负责改造系统；直接使用最高人民法院执行案件流程信息管理系统的执行法院，由我院负责改造系统并进行远程升级。

第八节　委托执行检察监督

根据《中华人民共和国民事诉讼法》第235条的规定，发生法律效力的民事判决书等法律文书，由第一审人民法院或者与第一审人民法院同级的被执行的财产所在地人民法院执行。司法实践中，民事执行案件的被执行人或被执行财产不在执行法院辖区的情况也较为常见。针对这种情况，《中华人民共和国民事诉讼法》第240条规定，被执行人或者被执行的财产在外地的，可以委托当地人民法院代为执行，且受委托人民法院收到委托函件后，不得拒绝。为了进一步规范委托执行工作，最高人民法院又专门制定了《关于委托执行若干问题的规定》，根据该规定，委托执行主要分为两种类型：一是事项委托；二是执行案件全案委托。根据《最高人民法院关于进一步规范指定执行等执行案件立案、结案、统计和考核工作的通知》第1条的规定，执行法院需要委托异地法院执行的，原则上要通过事项委托方式办理，不提倡将全案委托执行。

一、监督要领

（一）事项委托

1. 关于事项委托范围

根据《最高人民法院关于严格规范执行事项委托工作的管理办法

（试行）》第1条的规定，人民法院在执行案件过程中遇有下列事项需赴异地办理的，可以委托相关异地法院代为办理：一是冻结、续冻、解冻、扣划银行存款、理财产品；二是公示冻结、续冻、解冻股权及其他投资权益；三是查封、续封、解封、过户不动产和需要登记的动产；四是调查被执行人财产情况；五是其他人民法院执行事项委托系统中列明的事项。

2. 受委托法院的义务

根据《中华人民共和国民事诉讼法》第240条的规定，受委托人民法院收到委托函件后，必须在15日内开始执行，不得拒绝。《最高人民法院关于委托执行若干问题的规定》第2条第2款也明确规定，委托异地法院协助查询、冻结、查封、调查或者送达法律文书等有关事项的，受托法院不作为委托执行案件办理，但应当积极予以协助。由此可见，受托法院负有协助委托法院积极办理委托事项的义务。

3. 委托事项办理期限

根据《最高人民法院关于严格规范执行事项委托工作的管理办法（试行）》第4条的规定，委托法院发起事项委托应当载明委托事项、办理期限等，根据该办法第6条、第8条的规定，委托事项办理期限一般应不少于10日，不超过20日。需要紧急办理的，推送事项委托后，委托法院通过执行指挥中心联系受托法院，受托法院应当于24小时内办理完毕。受托法院通过人民法院执行事项委托系统收到事项委托后，应当尽快核实材料并签收办理。

（二）执行案件委托

1. 委托执行的条件

根据《最高人民法院关于委托执行若干问题的规定》第1条的规定，

执行法院经调查发现被执行人在本辖区内已无财产可供执行，且在其他省、自治区、直辖市内有可供执行财产的，可以将案件委托异地的同级人民法院执行。根据上述规定，本辖区外是指省、自治区、直辖市之外，换言之，即执行法院一般不得将执行案件委托省内其他法院执行。符合上述情形，执行法院确需赴异地执行案件的，应当经所在辖区高级人民法院批准。

2. 受委托法院的确定

根据《最高人民法院关于委托执行若干问题的规定》第 3 条的规定，受托法院为执行标的物所在地或执行行为实施地的同级人民法院。如果有两处以上财产在异地的，可以委托主要财产所在地人民法院执行。被执行人是现役军人或者军事单位的，有管辖权的军事法院为受托法院。执行标的物系船舶的，则可以委托有管辖权的海事法院执行。

3. 委托执行程序

根据《最高人民法院关于委托执行若干问题的规定》第 4 条的规定，委托执行案件应当由委托法院直接向受托法院办理委托手续，但需层报各自所在的高级人民法院备案。委托法院应当按照《最高人民法院关于委托执行若干问题的规定》第 5 条、第 6 条规定，向受托法院提供委托材料，并将已经采取查控措施的被执行人的异地财产一并交由受托法院处理。委托法院对被执行人财产的查控措施视为受托法院的查控措施。应当注意的是，如果查控措施的有效期限在移交受托法院时不足 1 个月，这种情况下，委托法院应当先行续封或者续冻，再移交受托法院。

4. 委托案件的立案及通知

根据《最高人民法院关于委托执行若干问题的规定》第 7 条的规定，受托法院收到委托执行函之后，应当在 7 日内予以立案，并将立案通知书等通过委托法院送达申请执行人。委托法院收到上述通知书后，也应当在7日内书面通知申请执行人执行案件已委托受托法院执行，并告知申请执行人可以直接与受托法院联系执行相关事宜。

5. 执行案件的结案

根据《最高人民法院关于执行案件立案、结案若干问题的意见》第17条的规定，执行法院按照《最高人民法院关于委托执行若干问题的规定》办理了委托执行手续，且收到受托法院立案通知书的，可以以“终结执行”方式结案，且不需要制作终结执行裁定书送达当事人。但2020年12月修订后的《最高人民法院关于委托执行若干问题的规定》第2条对此进行了修正，规定案件委托执行后，受托法院应当依法立案，委托法院应当在收到受托法院的立案通知书后作销案处理。因此，委托法院执行案件的结案方式应当由“终结执行”修改为“销案”。

6. 委托案件的执行

根据《最高人民法院关于委托执行若干问题的规定》第10条的规定，委托法院在案件委托执行后又发现被执行人有可供执行财产的，负有及时告知受托法院的义务。受托法院发现被执行人在其辖区外另有可供执行财产的，可以直接异地执行，一般不再委托执行，确实需要委托的，按照相关委托执行程序办理，并通知案件当事人。另外，根据《最高人民法院关于委托执行若干问题的规定》第11条的规定，受托法院未能在6个月内将受托案件执结的，申请执行人有权请求受托法院的上一级人民法院提级执行或者指定执行，上一级人民法院应当立案审查，发现受托法院无正当理由不予执行的，应当限期执行或者作出裁定提级执行或者指定执行。

7. 委托案件的退回及处理

（1）视为撤回委托。根据《最高人民法院关于委托执行若干问题的规定》第8条的规定，受托法院如发现委托执行的手续、材料不全，可以要求委托法院补办。委托法院应当在30日内完成补办事项，在上述期限内未完成的，应当作出书面说明。委托法院既不补办又不说明原因的，视为撤回委托，受托法院可以将委托材料退回委托法院。

（2）退回程序。根据《最高人民法院关于委托执行若干问题的规定》第9条第1款的规定，受托法院退回委托的，应当层报所在辖区高级人民法院审批。高级人民法院同意退回后，受托法院应当在15日内将有关委托手续和案卷材料退回委托法院，并作出书面说明。

（3）委托案件退回后的处理。根据《最高人民法院关于委托执行若干问题的规定》第9条第2款的规定，委托执行案件退回后，受托法院已立案的，作销案处理。确因委托不当被退回，委托法院应当决定撤销委托并恢复案件执行，并报所在的高级人民法院备案。当然，根据该条规定，因其他原因委托执行被退回的，待该原因消除后委托法院可以再行委托。

二、相关案例

某融资租赁公司申请民事执行违法检察监督案

【监督要旨】受托法院接受委托法院事项委托后，受托法院不作为委托执行案件立案办理，但应当予以积极协助。受托法院未及时履行协助义务，造成不良后果的，检察机关对该执行违法行为应当予以监督纠正。

【申请监督】案外人某融资租赁公司认为，某县人民法院执行员在执行某科技园区网络技术有限公司与周某某、吴某某等民间借贷纠纷案件过程中严重违反执行纪律，玩忽职守、滥用执行权，严重损害该公司的利益，应依法追究其相应的法律责任。

【调查核实】检察机关经调查核实查明：某科技园区网络技术有限公

司与周某某、吴某某等民间借贷纠纷一案，某区人民法院于2013年7月24日立案执行。2013年8月14日，某区人民法院将该案委托某县人民法院执行。2013年8月29日，某县人民法院接受委托并立案执行。

2013年8月29日，某科技园区网络技术有限公司出具授权委托书，授权黄某某为合法执行代理人，代理权限范围：提出和解，接受法院调解，放弃或变更执行请求，代为领取执行款项等一切与执行活动有关事宜。

2013年10月15日，某区人民法院向某县人民法院执行局致委托函，称该院审理的某融资租赁有限公司与某科技园区网络技术有限公司等企业借贷纠纷一案，某融资租赁公司提出了采取财产保全的申请，对某科技园区网络技术有限公司名下1064066元范围内实施保全措施，该院依法作出了财产保全的民事裁定书，因协助办理冻结的执行款在某县人民法院执行局，为降低诉讼成本和节约司法资源，特委托某县人民法院执行局办理冻结手续。

2013年12月2日，某科技园区网络技术有限公司与黄某某达成债权转让协议，某科技园区网络技术有限公司将其在执行案件中对周某某等人的300万元债权转让给黄某某，转让价值为200万元到250万元。

2013年12月18日，某科技园区网络技术有限公司与被执行人周某某等达成执行和解协议，同意被执行人一次性支付250万元，支付时间限于2014年1月20日前，并指定将250万元执行款汇入吕某某账户，完成付款后由某科技园区网络技术有限公司指定收款人出具收条，协议一式五份，送某县人民法院执行局一份。后该和解协议并未实际履行。

2014年2月10日，某科技园区网络技术有限公司再次与被执行人周某某等达成执行和解协议，由被执行人周某某等共计支付某科技园区网络技术有限公司238万元（包括诉讼费、执行费），2014年3月15日前付清，如未按时付清则按民事判决规定，以执行款300万元及利息计算，全额一次性执行，申请执行人方由黄某某签名按捺手印。同日，某县人民法院以执行和解结案。

2014年6月10日，某科技园区网络技术有限公司向某县人民法院出具结案证明，称在本执行案件中，被执行人应支付300万元及利息，经人民法院执行，已收到所有执行款项。现本案执行完毕，准予结案。

【监督要点】本案的监督要点为：委托法院某区人民法院将财产保全事项委托受托法院某县人民法院执行，但拟被保全财产被转让导致案外人某融资租赁公司的诉讼保全请求落空，其中是否存在违法情形。

检察机关审查后认为，本案中由于未对申请人提供财产线索后及时有效地进行了财产保全，导致拟被保全财产被转让，侵害了申请人的合法利益，作为委托法院的某区人民法院和受托法院的某县人民法院均存在违法情形，具体理由如下：

首先，某融资租赁公司向某区人民法院提供的某科技园区网络技术有限公司的财产线索是有效的，且依法可以被保全的财产线索。

《最高人民法院关于适用〈中华人民共和国民事诉讼法〉若干问题的意见》第105条规定："债务人的财产不能满足保全请求，但对第三人有到期债权的，人民法院可以依债权人的申请裁定该第三人不得对本案债务人清偿。该第三人要求偿付的，由人民法院提存财物或价款。"[①] 本案中，某融资租赁公司在2013年8月15日向某区人民法院提交的财产保全申请书，请求对某科技园区网络技术有限公司所持债权等采取财产保全措施，并以附件形式明确提供了某科技园区网络技术有限公司到期债权。因此，某融资租赁公司提供的财产线索符合法律规定的情形，人民

---

① 《最高人民法院关于适用〈中华人民共和国民事诉讼法〉若干问题的意见》已失效，该解释第105条规定被《最高人民法院关于适用〈中华人民共和国民事诉讼法〉的解释》第159条吸收：债务人的财产不能满足保全请求，但对他人有到期债权的，人民法院可以依债权人的申请裁定该他人不得对本案债务人清偿。该他人要求偿付的，由人民法院提存财物或者价款。

法院依法可以采取保全措施。

其次，委托法院某区人民法院、受托法院某县人民法院未严格依照相关规定履行职责，致使本可以被保全的财产未能及时予以保全，侵害了某融资租赁公司的合法权益。

1. 根据省高级人民法院及某区人民法院关于财产保全的有关规定，人民法院裁定采取保全措施的，应当立即开始执行，采取保全措施后应当及时告知申请人实施财产保全的实际结果。本案中，作为委托法院的某区人民法院对其委托其他法院办理协助保全事宜"一委了之"，在受托法院长时间未能反馈保全进展的情况下，并未对财产保全结果进行关注和跟进，完全不顾及财产保全的及时性特点，导致财产保全落空，显然与上述规定的程序不符。

2.《最高人民法院关于委托执行若干问题的规定》第 2 条第 2 款规定，委托异地法院协助查询、冻结、查封、调查或者送达法律文书等有关事项的，受托法院不作为委托执行案件立案办理，但应当积极予以协助。某县人民法院在收到某区人民法院协助办理冻结某科技园区网络技术有限公司在该院的执行款 1064066 元后，依法本应积极协助办理冻结事宜，直接冻结某科技园区网络技术有限公司在该院执行案件中可得执行款中的 1064066 元，或者在某科技园区网络技术有限公司与黄某某达成债权转让协议并与被执行人周某某等人达成和解协议的情况下要求周某某将其中 1064066 元暂缓支付或者由法院提存，抑或者及时将该情况告知某区人民法院，以便某区人民法院沟通对某科技园区网络技术有限公司该到期债权及时采取保全措施，然而，某县人民法院并未履行积极协助的职责，未采取任何措施，直接以和解执行结案，致使应当被保全的财产被转让，直接造成了某融资租赁公司的损失。

从时间上看，某区人民法院委托某县人民法院执行局协助冻结的时间是 2013 年 10 月 15 日；某科技园区网络技术有限公司与黄某某达成债权转让协议的时间是 2013 年 12 月 2 日；某科技园区网络技术有限公司与被执行人周某某等第一次签订执行和解协议的时间是 2013 年 12 月 18 日；黄某某作为债权受让人与被执行人周某某等第二次签订执行和解协议的时间是 2014 年 2 月 10 日，且约定付款时间为 2014 年 3 月 15 日之前；周某某向黄某某实际支付 238 万元执行款的时间是 2014 年 5 月 12 日。由此可以看出，从某区人民法院委托某县人民法院执行局办理冻结手续到周某某向黄某某支付 238 万元执行款历经近 6 个月的时间，在此期间，委托和受托法院完全有充足的时间完成财产保全工作。然而，由于两家法院均未严格依照相关规定履行职责，最终使财产保全裁定成为一纸空文。

综上，检察机关认为由于委托法院某区人民法院、受托法院某县人民法院未严格依照相关规定履行职责，相关司法工作人员不负责任，使得原本可以被保全的财产未能及时予以保全，侵害了当事人的合法权益，遂指令同级检察机关向某区人民法院、某县人民法院分别发出检察建议，要求对相关责任人员根据《人民法院工作人员处分条例》分别给予相应的处分，并采取有效措施妥善解决某融资租赁公司的其他诉求。

【监督结果】某县人民法院收到检察建议后，对执行员赵某作出调离执行工作岗位，扣发年度岗位目标考核奖 50% 的处分决定。某区人民法院复函称全部采纳了检察建议的内容，对该某融资租赁公司申请执行监督案恢复执行，以维护该公司的合法权益，并约谈了案件主审人员，对其疏忽进行了批评教育，并对主审人员、保全实施人员予以通报批评，由审判管理办公室制作明确审判执行工作中不同部门权责的规范性文件，加强规范化管理。

三、法条链接

1. **中华人民共和国民事诉讼法**（2024年1月1日施行）（节录）

第二百四十条　被执行人或者被执行的财产在外地的，可以委托当地人民法院代为执行。受委托人民法院收到委托函件后，必须在十五日内开始执行，不得拒绝。执行完毕后，应当将执行结果及时函复委托人民法院；在三十日内如果还未执行完毕，也应当将执行情况函告委托人民法院。

受委托人民法院自收到委托函件之日起十五日内不执行的，委托人民法院可以请求受委托人民法院的上级人民法院指令受委托人民法院执行。

2. **最高人民法院关于委托执行若干问题的规定**（2021年1月1日施行 法释〔2020〕21号）

第一条　执行法院经调查发现被执行人在本辖区内已无财产可供执行，且在其他省、自治区、直辖市内有可供执行财产的，可以将案件委托异地的同级人民法院执行。

执行法院确需赴异地执行案件的，应当经其所在辖区高级人民法院批准。

第二条　案件委托执行后，受托法院应当依法立案，委托法院应当在收到受托法院的立案通知书后作销案处理。

委托异地法院协助查询、冻结、查封、调查或者送达法律文书等有关事项的，受托法院不作为委托执行案件立案办理，但应当积极予以协助。

第三条　委托执行应当以执行标的物所在地或者执行行为实施地的同级人民法院为受托执行法院。有两处以上财产在异地的，可以委托主要财产所在地的人民法院执行。

被执行人是现役军人或者军事单位的，可以委托对其有管辖权的军事法院执行。

执行标的物是船舶的，可以委托有管辖权的海事法院执行。

第四条 委托执行案件应当由委托法院直接向受托法院办理委托手续，并层报各自所在的高级人民法院备案。

事项委托应当通过人民法院执行指挥中心综合管理平台办理委托事项的相关手续。

第五条 案件委托执行时，委托法院应当提供下列材料：

（一）委托执行函；

（二）申请执行书和委托执行案件审批表；

（三）据以执行的生效法律文书副本；

（四）有关案件情况的材料或者说明，包括本辖区无财产的调查材料、财产保全情况、被执行人财产状况、生效法律文书的履行情况等；

（五）申请执行人地址、联系电话；

（六）被执行人身份证件或者营业执照复印件、地址、联系电话；

（七）委托法院执行员和联系电话；

（八）其他必要的案件材料等。

第六条 委托执行时，委托法院应当将已经查封、扣押、冻结的被执行人的异地财产，一并移交受托法院处理，并在委托执行函中说明。

委托执行后，委托法院对被执行人财产已经采取查封、扣押、冻结等措施的，视为受托法院的查封、扣押、冻结措施。受托法院需要继续查封、扣押、冻结，持委托执行函和立案通知书办理相关手续。续封续冻时，仍为原委托法院的查封冻结顺序。

查封、扣押、冻结等措施的有效期限在移交受托法院时不足1个月的，委托法院应当先行续封或者续冻，再移交受托法院。

第七条 受托法院收到委托执行函后，应当在7日内予以立案，并及时将立案通知书通过委托法院送达申请执行人，同时将指定的承办人、联系电话等书面告知委托法院。

委托法院收到上述通知书后，应当在7日内书面通知申请执行人案件已经委托执行，并告知申请执行人可以直接与受托法院联系执行相关事宜。

第八条　受托法院如发现委托执行的手续、材料不全，可以要求委托法院补办。委托法院应当在30日内完成补办事项，在上述期限内未完成的，应当作出书面说明。委托法院既不补办又不说明原因的，视为撤回委托，受托法院可以将委托材料退回委托法院。

第九条　受托法院退回委托的，应当层报所在辖区高级人民法院审批。高级人民法院同意退回后，受托法院应当在15日内将有关委托手续和案卷材料退回委托法院，并作出书面说明。

委托执行案件退回后，受托法院已立案的，应当作销案处理。委托法院在案件退回原因消除之后可以再行委托。确因委托不当被退回的，委托法院应当决定撤销委托并恢复案件执行，报所在的高级人民法院备案。

第十条　委托法院在案件委托执行后又发现有可供执行财产的，应当及时告知受托法院。受托法院发现被执行人在受托法院辖区外另有可供执行财产的，可以直接异地执行，一般不再行委托执行。根据情况确需再行委托的，应当按照委托执行案件的程序办理，并通知案件当事人。

第十一条　受托法院未能在6个月内将受托案件执结的，申请执行人有权请求受托法院的上一级人民法院提级执行或者指定执行，上一级人民法院应当立案审查，发现受托法院无正当理由不予执行的，应当限期执行或者作出裁定提级执行或者指定执行。

第十二条　异地执行时，可以根据案件具体情况，请求当地法院协助执行，当地法院应当积极配合，保证执行人员的人身安全和执行装备、执行标的物不受侵害。

第十三条 高级人民法院应当对辖区内委托执行和异地执行工作实行统一管理和协调，履行以下职责：

（一）统一管理跨省、自治区、直辖市辖区的委托和受托执行案件；

（二）指导、检查、监督本辖区内的受托案件的执行情况；

（三）协调本辖区内跨省、自治区、直辖市辖区的委托和受托执行争议案件；

（四）承办需异地执行的有关案件的审批事项；

（五）对下级法院报送的有关委托和受托执行案件中的相关问题提出指导性处理意见；

（六）办理其他涉及委托执行工作的事项。

第十四条 本规定所称的异地是指本省、自治区、直辖市以外的区域。各省、自治区、直辖市内的委托执行，由各高级人民法院参照本规定，结合实际情况，制定具体办法。

第十五条 本规定施行之后，其他有关委托执行的司法解释不再适用。

3. 最高人民法院关于严格规范执行事项委托工作的管理办法（试行）

（2017 年 9 月 8 日　法发〔2017〕27 号）

第一条 人民法院在执行案件过程中遇有下列事项需赴异地办理的，可以委托相关异地法院代为办理。

（一）冻结、续冻、解冻、扣划银行存款、理财产品；

（二）公示冻结、续冻、解冻股权及其他投资权益；

（三）查封、续封、解封、过户不动产和需要登记的动产；

（四）调查被执行人财产情况。

（五）其他人民法院执行事项委托系统中列明的事项。

第二条 委托调查被执行人财产情况的，委托法院应当在委托函中明确具体调查内容、具体协助执行单位并附对应的协助执行通知书。调查内容应当为总对总查控系统尚不支持的财产类型及范围。

第三条 委托法院进行事项委托一律通过执行办案系统发起和办理，不再通过线下邮寄材料方式进行。受托法院收到线下邮寄材料的，联系委托法院线上补充提交事项委托后再予办理。

第四条 委托法院发起事项委托应当由承办人在办案系统事项委托模块中录入委托法院名称、受托法院名称、案号、委托事项、办理期限、承办人姓名、联系方式，并附相关法律文书。经审批后，该事项委托将推送至人民法院执行事项委托系统，委托法院执行指挥中心核查文书并加盖电子签章后推送给受托法院。

第五条 受托法院一般应当为委托事项办理地点的基层人民法院，受托同级人民法院更有利于事项委托办理的除外。

第六条 办理期限应当根据具体事项进行合理估算，一般应不少于十天，不超过二十天，需要紧急办理的，推送事项委托后，通过执行指挥中心联系受托法院，受托法院应当于24小时内办理完毕。

第七条 相关法律文书应当包括执行裁定书、协助执行通知书、委托执行函、送达回证（或回执），并附执行公务证件扫描件，委托扣划已冻结款项的，应当提供执行依据扫描件并加盖委托法院电子签章。

第八条 受托法院通过人民法院执行事项委托系统收到事项委托后，应当尽快核实材料并签收办理。

第九条 委托办理的事项超出本办法第一条所列范围且受托法院无法办理的，受托法院与委托法院沟通后可予以退回。

第十条 委托法院提供的法律文书不符合要求或缺少必要文书、收到法院无法办理的，应及时与委托法院沟通告知应当补充的材料。未经沟通，受托法院不得直接退回该委托。委托法院应予3日内通过系统补充材料，补充材料后仍无法办理的，受托法院可说明原因后退回。

第十一条 受托法院应当及时签收并办理事项委托，完成后及时将办理情况及送达回证、回执或其他材料通过系统反馈委托法院，委托法院应当及时确认办结。

第十二条 执行事项委托不作为委托执行案件立案办理，事项委托由受托法院根据本地的实际按一定比例折合为执行实施案件计入执行人员工作量并纳入考核范围。

第十三条 委托法院可在人民法院执行事项委托系统中对已经办结的事项委托进行评价，或向受托法院的上级法院进行投诉并说明具体投诉原因，被投诉的受托法院可通过事项委托系统说明情况。评价、投诉信息将作为考核事项委托工作的一项指标。

第十四条 各高级、中级人民法院应当认真履行督促职责，通过执行指挥管理平台就辖区法院未及时签收并办理、未及时确认办结情况进行督办。最高人民法院、高级人民法院定期对辖区法院事项委托办理情况进行统计、通报。

4. **最高人民法院关于执行案件立案、结案若干问题的意见**（2015年1月1日施行　法发〔2014〕26号）（节录）

第十七条 有下列情形之一的，可以以“终结执行”方式结案：

（一）申请人撤销申请或者是当事人双方达成执行和解协议，申请执行人撤回执行申请的；

（二）据以执行的法律文书被撤销的；

（三）作为被执行人的公民死亡，无遗产可供执行，又无义务承担人的；

（四）追索赡养费、扶养费、抚育费案件的权利人死亡的；

（五）作为被执行人的公民因生活困难无力偿还借款，无收入来源，又丧失劳动能力的；

（六）作为被执行人的企业法人或其他组织被撤销、注销、吊销营业执照或者歇业、终止后既无财产可供执行，又无义务承受人，也没有能够依法追加变更执行主体的；

（七）依照刑法第五十三条规定免除罚金的；

（八）被执行人被人民法院裁定宣告破产的；

（九）行政执行标的灭失的；

（十）案件被上级人民法院裁定提级执行的；

（十一）案件被上级人民法院裁定指定由其他法院执行的；

（十二）按照《最高人民法院关于委托执行若干问题的规定》，办理了委托执行手续，且收到受托法院立案通知书的；

（十三）人民法院认为应当终结执行的其他情形。

前款除第（十）项、第（十一）项、第（十二）项规定的情形外，终结执行的，应当制作裁定书，送达当事人。

5. 最高人民法院关于进一步规范指定执行等执行案件立案、结案、统计和考核工作的通知（2018年6月1日施行　法明传〔2018〕335号）（节录）

一、需要委托异地法院执行的，原则上要通过事项委托方式办理，不提倡将全案委托执行，确需全案委托执行的，委托法院和受托法院要严格按照有关司法解释的规定层报各自所在的高级人民法院备案。各高级人民法院要加强对下辖法院全案委托执行和受托执行工作的管理。

三、首次执行案件因指定执行、提级执行、委托执行（全案）结案的，以“销案”方式结案，不纳入司法统计；接受指定执行、提级执行、委托执行（全案）而立执行案件的，立“执”字案号，作为首次执行案件纳入司法统计，其中申请执行标的金额为前案未实际执行到位的金额。销案、不予执行、驳回申请结案的，其中申请执行标的金额和已实际执行到位金额不予计算。

第九节　执行担保检察监督

根据《最高人民法院关于执行担保若干问题的规定》第1条规定，所谓执行担保，是指担保人依照《中华人民共和国民事诉讼法》第242条规定，为担保被执行人履行生效法律文书确定的全部或者部分义务，向人民法院提供的担保。执行担保是阻却执行程序的合法事由之一。《中华人民共和国民事诉讼法》第242条规定，执行程序中，被执行人向人民法院提供担保，且申请执行人同意的，人民法院可以决定暂缓执行及暂缓执行的期限。如果被执行人逾期仍然不履行的，人民法院可以执行担保财产或者担保人的财产。

一、监督要领

（一）关于执行担保申请

根据《中华人民共和国民事诉讼法》第242条的规定，与双方当事人之间普通的民事担保不同，执行担保一般由被执行人向人民法院提出申请，由被执行人向人民法院提供财产担保或者由他人向人民法院提供财产担保或者保证。因此，申请执行人无须与被执行人或者其他担保人订立担保合同，只要求被执行人或者他人向人民法院的单方担保意思表示即可。

（二）须经申请执行人同意

根据《中华人民共和国民事诉讼法》第242条、《最高人民法院关于执行担保若干问题的规定》第6条的规定，执行担保必须经过申请执行人同意，才能发生阻却执行的效力。

（三）关于执行担保的方式及担保手续

1. 担保方式

根据《最高人民法院关于执行担保若干问题的规定》第2条、《最高人民法院关于适用〈中华人民共和国民事诉讼法〉的解释》第468条的规定，执行担保主要有以下三种方式：一是被执行人提供财产担保；二是他人提供财产担保；三是他人提供保证。

2. 担保手续

根据《最高人民法院关于执行担保若干问题的规定》第3条至第7条的规定，提供执行担保应当办理如下手续：

（1）提交担保书。担保人应当向人民法院提交担保书，并将担保书副本送交申请执行人。担保书中应当载明担保人的基本信息、暂缓执行期限、担保期间、被担保的债权种类及数额、担保范围、担保方式、被执行人于暂缓执行期限届满后仍不履行时担保人自愿接受直接强制执行的承诺等内容。提供财产担保的，担保书中还应当载明担保财产的名称、数量、质量、状况、所在地、所有权或者使用权归属等内容。

需要注意的是，公司为被执行人提供执行担保的，还应当提交符合《中华人民共和国公司法》第15条规定的公司章程、董事会或者股东会、股东大会决议。

（2）申请执行人对执行担保的意见。执行过程中，申请执行人同意被执行人或者他人提供执行担保的，应当向人民法院出具书面同意意见。

该意见可以是申请执行人单独出具的书面意见，也可以由执行人员将申请执行人同意的内容记入笔录，由申请执行人签名或者盖章予以确认。

（3）关于担保财产是否需要办理物权公示手续。根据《最高人民法院关于适用〈中华人民共和国民事诉讼法〉的解释》第 468 条第 2 款的规定，被执行人或他人提供财产担保的，应当参照民法典有关规定办理相应手续。也就是说，为了保证后续有可供执行的财产以实现申请执行人合法权益，必须办理相应的物权公示手续。但对此《最高人民法院关于执行担保若干问题的规定》第 7 条作出了不同的规定，将“应当”参照民法典有关规定办理相应手续变更为了“可以”依照民法典有关规定办理登记等担保物权公示手续，换言之，即就担保财产不再强制要求办理登记等物权公示手续。当然，根据该规定，除担保内容有相反的约定外，申请执行人可以申请人民法院查封、扣押、冻结担保财产的，对此人民法院应当准许。

（四）关于执行担保的期间

实践中注意区分人民法院决定的暂缓执行期限和担保期间，这两个期限是两个不同的概念，既有区别又有联系。《最高人民法院关于适用〈中华人民共和国民事诉讼法〉的解释》第 467 条规定，人民法院以执行担保为由决定暂缓执行的，如果担保有期限，暂缓执行的期限应当与担保期限一致，但最长不得超过一年。根据《最高人民法院关于执行担保若干问题的规定》第 12 条的规定，担保期间自暂缓执行期限届满之日起计算，担保书中没有记载担保期间或者记载不明的，担保期间为一年。也就是说，暂缓执行期限应当以担保期间为限，最长不得超过一年；担保期间起算以暂缓期限届满之日起算。

需要特别注意的是，根据《最高人民法院关于执行担保若干问题的规定》第 13 条的规定，申请执行人申请执行担保财产或者保证人的财产，必须在担保期间内提出，否则，执行法院不予支持，并且对已采取的查控措施可依担保人的申请予以解除。

（五）关于执行担保的效力

1. 暂缓执行

执行担保成立产生的直接法律后果是暂缓执行。根据《最高人民法院关于执行担保若干问题的规定》第 8 条的规定，申请执行人同意被执行人或他人提供执行担保，除担保书另有约定外，人民法院决定暂缓执行的，可以暂缓全部执行措施的实施。

2. 担保责任

根据《中华人民共和国民事诉讼法》第 242 条、《最高人民法院关于适用〈中华人民共和国民事诉讼法〉的解释》第 469 条的规定，被执行人在暂缓执行期限届满后仍不履行法律义务的，执行法院有权直接执行担保财产，或者裁定执行担保人的财产，当然执行担保人的财产应当以担保人履行义务部分的财产为限。

（六）申请执行人的权利救济

司法实践中，以执行担保为名行拖延执行之实的现象也时有发生。为此，《最高人民法院关于执行担保若干问题的规定》第 9 条规定，担保书内容与事实不符，且对申请执行人合法权益产生实质影响的，申请执行人可以向执行法院申请恢复执行。此外，根据《最高人民法院关于执行担保若干问题的规定》第 11 条的规定，暂缓执行期限届满被执行人仍不履行法律义务，或者暂缓执行期间担保人有转移、隐藏、变卖、毁损担保财产等行为的，申请执行人亦可以向执行法院申请恢复执行，这种情况下，执行法院可以直接裁定执行担保财产或者保证人的财产。需要注意的是，根据该规定，执行担保财产或者保证人的财产，以担保人应当履行义务部分的财产为限。被执行人有便于执行的现金、银行存款的，应当优先执行该现金、银行存款，然后执行担保财产或者保证人的财产。

（七）不得追加、变更担保人为被执行人

要严格区分他人在案件执行中的承诺属于执行担保行为，还是承诺代被执行人履行生效法律文书确定债务的行为，如果他人确系执行担保人身份，根据《最高人民法院关于执行担保若干问题的规定》第 11 条的规定，恢复强制执行时，执行法院只能针对担保人的财产执行，而不能将担保人变更、追加为被执行人。

（八）担保人的追偿权

根据《最高人民法院关于执行担保若干问题的规定》第 14 条的规定，担保人承担担保责任后，应通过另行诉讼向被执行人追偿，对此人民法院应予受理。

二、相关案例

陈某良涉执行担保申请执行异议、复议案

【监督要旨】民事执行程序中，他人为被执行人提供执行担保，暂缓执行期限届满后被执行人未履行义务的，执行法院有权裁定执行担保人的财产，但不得将担保人变更、追加为被执行人。

【申请监督】异议人陈某良向执行法院提出异议称：在执行中，陈某良为被执行人陈某晓提供担保，但其并非债务人。根据执行和解协议，陈某晓应在 2016 年 10 月底前还清本金和利息，其应当承担的担保期限为 6 个月，即 2016 年 11 月至 2017 年 5 月 1 日。但担保期限届满后，申

请执行人李某并未要求其续保，也未向法院申请处置其房产，其担保责任已免除，请求执行法院撤销追加其为被执行人的裁定，并解除对其名下房产的查封。

【调查核实】检察机关经调查核实查明：2014 年 11 月 6 日，李某因与陈某晓、林某某、杭州某担保有限公司民间借贷纠纷向执行法院起诉，执行法院于同日立案受理。2015 年 5 月 19 日，执行法院作出民事判决书，判令：陈某晓、林某某于本判决生效之日起 15 日内共同返还李某借款本金 331073 元并支付利息。同年 6 月 3 日，执行法院作出另案民事判决书，判令：陈某晓、杭州某担保有限公司、林某某于本判决生效之日起 15 日内共同返还李某借款本金 150 万元并支付利息。

后李某因上述案件向执行法院申请强制执行，执行法院依法予以立案。执行中，被执行人陈某晓与申请执行人李某于 2016 年 2 月 26 日就上述执行案件达成和解，签订执行和解协议，李某清、王某泰、陈某良以保证人的身份在该协议上签名。协议约定：被执行人陈某晓当场支付申请执行人 20.3 万元，并在 2016 年 2 月 29 日前付 9.7 万元，2016 年 3 月 31 日前付 50 万元，2016 年 4 月起每月月底前付 25 万元，直至本金和利息支付完毕；案外人李某清、王某泰、陈某良自愿以个人名下的财产对上述债务承担连带担保责任。同日，李某清、王某泰、陈某良分别向执行法院出具承诺书一份，承诺书载明：本人（李某清、王某泰、陈某良）自愿对申请执行人李某与被执行人陈某晓民间借贷纠纷案件提供连带担保，如被执行人陈某晓未按 2016 年 2 月 26 日与李某达成的执行和解协议履行，法院可直接执行本人名下的财产。承诺书出具后，截至 2016 年 7 月 19 日，被执行人陈某晓仅履行 340000 元，李某清、王某泰、陈某良未履行保证担保责任。

2016 年 7 月 19 日，执行法院作出执行裁定书，裁定：（1）追加李某清、王某泰、陈某良为上述两案的被执行人。（2）被执行人李某清、王某泰、陈某良应于裁定书送达之日起3日内向申请执行人李某支付余款1831039元及相应利息。同年7月22日，执行法院作出执行裁定书，查封李某清、王某泰、陈某良名下房地产。同年7月27日，申请执行人李某向执行法院申请，要求恢复对被执行人陈某晓、杭州某担保有限公司、林某某、李某清、王某泰、陈某良的执行。2016年8月1日，执行法院立案恢复对涉案民事判决书的执行。

另查明，2018年1月19日，执行法院作出执行裁定书，决定拍卖被执行人陈某良名下位于杭州市临安区房地产。

后陈某良向执行法院提出本案执行异议。执行法院审查后认为：本案的争议焦点为异议人陈某良是否已免除担保责任。首先，关于担保期限。异议人认为，担保期限为2016年11月1日起至2017年5月1日的6个月，申请执行人未在期限内要求异议人承担担保责任，也未申请法院处置异议人房产，异议人已脱保。执行法院认为，因被执行人未按执行和解协议履行全部义务，法院依申请执行人的申请恢复执行，并于2016年7月19日裁定追加担保人陈某良、李某清、王某泰为涉案被执行人，并责令履行。上述执行行为，均在异议人主张的担保期限内，且申请执行人亦在2016年7月25日申请恢复执行，异议人关于期限内未要求其承担担保责任的主张，与事实不符。其次，关于执行担保范围及债务抵充顺序。异议人认为，担保范围限于借款本金，被执行人等人已履行的231.3万元应先抵充本金，然后支付利息，借款本金（183万元）已全额还清，异议人应免除担保责任。执行法院认为，双方签订的《执行和解协议》，以及异议人向法院出具的承诺书中均未有“担保范围”的文字记载，但上述文本均载明：由陈某良、李某清、王某泰为陈某晓在涉案债务中提供连带担保。故执行法院认定，被执行人陈某晓在上述两执行案件中应履行的借款本金、利息、延迟履行金及诉讼费用，为异议人应承担的担保责任范围。因此，在被执行人未全部履行债务情况下，法院继续执行包括异议人陈某良在内的被执行人财产，符合法律规定。异议人要求撤销追加裁定、解除房产查封的请求，执行法院不予支持。据此裁定驳回陈某良的异议请求。

【监督要点】检察机关审查后认为，本案争议焦点主要有两个：一是陈某良应否对涉案债务承担担保责任；二是执行法院追加陈某良为被执行人是否具有事实和法律依据。

1. 关于陈某良是否应当承担担保责任

陈某良在异议时提出在担保期满后申请执行人李某未要求其继续担保，也未对其财产予以处置，故陈某良实际已脱保，其担保责任应予以免除。根据本案相关事实，2016年2月26日，陈某良、李某清、王某泰作为担保人均在执行和解协议上签字确定其自愿以其个人名下财产对债务承担连带担保责任，并均于同日向执行法院出具承诺书，承诺书载明如被执行人陈某晓未按照执行和解协议履行，执行法院可以直接执行本人名下的财产。故陈某良、李某清、王某泰系为执行和解协议的履行自愿担保。在陈某晓未按执行和解协议履行的情况下，申请执行人李某向执行法院申请恢复执行，执行法院亦立案恢复执行。该情形符合《最高人民法院关于执行和解若干问题的规定》第18条等相关法律规定，人民法院可以直接裁定执行担保财产或者保证人的财产。现陈某良提出的相关脱保，既无事实依据，也不符合法律规定，不予支持。

2. 关于追加陈某良为被执行人是否具有事实和法律依据

其一，根据《最高人民法院关于人民法院执行工作若干问题的规定（试行）》第85条[①]的规定，保证人为被执行人提供担保的，人民法院有权裁定执行保证人在保证责任范围内的财产，并未规定在此情形下可以将担保人追加为被执行人。《最高人民法院关于执行和解若干问题的规

---

① 现行《最高人民法院关于人民法院执行工作若干问题的规定》第54条。

定》第18条也同样只规定，人民法院可以直接裁定执行担保财产或者保证人的财产。是否被追加被执行人关系到相关当事人在执行案件中的地位，以及后续面临强制执行措施的惩戒等，与其自身利益密切相关，因此，只有符合法定情形方可追加被执行人。其二，2018年3月1日施行的《最高人民法院关于执行担保若干问题的规定》第11条明确规定，执行案件恢复强制执行时，执行法院只能针对担保人的财产执行，不得将担保人变更、追加为被执行人。因此，执行法院追加陈某良为被执行人确有不当。

检察机关认为，执行法院追加陈某良为被执行人缺乏事实和法律依据，遂依法向执行法院发出检察建议，要求执行法院予以纠正。

【监督结果】2022年11月，执行法院复函检察机关，称对检察建议十分重视，针对检察建议的内容进行了检查分析，对于检察建议内容予以采纳。对于检察机关在检察建议中提及的将执行担保人直接变更、追加为被执行人的问题，《最高人民法院关于执行担保若干问题的规定》已进行了明确，今后将严格按照相关法律规定，严格依法办案。

三、法条链接

1. **中华人民共和国民事诉讼法**（2024年1月1日施行）（节录）

第二百四十二条 在执行中，被执行人向人民法院提供担保，并经申请执行人同意的，人民法院可以决定暂缓执行及暂缓执行的期限。被执行人逾期仍不履行的，人民法院有权执行被执行人的担保财产或者担保人的财产。

2. 最高人民法院关于适用《中华人民共和国民事诉讼法》的解释（2022年4月10日施行　法释〔2022〕11号）（节录）

第四百六十七条　人民法院依照民事诉讼法第二百三十八条[①]规定决定暂缓执行的，如果担保是有期限的，暂缓执行的期限应当与担保期限一致，但最长不得超过一年。被执行人或者担保人对担保的财产在暂缓执行期间有转移、隐藏、变卖、毁损等行为的，人民法院可以恢复强制执行。

第四百六十八条　根据民事诉讼法第二百三十八条[②]规定向人民法院提供执行担保的，可以由被执行人或者他人提供财产担保，也可以由他人提供保证。担保人应当具有代为履行或者代为承担赔偿责任的能力。

他人提供执行保证的，应当向执行法院出具保证书，并将保证书副本送交申请执行人。被执行人或者他人提供财产担保的，应当参照民法典的有关规定办理相应手续。

第四百六十九条　被执行人在人民法院决定暂缓执行的期限届满后仍不履行义务的，人民法院可以直接执行担保财产，或者裁定执行担保人的财产，但执行担保人的财产以担保人应当履行义务部分的财产为限。

3. 最高人民法院关于执行担保若干问题的规定（2021年1月1日施行　法释〔2020〕21号）（节录）

第一条　本规定所称执行担保，是指担保人依照民事诉讼法第二百三十一条[③]规定，为担保被执行人履行生效法律文书确定的全部或者部分义务，向人民法院提供的担保。

第二条　执行担保可以由被执行人提供财产担保，也可以由他人提供财产担保或者保证。

第三条　被执行人或者他人提供执行担保的，应当向人民法院提交担

---

① 现行《中华人民共和国民事诉讼法》第242条。
② 现行《中华人民共和国民事诉讼法》第242条。
③ 现行《中华人民共和国民事诉讼法》第242条。

保书，并将担保书副本送交申请执行人。

第四条 担保书中应当载明担保人的基本信息、暂缓执行期限、担保期间、被担保的债权种类及数额、担保范围、担保方式、被执行人于暂缓执行期限届满后仍不履行时担保人自愿接受直接强制执行的承诺等内容。

提供财产担保的，担保书中还应当载明担保财产的名称、数量、质量、状况、所在地、所有权或者使用权归属等内容。

第五条 公司为被执行人提供执行担保的，应当提交符合公司法第十六条①规定的公司章程、董事会或者股东会、股东大会决议。

第六条 被执行人或者他人提供执行担保，申请执行人同意的，应当向人民法院出具书面同意意见，也可以由执行人员将其同意的内容记入笔录，并由申请执行人签名或者盖章。

第七条 被执行人或者他人提供财产担保，可以依照民法典规定办理登记等担保物权公示手续；已经办理公示手续的，申请执行人可以依法主张优先受偿权。

申请执行人申请人民法院查封、扣押、冻结担保财产的，人民法院应当准许，但担保书另有约定的除外。

第八条 人民法院决定暂缓执行的，可以暂缓全部执行措施的实施，但担保书另有约定的除外。

第九条 担保书内容与事实不符，且对申请执行人合法权益产生实质影响的，人民法院可以依申请执行人的申请恢复执行。

第十条 暂缓执行的期限应当与担保书约定一致，但最长不得超过一年。

第十一条 暂缓执行期限届满后被执行人仍不履行义务，或者暂缓执行期间担保人有转移、隐藏、变卖、毁损担保财产等行为的，人民法院

---

① 现行《中华人民共和国公司法》第15条。

可以依申请执行人的申请恢复执行，并直接裁定执行担保财产或者保证人的财产，不得将担保人变更、追加为被执行人。

执行担保财产或者保证人的财产，以担保人应当履行义务部分的财产为限。被执行人有便于执行的现金、银行存款的，应当优先执行该现金、银行存款。

第十二条　担保期间自暂缓执行期限届满之日起计算。

担保书中没有记载担保期间或者记载不明的，担保期间为一年。

第十三条　担保期间届满后，申请执行人申请执行担保财产或者保证人财产的，人民法院不予支持。他人提供财产担保的，人民法院可以依其申请解除对担保财产的查封、扣押、冻结。

第十四条　担保人承担担保责任后，提起诉讼向被执行人追偿的，人民法院应予受理。

第十五条　被执行人申请变更、解除全部或者部分执行措施，并担保履行生效法律文书确定义务的，参照适用本规定。

第十节　暂缓执行检察监督

根据《最高人民法院关于正确适用暂缓执行措施若干问题的规定》，暂缓执行是指执行程序开始后，人民法院因法定事由，可以决定对某一项或者某几项执行措施在规定的期限内暂缓实施。需要强调的是，根据上述规定，除法定事由外，人民法院不得决定暂缓执行。

一、监督要领

（一）申请暂缓执行

1. 申请主体

根据《最高人民法院关于正确适用暂缓执行措施若干问题的规定》第 3 条的规定，向执行法院申请暂缓执行的主体为执行案件当事人或者其他利害关系人。

2. 可以申请暂缓执行的情形

《最高人民法院关于正确适用暂缓执行措施若干问题的规定》第 3 条规定，有下列三种情形，经当事人或者其他利害关系人的申请，人民法院可以决定暂缓执行。但需要注意的是，这三种情形是概括情形，而且是执行法院“可以”决定暂缓执行而非“应当”决定暂缓执行，在部分具体的特殊情形时，应按照具体相关规定处理。

（1）执行措施或者执行程序违反法律规定。针对执行行为违法或执行程序不当，当事人、利害关系人还可以根据《中华人民共和国民事诉讼法》第 236 条的规定向执行法院提出执行异议，但根据《最高人民法院关于适用〈中华人民共和国民事诉讼法〉执行程序若干问题的解释》第 9 条的规定，执行异议审查和复议期间，不停止执行。根据《最高人民法院关于人民法院网络司法拍卖若干问题的规定》第 36 条的规定，当事人、利害关系人认为网络司法拍卖行为违法侵害其合法权益的，可以提出执行异议。异议、复议期间，人民法院可以决定暂缓或者裁定中止拍卖。案外人对网络司法拍卖的标的提出异议的，人民法院应当依据《中华人民共和国民事诉讼法》第 238 条及相关司法解释的规定处理，并应当决定暂缓或者裁定中止拍卖。

（2）执行标的物存在权属争议。对执行标的主张实体权利，案外人依据《中华人民共和国民事诉讼法》第 238 条的规定，对执行标的提出书面异议的，根据《最高人民法院关于适用〈中华人民共和国民事诉讼法〉执行程序若干问题的解释》第 15 条的规定，案外人异议审查期间，人民法院不得对执行标的进行处分。

（3）被执行人对申请执行人享有抵销权。针对该情形被执行人还可以根据《最高人民法院关于人民法院办理执行异议和复议案件若干问题的规定》第 19 条的规定，通过执行异议程序提出，但异议审查和复议期间，并不停止执行。

3. 责令申请人提供担保

根据《最高人民法院关于正确适用暂缓执行措施若干问题的规定》第 4 条的规定，执行法院根据当事人或其他利害关系人的申请决定暂缓执行的，应当责令申请人在指定期限内提供相应的担保。如何确定申请人是否提供了“相应的担保”，《最高人民法院关于正确适用暂缓执行措施若干问题的规定》第 5 条规定，当事人或其他利害关系人提供财产担保，应当出具评估机构对担保财产价值的评估证明，评估机构如果出具虚假证明，给当事人造成损失的，当事人可以对担保人、评估机构另行提起损害赔偿诉讼。

需要注意的是，《最高人民法院关于正确适用暂缓执行措施若干问题的规定》第 4 条第 2 款的规定，即使符合可以申请暂缓执行的情形，被执行人或者其他利害关系人也提供相应担保，但如果申请执行人提供担保要求继续执行的，执行法院也可以继续执行，这体现了继续执行优先的原则。

（二）依职权暂缓执行

1. 依职权暂缓执行的情形

根据《最高人民法院关于正确适用暂缓执行措施若干问题的规定》第 7 条的规定，在两种情形下执行法院可以决定暂缓执行。

一是上级人民法院已经受理执行争议案件并正在处理的。这种情形是两地法院对同一标的物的执行发生争议，报请上级法院协调，上级法院在处理执行协调案件过程中，可视案情的紧急程度决定是否暂缓执行。根据《最高人民法院关于正确适用暂缓执行措施若干问题的规定》第 8 条的规定，暂缓执行决定由上级人民法院作出。

二是人民法院发现据以执行的生效法律文书确有错误，并正在按照审判监督程序进行审查的。人民法院发现据以执行的生效法律文书确有错误，在按照审判监督程序审查过程中，尚未决定再审的，根据《最高人民法院关于正确适用暂缓执行措施若干问题的规定》第 8 条的规定，依照该情形作出暂缓执行决定，审判机构应当向本案执行机构发出暂缓执行建议书，执行机构收到建议书后，应当办理暂缓执行相关执行措施的手续。

三是除《最高人民法院关于正确适用暂缓执行措施若干问题的规定》第 7 条规定的上述两种情形外，根据《最高人民法院关于人民法院执行工作若干问题的规定（试行）》第 72 条、第 75 条的规定，上级人民法院发现以下情形，也可以依职权决定暂缓执行：一是上级法院发现下级法院在执行中作出的裁定、决定、通知或具体执行行为不当或有错误的；二是上级法院在监督、指导、协调下级法院执行案件中，发现据以执行的生效法律文书确有错误的。此外，根据《最高人民法院关于人民法院执行工作若干问题的规定（试行）》第 76 条的规定，上级法院在申诉案件复查期间，也可以决定暂缓执行。

2. 提供担保

执行法院根据《最高人民法院关于正确适用暂缓执行措施若干问题的规定》第7条规定的两种情形决定暂缓执行的，一般应当由申请执行人或者被执行人提供相应的担保。

（三）关于暂缓执行申请的审查处理

1. 审查处理主体

根据《最高人民法院关于正确适用暂缓执行措施若干问题的规定》第2条的规定，暂缓执行由执行法院或者上级人民法院作出决定，由执行机构统一办理。

2. 审查处理的形式

根据《最高人民法院关于正确适用暂缓执行措施若干问题的规定》第11条的规定，人民法院对暂缓执行的案件，应当组成合议庭对是否暂缓执行进行审查，必要时应当听取当事人或利害关系人的意见。

3. 审查处理期限

《最高人民法院关于正确适用暂缓执行措施若干问题的规定》第6条对暂缓执行审查处理的期限进行了明确，规定人民法院收到暂缓执行申请后，应当在15日内作出决定，并在作出决定5日内将决定书发送当事人和其他利害关系人。

（四）暂缓执行的期间

根据《最高人民法院关于正确适用暂缓执行措施若干问题的规定》第10条、《最高人民法院关于人民法院执行工作若干问题的规定（试行）》第77条的规定，暂缓执行的期间不得超过3个月，需要延长的，延长期限不得超过3个月。该期限从执行法院作出暂缓执行决定之日起计算，暂缓执行的决定由上级人民法院作出的，从执行法院收到暂缓执行决定之日起计算。

（五）对暂缓执行的监督

根据《最高人民法院关于人民法院执行工作若干问题的规定（试行）》第71条、《最高人民法院关于正确适用暂缓执行措施若干问题的规定》第12条的规定，上级人民法院依法监督下级人民法院执行工作，发现下级人民法院对不符合暂缓执行条件的案件决定暂缓执行，或者对符合暂缓执行条件的案件未予暂缓执行的，应当作出决定予以纠正。执行法院收到该决定后应当遵照执行。

（六）暂缓后的恢复执行

暂缓执行的案件恢复执行主要基于以下情形：

1. 暂缓执行期限届满

根据《最高人民法院关于正确适用暂缓执行措施若干问题的规定》第13条第1款的规定，暂缓执行期限届满后，人民法院应当立即恢复执行。

2. 暂缓执行期限尚未届满但据以决定暂缓执行的事由消灭

根据《最高人民法院关于正确适用暂缓执行措施若干问题的规定》第13条第2款的规定，即使暂缓执行期限尚未届满，但当时决定暂缓执行的事由消灭了，如果暂缓执行决定由执行法院作出，则执行法院应当立即作出恢复执行的决定；如果暂缓执行决定系上级人民法院作出，执行法院应当将暂缓执行事由消灭的情况及时报告上级人民法院，该上级人民法院应当在收到报告后10日内审查核实并作出恢复执行决定。另外，根据《最高人民法院关于人民法院执行工作若干问题的规定（试行)》第77条第2款的规定，对于上级人民法院作出暂缓执行决定的，暂缓执行的原因消灭后，上级法院也应当主动及时通知执行法院恢复执行。暂缓执行期限届满后，上级人民法院未通知继续暂缓执行的，执行法院可以恢复执行。

二、相关案例

陈某侃申请民事执行违法检察监督案

【监督要旨】暂缓执行直接关系到申请执行人的合法权益，除法定事由外，人民法院不得决定暂缓执行，同时，人民法院决定暂缓执行应当按照法定的程序作出。对于超出法定事由且违反法定程序决定暂缓执行的行为，检察机关应当依法予以监督纠正。

【申请监督】陈某侃向检察机关申请监督称，其与马某华民间借贷纠纷一案由某区人民法院强制执行。2020年1月9日，马某华将150万元执行款缴纳至某区人民法院，但至2020年3月9日陈某侃仍未收到该款项。某区人民法院已经为马某华延缓了执行期限，延缓到期后仍未执行，侵害了其合法权益。

【调查核实】检察机关经调查核实查明：2019年3月27日，某区人民法院作出民事判决书，判决马某华于判决生效之日后10日内归还陈某侃借款150万元，并支付以150万元为基数，按中国人民银行同期同档次贷款基准利率自2017年11月14日计算至款清日止的利息，驳回陈某侃的其他诉讼请求。如未按本判决指定的期间履行给付金钱义务，应当依照《中华人民共和国民事诉讼法》第253条[①]及相关司法解释规定，加倍支付延迟履行期间的债务利息。加倍部分的利息为：债务人尚未清偿

---

① 现行《中华人民共和国民事诉讼法》第264条。

的生效法律文书确定的除一般债务利息之外的金钱债务 ×1.75‰× 迟延履行天数。

陈某侃、马某华均不服一审判决，上诉至中级人民法院。陈某侃上诉请求判令马某华支付自 2012 年 1 月 11 日计算至款清日止的利息。马某华上诉请求改判无须支付 150 万元及利息或发回重审。2019 年 10 月 12 日，中级人民法院作出民事判决，驳回上诉，维持原判。

2019 年 11 月 18 日，陈某侃向某区人民法院申请强制执行，某区人民法院于同日立案执行。2020 年 1 月 9 日，被执行人马某华将 150 万元执行款交到某区人民法院，至 2020 年 3 月 9 日，某区人民法院仍未将该款项发还陈某侃。

2020 年 3 月 9 日，某区人民法院作出暂缓执行决定书，认为被执行人马某华因不服某区人民法院民事判决书、中级人民法院民事判决，向省高级人民法院申请再审。2020 年 3 月 3 日，省高级人民法院对马某华再审申请进行立案审查。依据《最高人民法院关于正确适用暂缓执行措施若干问题的规定》第 7 条、第 10 条规定，决定暂缓执行陈某侃与马某华合伙协议纠纷一案，暂缓执行至 2020 年 6 月 9 日。

【监督要点】本案的监督要点主要有两个：一是本案是否具有暂缓执行的法定事由；二是决定暂缓执行的程序是否合法。

1. 关于是否具有暂缓执行的法定事由

首先，根据《中华人民共和国民事诉讼法》第 231 条[①]规定，在执行中，被执行人向人民法院提供担保，并经申请执行人同意的，人民法院可以决定暂缓执行及暂缓执行的期限。显然，本案不属于该法律规定的情形。其次，根据《最高人民法院关于正确适用暂缓执行措施若干问题的规定》第 7 条的规定，上级人民法院已经受理执行争议案件并正在处

① 现行《中华人民共和国民事诉讼法》第 242 条。

理的、人民法院发现据以执行的生效法律文书确有错误，并正在按照审判监督程序进行审查的，人民法院可以依职权决定暂缓执行。本案系被执行人马某华不服中级法院二审判决向省高级人民法院申请再审，并非人民法院发现本案据以执行的生效法律文书确有错误，故亦不属于暂缓执行的上述情形。因此，本案不具有暂缓执行的法定事由。

2. 关于决定暂缓执行的程序是否合法

根据《最高人民法院关于正确适用暂缓执行措施若干问题的规定》第 11 条规定，人民法院对暂缓执行的案件，应当组成合议庭对是否暂缓执行进行审查，必要时应当听取当事人或者其他利害关系人的意见。本案既未组成合议庭进行审查，亦未听取申请执行人的意见，显然违反了法律规定的程序。

综上，检察机关认为，某区人民法院就本案作出暂缓执行决定缺乏法律依据、适用法律错误、程序违法，损害了申请执行人陈某侃的合法权益，依法应当予以纠正，遂于 2020 年 3 月 13 日向某区人民法院发出检察建议。

【监督结果】2020 年 4 月 12 日，某区人民法院回复检察机关，该院已于 2020 年 3 月 19 日将执行款发还给了申请执行人陈某侃，感谢检察机关对执行工作的监督和支持。

三、法条链接

1. **中华人民共和国民事诉讼法**（2024 年 1 月 1 日施行）（节录）

第二百一十七条　按照审判监督程序决定再审的案件，裁定中止原判决、裁定、调解书的执行，但追索赡养费、扶养费、抚育费、抚恤金、医疗费用、劳动报酬等案件，可以不中止执行。

第二百三十六条　当事人、利害关系人认为执行行为违反法律规定的，可以向负责执行的人民法院提出书面异议。当事人、利害关系人提出书面异议的，人民法院应当自收到书面异议之日起十五日内审查，理由成立的，裁定撤销或者改正；理由不成立的，裁定驳回。当事人、利害关系人对裁定不服的，可以自裁定送达之日起十日内向上一级人民法院申请复议。

第二百三十八条 执行过程中，案外人对执行标的提出书面异议的，人民法院应当自收到书面异议之日起十五日内审查，理由成立的，裁定中止对该标的的执行；理由不成立的，裁定驳回。案外人、当事人对裁定不服，认为原判决、裁定错误的，依照审判监督程序办理；与原判决、裁定无关的，可以自裁定送达之日起十五日内向人民法院提起诉讼。

第二百四十二条 在执行中，被执行人向人民法院提供担保，并经申请执行人同意的，人民法院可以决定暂缓执行及暂缓执行的期限。被执行人逾期仍不履行的，人民法院有权执行被执行人的担保财产或者担保人的财产。

2. 最高人民法院关于适用《中华人民共和国民事诉讼法》的解释（2022年4月10日施行 法释〔2022〕11号）（节录）

第三百九十四条 人民法院对已经发生法律效力的判决、裁定、调解书依法决定再审，依照民事诉讼法第二百一十三条[①]规定，需要中止执行的，应当在再审裁定中同时写明中止原判决、裁定、调解书的执行；情况紧急的，可以将中止执行裁定口头通知负责执行的人民法院，并在通知后十日内发出裁定书。

3. 最高人民法院关于适用《中华人民共和国民事诉讼法》执行程序若干问题的解释（2021年1月1日施行 法释〔2020〕21号）（节录）

第九条 执行异议审查和复议期间，不停止执行。

---

① 现行《中华人民共和国民事诉讼法》第217条。

被执行人、利害关系人提供充分、有效的担保请求停止相应处分措施的，人民法院可以准许；申请执行人提供充分、有效的担保请求继续执行的，应当继续执行。

第十五条　案外人异议审查期间，人民法院不得对执行标的进行处分。

案外人向人民法院提供充分、有效的担保请求解除对异议标的的查封、扣押、冻结的，人民法院可以准许；申请执行人提供充分、有效的担保请求继续执行的，应当继续执行。

因案外人提供担保解除查封、扣押、冻结有错误，致使该标的无法执行的，人民法院可以直接执行担保财产；申请执行人提供担保请求继续执行有错误，给对方造成损失的，应当予以赔偿。

4. 最高人民法院关于人民法院执行工作若干问题的规定（试行）

（2021年1月1日施行　法释〔2020〕21号）（节录）

71. 上级人民法院依法监督下级人民法院的执行工作。最高人民法院依法监督地方各级人民法院和专门法院的执行工作。

72. 上级法院发现下级法院在执行中作出的裁定、决定、通知或具体执行行为不当或有错误的，应当及时指令下级法院纠正，并可以通知有关法院暂缓执行。

下级法院收到上级法院的指令后必须立即纠正。如果认为上级法院的指令有错误，可以在收到该指令后五日内请求上级法院复议。

上级法院认为请求复议的理由不成立，而下级法院仍不纠正的，上级法院可直接作出裁定或决定予以纠正，送达有关法院及当事人，并可直接向有关单位发出协助执行通知书。

75. 上级法院在监督、指导、协调下级法院执行案件中，发现据以执行的生效法律文书确有错误的，应当书面通知下级法院暂缓执行，并按照审判监督程序处理。

76. 上级法院在申诉案件复查期间，决定对生效法律文书暂缓执行的，有关审判庭应当将暂缓执行的通知抄送执行机构。

77. 上级法院通知暂缓执行的，应同时指定暂缓执行的期限。暂缓执行的期限一般不得超过三个月。有特殊情况需要延长的，应报经院长批准，并及时通知下级法院。

暂缓执行的原因消除后，应当及时通知执行法院恢复执行。期满后上级法院未通知继续暂缓执行的，执行法院可以恢复执行。

5. 最高人民法院关于人民法院办理执行异议和复议案件若干问题的规定（2021年1月1日施行　法释〔2020〕21号）（节录）

第七条　当事人、利害关系人认为执行过程中或者执行保全、先予执行裁定过程中的下列行为违法提出异议的，人民法院应当依照民事诉讼法第二百二十五条①规定进行审查：

（一）查封、扣押、冻结、拍卖、变卖、以物抵债、暂缓执行、中止执行、终结执行等执行措施；

（二）执行的期间、顺序等应当遵守的法定程序；

（三）人民法院作出的侵害当事人、利害关系人合法权益的其他行为。

被执行人以债权消灭、丧失强制执行效力等执行依据生效之后的实体事由提出排除执行异议的，人民法院应当参照民事诉讼法第二百二十五条规定进行审查。

除本规定第十九条规定的情形外，被执行人以执行依据生效之前的实体事由提出排除执行异议的，人民法院应当告知其依法申请再审或者通过其他程序解决。

第十九条　当事人互负到期债务，被执行人请求抵销，请求抵销的债

① 现行《中华人民共和国民事诉讼法》第236条。

务符合下列情形的，除依照法律规定或者按照债务性质不得抵销的以外，人民法院应予支持：

（一）已经生效法律文书确定或者经申请执行人认可；

（二）与被执行人所负债务的标的物种类、品质相同。

6. 最高人民法院关于人民法院网络司法拍卖若干问题的规定（2017年1月1日　法释〔2016〕18号）（节录）

第三十六条　当事人、利害关系人认为网络司法拍卖行为违法侵害其合法权益的，可以提出执行异议。异议、复议期间，人民法院可以决定暂缓或者裁定中止拍卖。

案外人对网络司法拍卖的标的提出异议的，人民法院应当依据《中华人民共和国民事诉讼法》第二百二十七条[①]及相关司法解释的规定处理，并决定暂缓或者裁定中止拍卖。

7. 最高人民法院关于正确适用暂缓执行措施若干问题的规定（2002年9月28日施行　法发〔2002〕16号）（节录）

第一条　执行程序开始后，人民法院因法定事由，可以决定对某一项或者某几项执行措施在规定的期限内暂缓实施。

执行程序开始后，除法定事由外，人民法院不得决定暂缓执行。

第二条　暂缓执行由执行法院或者其上级人民法院作出决定，由执行机构统一办理。

人民法院决定暂缓执行的，应当制作暂缓执行决定书，并及时送达当事人。

第三条　有下列情形之一的，经当事人或者其他利害关系人申请，人民法院可以决定暂缓执行：

（一）执行措施或者执行程序违反法律规定的；

---

① 现行《中华人民共和国民事诉讼法》第238条。

（二）执行标的物存在权属争议的；

（三）被执行人对申请执行人享有抵销权的。

第四条 人民法院根据本规定第三条决定暂缓执行的，应当同时责令申请暂缓执行的当事人或者其他利害关系人在指定的期限内提供相应的担保。

被执行人或者其他利害关系人提供担保申请暂缓执行，申请执行人提供担保要求继续执行的，执行法院可以继续执行。

第五条 当事人或者其他利害关系人提供财产担保的，应当出具评估机构对担保财产价值的评估证明。

评估机构出具虚假证明给当事人造成损失的，当事人可以对担保人、评估机构另行提起损害赔偿诉讼。

第六条 人民法院在收到暂缓执行申请后，应当在十五日内作出决定，并在作出决定后五日内将决定书发送当事人或者其他利害关系人。

第七条 有下列情形之一的，人民法院可以依职权决定暂缓执行；

（一）上级人民法院已经受理执行争议案件并正在处理的；

（二）人民法院发现据以执行的生效法律文书确有错误，并正在按照审判监督程序进行审查的。

人民法院依照前款规定决定暂缓执行的，一般应由申请执行人或者被执行人提供相应的担保。

第八条 依照本规定第七条第一款第（一）项决定暂缓执行的，由上级人民法院作出决定。依照本规定第七条第一款第（二）项决定暂缓执行的，审判机构应当向本院执行机构发出暂缓执行建议书，执行机构收到建议书后，应当办理暂缓相关执行措施的手续。

第九条 在执行过程中，执行人员发现据以执行的判决、裁定、调解书和支付令确有错误的，应当依照最高人民法院《关于适用〈中华人民共和国民事诉讼法〉若干问题的意见》[①]第258条的规定处理。

在审查处理期间，执行机构可以报经院长决定对执行标的暂缓采取处分性措施，并通知当事人。

第十条　暂缓执行的期间不得超过三个月。因特殊事由需要延长的，可以适当延长，延长的期限不得超过三个月。

暂缓执行的期限从执行法院作出暂缓执行决定之日起计算。暂缓执行的决定由上级人民法院作出的，从执行法院收到暂缓执行决定之日起计算。

第十一条　人民法院对暂缓执行的案件，应当组成合议庭对是否暂缓执行进行审查，必要时应当听取当事人或者其他利害关系人的意见。

第十二条　上级人民法院发现执行法院对不符合暂缓执行条件的案件决定暂缓执行，或者对符合暂缓执行条件的案件未予暂缓执行的，应当作出决定予以纠正。执行法院收到该决定后，应当遵照执行。

第十三条　暂缓执行期限届满后，人民法院应当立即恢复执行。

暂缓执行期限届满前，据以决定暂缓执行的事由消灭的，如果该暂缓执行的决定是由执行法院作出的，执行法院应当立即作出恢复执行的决定；如果该暂缓执行的决定是由执行法院的上级人民法院作出的，执行法院应当将该暂缓执行事由消灭的情况及时报告上级人民法院，该上级人民法院应当在收到报告后十日内审查核实并作出恢复执行的决定。

---

① 该意见已失效。

第十一节　执行当事人的变更、追加检察监督

在民事执行案件中，以生效法律文书确定的当事人为申请执行人、被执行人，但司法实践中，一方面，往往因为被执行人没有可供执行的财产或者以滥用公司有限责任等方式逃避债务、规避执行，进而导致案件无法顺利执行，申请执行人合法权益难以得到实现；另一方面，有些情况下申请执行人也需要通过债权转让尽快实现债权，由于之前对民事执行中变更追加当事人法律没有明确规定，导致各地法院实际做法不一，违规变更追加当事人或者该变不变、该追不追情况时有发生。为此，最高人民法院于2016年11月制定了《关于民事执行中变更、追加当事人若干问题的规定》，明确了民事执行中当事人变更追加情形，既有利于有效打击规避执行、充分保护申请执行人合法权益，又有利于法律适用的统一。

一、监督要领

（一）申请执行人的变更、追加

1. 执行法院依职权追加、变更申请执行人

在《最高人民法院关于民事执行中变更、追加当事人若干问题的规定》出台之前，法律、司法解释并未对申请执行人的变更、追加予以明

确规定。《最高人民法院关于民事执行中变更、追加当事人若干问题的规定》首次在司法解释层面通过8个条文对此进行规定，但对于执行法院是否可以依职权变更、追加申请执行人，该解释并没有进一步细化明确，其第1条规定，变更、追加申请执行人系依申请的行为，据此，笔者认为执行法院不宜主动依职权介入。

2. 未依法审查申请主体范围

对于变更、追加为申请执行人的申请主体，《最高人民法院关于人民法院执行工作若干问题的规定（试行）》第16条关于人民法院受理执行案件的条件中，第1款第2项明确了申请执行人是生效法律文书确定的权利人或其继承人、权利承受人，也就是说，申请执行人既可以是生效法律文书确定的权利人，也可以是继承人或者权利承受人。关于权利承受人的范围，《最高人民法院关于民事执行中变更、追加当事人若干问题的规定》第2条至第9条进行了明确规定，即以下几种情形中的继承人或者权利承受人申请变更、追加为申请执行人的，人民法院应予以支持：

（1）作为申请执行人的自然人死亡或被宣告死亡，该自然人的遗嘱执行人、受遗赠人、继承人或其他因该自然人死亡或被宣告死亡依法承受生效法律文书确定权利的主体。

（2）作为申请执行人的自然人离婚时，获得生效法律文书确定的权利全部或部分的配偶。

（3）因作为申请执行人的法人或非法人组织终止而依法承受法律文书确定权利的主体。

（4）因作为申请执行人的法人或非法人组织合并后存续或新设的法人、非法人组织。

（5）作为申请执行人的法人或非法人组织分立，依分立协议约定承受法律文书确定权利的新设法人或非法人组织。

（6）作为申请执行人的法人或非法人组织清算或者破产时，生效法律文书确定的权利依法分配给的第三人。

（7）作为申请执行人的机关法人被撤销，继续履行期职能的主体；无继续履行期职能的主体，且权利承受主体不明情况下作出撤销决定的主体。

（8）获得申请执行人书面认可，经债权转让取得该债权的第三人，这也是民事执行司法实践中较为常见的申请执行主体变更的情形。

3. 关于申请变更、追加的时间

关于申请变更、追加成为申请执行主体的时间，尽管法律和相关司法解释并未明确予以规定，但从《最高人民法院关于人民法院执行工作若干问题的规定（试行）》第 16 条、第 18 条和《最高人民法院关于民事执行中变更、追加当事人若干问题的规定》的相关规定来看，只要符合法定条件，民事执行程序开始之前和执行过程中均可申请变更、追加为申请执行人。

4. 未按照相关程序对变更、追加为申请执行人的申请进行处理

对于变更、追加申请的处理是否需要以裁定的形式作出，根据申请人是在民事执行程序开始前还是在执行过程中提出申请而有所区别。

（1）关于民事执行程序开始之前申请变更、追加。按照最高人民法院〔2012〕执复字第 26 号执行裁定的观点，权利承受人有权根据《最高人民法院关于人民法院执行工作若干问题的规定（试行）》（法释〔1998〕15 号）第 18 条、第 20 条[①]的规定，以自己的名义申请执行，只要向人民法院提交承受权利的证明文件，证明自己是生效法律文书确定的权利承受人的，即符合受理执行案件的条件。这种情况不属于严格意义上的变

① 现行《最高人民法院关于人民法院执行工作若干问题的规定（试行）》第 16 条、第 18 条。

更申请执行主体，但二者的法律基础相同，故也可以理解为广义上的申请执行主体变更，即通过立案阶段解决主体变更问题。如法院因权利承受人的执行申请已立案受理，受理方式不是通过裁定而是发出受理通知，权利受让人已成为申请执行人，故并不需要执行法院再作出变更主体的裁定，然后发出执行通知，而应当直接发出执行通知。

（2）关于执行过程中申请变更、追加。根据《最高人民法院关于民事执行中变更、追加当事人若干问题的规定》第 28 条第 2 款的规定，应当以裁定的形式作出，经审查理由成立的，裁定变更、追加；理由不成立的裁定驳回。需要注意的是，对变更、追加为执行申请人的申请，法律和相关司法解释未要求另行予以立案，因此，执行法院可以直接在执行实施中审查后以执行案号作出相应的裁定。

另外，根据《最高人民法院关于民事执行中变更、追加当事人若干问题的规定》第 28 条第 3 款的规定，执行法院自收到书面申请之日起 60 日内作出裁定，特殊情况经法院院长批准可以延长。

（二）被执行人的变更、追加

相较于申请执行人的变更、追加，被执行人的变更、追加在民事执行实践中更为常见。在生效法律文书确定的被执行人不具备履行能力的情况下，如果能够追加、变更被执行人，尤其是有履行能力的被执行人，对申请执行人来说其债权的实现就会多一份保障。执行当事人的变更、追加不仅关乎多方主体的切身利益，而且涉及审执关系、执行效率、程序保障等诸多问题，为平衡各方利益，尊重既有体制机制，变更、追加当事人必须始终坚持法定原则。也就是说，只有法律或者司法解释明确规定的情形才可以变更、追加被执行人，也只有这样才能更好维护申请执行人的利益，有效防止民事执行权的不当扩张。

1. 关于变更、追加被执行人程序的启动

前文提到，对于申请执行人的变更、追加一般应当以申请启动，执行法院不宜依职权介入，那么对于被执行人的变更、追加，执行法院是否可以依职权启动？《最高人民法院关于适用〈中华人民共和国民事诉讼法〉的解释》第 473 条规定，作为被执行人的公民死亡，其遗产继承人没有放弃继承的，人民法院可以裁定变更被执行人。《最高人民法院关于民事执行中变更、追加当事人若干问题的规定》第 10 条至第 25 条均规定在一定情形下，申请执行人可以向人民法院申请变更、追加被执行人。从以上规定我们可以看出，对于被执行人的变更、追加，执行法院既可以依职权主动介入，也可以依申请执行人申请启动审查程序，并依法作出裁定追加、变更或者驳回的裁定。

2. 超出法定情形追加、变更被执行人

关于变更、追加被执行人的法定情形。《最高人民法院关于人民法院执行工作若干问题的规定（试行）》已经对变更、追加被执行人的情形有所规定，《最高人民法院关于民事执行中变更、追加当事人若干问题的规定》对以前的相关规定进行了统一，并规定了目前法定的 16 种可以变更、追加为被执行人的主体，具体如下：

（1）遗产管理人、继承人、受遗赠人等。被执行人死亡或者被宣告死亡，申请执行人可以申请变更、追加遗产管理人、继承人、受遗赠人等权利继受人为被执行人，要求其在遗产范围内承担责任。

关于遗产管理人的确定，根据《中华人民共和国民法典》第 1145 条的规定，继承开始后，遗嘱执行人为遗产管理人；没有遗嘱执行人的，继承人应当及时推选遗产管理人；继承人未推选的，由继承人共同担任遗产管理人；没有继承人或者继承人均放弃继承的，由被继承人生前住所地的民政部门或者村民委员会担任遗产管理人。需要注意的是，虽然

申请执行人可以变更遗产管理人为被执行人，但遗产管理人并非承担法律责任的主体，根据《中华人民共和国民法典》第1147条的规定，其主要职责在于处理被继承人的债权债务和分割遗产，因此，在执行活动中不能直接执行遗产管理人个人（单位）所有的财产清偿相关债务。

（2）合并后存续或新设的法人或非法人组织。如果作为被执行人的法人或非法人组织因合并终止的，申请执行人可以申请变更合并后存续或者新设的法人或非法人组织为被执行人。

（3）分立后新设的法人或非法人组织。如果作为被执行人的法人或非法人组织分立，除非被执行人在分立前与申请执行人就债务清偿达成的书面协议另有约定，申请执行人可以申请变更、追加被执行人分立后新设的法人或非法人组织为被执行人。

（4）个人独资企业的出资人。如果被执行人是个人独资企业，申请执行人可以申请变更、追加该企业的出资人为被执行人。反之，如果个人独资企业的出资人为被执行人，申请执行人可以直接向执行法院申请或者法院直接依职权执行该个人独资企业的财产，无须变更、追加程序。另外，个体工商户的字号为被执行人的，执行法院可以直接执行该字号经营者的财产，亦无须变更、追加该经营者为被执行人再采取执行措施。

（5）合伙企业的普通合伙人。被执行人是合伙企业的，申请执行人可以申请变更、追加普通合伙人为被执行人；如果被执行人是有限合伙企业，申请执行人可以申请变更、追加未按期足额缴纳出资的有限合伙人为被执行人，要求该合伙人在未足额缴纳出资的范围内承担责任。

（6）设立分支机构的法人。被执行人为法人分支机构的，申请执行人可以申请变更、追加该法人为被执行人。另外，追加企业法人为被执行人后，如果企业法人直接管理的责任财产仍不能清偿债务的，执行法院可以直接执行该法人其他分支机构的财产，无须再追加其他分支机构为被执行人。同理，如果被执行人是法人，执行法院亦可以直接执行该法人分支机构的财产。

（7）对非法人组织的债务承担责任的主体。对于个人独资企业、合伙企业、法人分支机构以外的非法人组织作为被执行人的，申请执行人可以申请变更、追加依法对该非法人组织的债务承担责任的主体为被执行人。

（8）未缴纳或未足额缴纳出资的股东、出资人或对出资承担连带责任的发起人。对于财产不足以清偿生效法律文书确定债务的营利法人，申请执行人可以申请变更、追加未缴纳或未足额缴纳出资的股东、出资人为被执行人，要求其在尚未缴纳出资范围内依法承担责任。这是民事执行司法实践中最为常见的变更、追加被执行人的情形。根据该条款规定，申请执行人申请追加缴纳出资的期限已经届满而未缴纳或未足额缴纳出资的股东为被执行人，执行法院应予以支持，不存在任何争议。但如果根据公司章程的规定及股东个人认缴出资期限的承诺，若股东的出资期限尚未届满，在公司的财产不足以清偿公司债务的情况下，是否可以申请追加出资期限尚未届满的股东为被执行人，即股东认缴出资应否加速到期，由于相关法律和司法解释尚未予以明确，导致理论界和实务界均存在一定争议。一种观点认为，在民事执行中，作为被执行人的公司财产不足以清偿生效法律文书确定的债务时，追加其股东为被执行人应当符合法律规定的情形，公司章程中规定的某一期认缴出资期限届满前，股东未缴足该期出资的，不属于未缴纳或未足额缴纳出资，不得将股东追加为被执行人。与此相反，另一种观点认为，股东认缴出资期限即使未到，当公司的现有资产不能清偿生效法律文书确定的债务时，人民法院可以根据申请执行人的请求，将未履行出资义务的股东追加为被执行人。

《中华人民共和国企业破产法》第35条规定，人民法院受理破产申请后，债务人的出资人尚未完全履行出资义务的，管理人应当要求该出资人缴纳所认缴的出资，而不受出资期限的限制。《最高人民法院关于适用〈中华人民共和国公司法〉若干问题的规定（二）》第 22 条规定，公司解散时，股东尚未缴纳的出资均应作为清算财产。股东尚未缴纳的出资，包括到期应缴未缴的出资，以及依照《中华人民共和国公司法》第 47 条和第 96 条的规定分期缴纳尚未届满缴纳期限的出资。由此，司法实践中有的法院以上述规定为依据，认为仅破产清算情形下股东认缴出资加速到期，如成都市中级人民法院（2018）川 01 民终 4519 号廖某全、李某希执行异议之诉案。

2019 年 11 月 14 日，最高人民法院印发《全国法院民商事审判工作会议纪要》（法〔2019〕254 号），其中第 6 条规定，在注册资本认缴制下，股东依法享有期限利益。债权人以公司不能清偿到期债务为由，请求未届出资期限的股东在未出资范围内对公司不能清偿的债务承担补充赔偿责任的，人民法院不予支持。但是，下列情形除外：一是公司作为被执行人的案件，人民法院穷尽执行措施无财产可供执行，已具备破产原因，但不申请破产的；二是在公司债务产生后，公司股东（大）会决议或以其他方式延长股东出资期限的。应该说，该规定一定程度上消除了民事执行中的上述争议，即以公司为被执行人的案件，如果执行法院以被执行人公司暂无财产可供执行为由裁定终结本次执行程序的，应当认定符合“公司作为被执行人的案件，人民法院穷尽执行措施无财产可供执行，已具备破产原因，但不申请破产的”情形，在此情况下，对于追加、变更未届出资期限的股东为被执行人，要求股东在未出资范围内对公司不能清偿的债务承担补充赔偿责任的，执行法院应当予以支持。如北京市高级人民法院（2020）京民终 10 号北京保盛国际旅行社有限公司与北京万众旅游股份有限公司、李某兵执行异议之诉一案。

（9）抽逃出资的股东、出资人。对于财产不足以清偿生效法律文书确定债务的营利法人，申请执行人可以申请变更、追加抽逃出资的股东、出资人为被执行人，要求在抽逃出资范围内承担责任。

关于对股东抽逃出资的认定，《最高人民法院关于适用〈中华人民共和国公司法〉若干问题的规定（三）》第12条予以了明确，即公司成立后，公司、股东或者公司债权人以相关股东的行为符合下列情形之一且损害公司权益为由，请求认定该股东抽逃出资的，人民法院应予支持：一是制作虚假财务会计报表虚增利润进行分配；二是通过虚构债权债务关系将其出资转出；三是利用关联交易将出资转出；四是其他未经法定程序将出资抽回的行为。关于举证责任，该规定第20条规定，当事人之间对是否已履行出资义务发生争议，原告提供对股东履行出资义务产生合理怀疑证据的，被告股东应当就其已履行出资义务承担举证责任。根据该规定，申请执行人申请追加未履行出资义务或抽逃出资的股东为被执行人，应当首先举证股东未履行或者未完全履行出资义务或者抽逃出资，证明标准即对股东履行出资义务产生合理怀疑。

（10）未履行出资义务及转让股权的原股东或对该出资承担连带责任的发起人。对于财产不足以清偿生效法律文书确定债务的公司，申请执行人可以申请变更、追加未履行出资义务即转让股权的原股东或依法对该出资承担连带责任的发起人为被执行人。

（11）一人有限责任公司的股东。被执行人为一人有限责任公司，财产不足以清偿法律文书确定的债务的，股东不能证明公司财产独立于自己的财产，申请执行人可以申请变更、追加股东为被执行人，要求股东对公司债务承担连带责任。

司法实践中，一人有限责任公司股东因股东单一性往往会出现股东与公司财产混同、人格混同，对此，申请执行人客观上难以举证证明，因此，一人有限责任公司作为被执行人的情况下，其财产不足以清偿生效法律文书确定的债务的，股东有责任证明其财产独立于公司财产，如果股东不能举证证明，申请人申请变更该股东为被执行人并对公司债务承担连带责任的，应予以支持。

根据《中华人民共和国公司法》第208条的规定，公司应当在每一会计年度终了时编制财务会计报告，并经会计师事务所审计。这是法律规定公司的强制性义务，如果违反该规定，则足以令人对公司股东的个人财产是否独立于公司财产产生合理怀疑。这种情况下，申请执行人可以申请变更、追加该股东为被执行人。

（12）未经清算即办理注销登记的有限责任公司股东、股份有限公司董事和控股股东。作为被执行人的公司未经清算即办理注销登记，导致公司无法进行清算的，申请执行人可以申请追加有限责任公司的股东、股份有限公司的董事和控股股东为被执行人，请求其对公司债务承担连带清偿责任。

（13）无偿接受财产的股东、出资人或主管部门。作为被执行人的法人或者非法人组织，被注销或者出现被吊销营业执照、被撤销、被责令关闭、歇业等解散事由后，被执行人的股东、出资人或者主管部门无偿接受其财产的，导致被执行人无遗留财产或者遗留财产不足以清偿债务的，申请人可以申请变更、追加该股东、出资人或者主管部门为被执行人。

（14）书面承诺对办理注销登记的法人或非法人组织债务承担清偿责任的第三人。如果被执行人的法人或非法人组织，未经依法清算即办理注销登记，在登记机关办理注销登记时，第三人书面承诺对被执行人的债务承担清偿责任，申请执行人可以申请变更、追加该第三人为被执行人，要求该第三人在承诺范围内承担清偿责任。

（15）书面承诺自愿代被执行人履行债务的第三人。案件执行过程中，第三人向执行法院书面承诺自愿代被执行人清偿债务的，申请执行人可以申请变更、追加该第三人为被执行人，要求该第三人在承诺范围内承担责任。

（16）依行政命令接受被执行人财产的第三人。作为被执行人的法人或非法人组织，其财产依行政命令被无偿调拨、划转给第三人，致使被执行人财产不足以清偿生效法律文书确定的债务，申请执行人可以申请变更、追加该第三人为被执行人，要求该第三人在接受的财产范围内承担责任。

3. 未依法对变更、追加被执行人的申请进行审查处理

（1）关于是否需要立案审查。对于变更、追加被执行人是否需要立案审查，各地法院实际做法不一。比如，江苏省高级人民法院于 2017 年 10 月 31 日印发《关于明确变更、追加当事人有关事项的通知》（苏高法电〔2017〕738 号），其中第 1 条规定，变更、追加当事人由执行实施法官审查后直接作出是否变更、追加的裁定，不再立“执异字”案号由执行裁决法官审查。但江苏省高级人民法院在 2018 年 5 月 31 日再次印发《关于进一步明确变更、追加当事人有关事项的通知》（苏高法电〔2018〕388 号），该通知第 1 条规定，执行程序中变更、追加被执行人事项继续由执行实施法官直接作出裁定，但考虑到原来通知中要求执行实施法官直接使用执行案号作出变更、追加执行裁定，容易与执行程序中作出的其他执行裁定混淆，从而发生不向当事人交代救济权利的问题，据此，本通知下发后执行实施法官作出的变更、追加被执行人的裁定，应统一立“执异字”案号。从江苏省高级人民法院前后两个通知来看，对于变更、追加被执行人是否需要重新立案，前后做法不同。

其实，对于变更、追加被执行人是否另行立案，《最高人民法院关于执行案件立案、结案若干问题的意见》第 9 条予以了明确，即申请执行人申请变更、追加被执行人的，人民法院应当按照执行异议案件予以立案。由此，对于变更、追加被执行人执行法院应当以“执异字”案号立案审查。

（2）未在规定期限内审查处理。根据《最高人民法院关于民事执行中变更、追加当事人若干问题的规定》第28条第2款的规定，对于变更、追加被执行人执行法院应当组成合议庭审查并公开听证，事实清楚、权利义务关系明确、争议不大的案件除外。同时，该条第3款规定，执行法院应当自收到当事人书面申请之日起60日内作出裁定，有特殊情况的经本院院长批准可以延长。民事执行实践中通常存在两种错误情形：一是不支持当事人的变更、追加申请的，仅口头上答复不符合法定变更、追加情形，而不按照规定的审查形式作出相应的裁定；二是无正当理由明显超过规定的期限未作出审查处理裁定。对于上述两种不符合法律规定的情形，检察机关应当予以监督。

（3）未告知相关权利人对变更、追加被执行人裁定的救济权利和期限。根据《最高人民法院关于人民法院办理执行异议和复议案件若干问题的规定》第16条第3款的规定，人民法院作出裁定和决定时，法律、司法解释规定了相关权利人申请复议的权利和期限的，应当进行告知。《最高人民法院关于民事执行中变更、追加当事人若干问题的规定》第30条明确规定了相关权利人对变更、追加裁定或者驳回申请裁定不服可以申请复议和提起异议之诉的权利，因此，人民法院作出变更、追加裁定时，应当将申请复议、提起异议之诉的权利和期限告知相应的权利人。

4. 未依法办理变更、追加被执行人申请期间和申请前的财产保全事宜

根据《最高人民法院关于民事执行中变更、追加当事人若干问题的规定》第29条的规定，执行法院审查变更、追加被执行人申请期间，申请人可以向执行法院提出对被申请人的财产采取查封、扣押、冻结等措施，执行法院应当依申请人的申请对被申请人的财产采取相应的查控措施。当然，执行法院采取查控措施的，可以要求申请人提供担保，如果

申请人不提供担保的，执行法院可以驳回申请。针对情况较为紧急的申请，执行法院须在接受申请后 48 个小时内作出裁定，裁定采取查控措施的，应当立即开始执行。

另外，申请执行人在申请变更、追加第三人前，可以向执行法院申请查封、扣押、冻结该第三人财产，但应当提供担保，执行法院接受申请后，必须在 48 小时内作出裁定，裁定采取查控措施的，应当立即开始执行。若申请人不提供担保，执行法院应当裁定驳回申请。申请人在执行法院采取查控措施 30 日内不申请变更、追加第三人为被执行人的，执行法院应当解除该查控措施。

5. 未依法处理执行当事人变更、追加异议

执行法院对执行当事人变更、追加的审查处理，关系到申请执行人、被执行人和案外人的切身利益，为此，《最高人民法院关于民事执行中变更、追加当事人若干问题的规定》明确了申请复议和提出异议之诉两条权利救济途径。

（1）提出异议之诉。执行法院对下列情形作出变更、追加裁定或者裁定驳回申请裁定的，申请人或被申请人不服的可自裁定送达之日起 15 日内向执行法院提出执行异议之诉：

一是变更、追加未按期足额缴纳出资的有限合伙人为被执行人的；二是申请变更、追加未缴纳或者未足额缴纳出资的股东、出资人或者发起人为被执行人的；三是申请变更、追加抽逃出资的股东、出资人为被执行人的；四是申请变更、追加未履行出资义务即转让股权的股东为被执行人的；五是申请变更、追加一人有限责任公司股东的；六是申请变更、追加未经清算即办理公司注销登记的股东、董事和控股股东的。

申请人、被申请人提起执行异议之诉分别以对方为被告，需要注意的是，诉讼期间执行法院不得对争议范围内的财产进行处分，如申请人

请求执行法院继续执行，则应当提供相应的担保。

（2）申请复议。除向执行法院提出执行异议之诉的六种情形外，申请人或被申请人对执行法院的变更、追加裁定或者驳回申请裁定不服的，可以自裁定送达之日起10日内向上一级人民法院申请复议。对复议申请上一级人民法院应当组成合议庭审查，并在收到申请之日起60日内作出复议裁定。被申请人提出复议申请的，复议期间执行法院不得对其争议范围内的财产进行处分。申请人也可以请求执行法院继续执行但必须提供相应的担保。

二、相关案例

案例一：李晓玲、李鹏裕申请执行厦门海洋实业（集团）股份有限公司、厦门海洋实业总公司执行复议案[①]

【关键词】民事诉讼　执行复议　权利承受人　申请执行

【裁判要点】生效法律文书确定的权利人在进入执行程序前合法转让债权的，债权受让人即权利承受人可以作为申请执行人直接申请执行，无须执行法院作出变更申请执行人的裁定。

【相关法条】《中华人民共和国民事诉讼法》第236条第1款[②]

【基本案情】原告投资2234中国第一号基金公司（Investments 2234 China Fund Ⅰ B.V.，以下简称2234公司）与被告厦门海洋实业（集团）股份有限公司（以下简称海洋股份公司）、厦门海洋实业总公司（以下简称海洋实业公司）借款合同纠纷一案，2012年1月11日由最高人民法院作出终审判决，判令：海洋实业公司应于判决生效之日起偿还2234公司

① 最高人民法院第八批指导案例（指导案例34号）。
② 现行《中华人民共和国民事诉讼法》第247条第1款。

借款本金 2274 万元及相应利息；2234 公司对蜂巢山路 3 号的土地使用权享有抵押权。在该判决作出之前的 2011 年 6 月 8 日，2234 公司将其对于海洋股份公司和海洋实业公司的 2274 万元本金债权转让给李晓玲、李鹏裕，并签订债权转让协议。2012 年 4 月 19 日，李晓玲、李鹏裕依据上述判决和债权转让协议向福建省高级人民法院（以下简称福建高院）申请执行。4 月 24 日，福建高院向海洋股份公司、海洋实业公司发出（2012）闽执行字第 8 号执行通知。海洋股份公司不服该执行通知，以执行通知中直接变更执行主体缺乏法律依据，申请执行人李鹏裕系公务员，其受让不良债权行为无效，由此债权转让合同无效为主要理由，向福建高院提出执行异议。福建高院在异议审查中查明：李鹏裕系国家公务员，其本人称，在债权转让中，未实际出资，并已于 2011 年 9 月退出受让的债权份额。

福建高院认为：(1) 关于债权转让合同效力问题。根据《最高人民法院关于审理涉及金融不良债权转让案件工作座谈会纪要》（以下简称《纪要》）第 6 条关于金融资产管理公司转让不良债权存在“受让人为国家公务员、金融监管机构工作人员”的情形无效和《中华人民共和国公务员法》第 53 条第 14 项明确禁止国家公务员从事或者参与营利性活动等相关规定，作为债权受让人之一的李鹏裕为国家公务员，其本人购买债权受身份适格的限制。李鹏裕称已退出所受让债权的份额，该院受理的执行案件未做审查仍将李鹏裕列为申请执行人显属不当。(2) 关于执行通知中直接变更申请执行主体的问题。最高人民法院（2009）执他字第 1 号《关于判断确定的金融不良债权多次转让人民法院能否裁定变更申请执行主体请示的答复》（以下简称 1 号答复）认为：“《最高人民法院关于人民法院执行工作若干问题的规定（试行）》，已经对申请执行人的资格予以明确。其中第18条第1款[①]规定：‘人民法院受理执行案件应当符合下列条件：……（2）申请执行人是生效法律文书确定的权利人或其继承人、权利承受人。’该条中的‘权利承受人’，包含通过债权转让的方式承受债权的人。依法从金融资产管理公司受让债权的受让人将债权再行转让给其他普通受让人的，执行法院可以依据上述规定，依债权转让协议以及受让人或者转让人的申请，裁定变更申请执行主体。”据此，该院在执行通知中直接将本案受让人作为申请执行主体，未作出裁定变更，程序不当，遂于2012年8月6日作出（2012）闽执异字第1号执行裁定，撤销（2012）闽执行字第8号执行通知。

李晓玲不服，向最高人民法院申请复议，其主要理由如下：（1）李鹏裕的公务员身份不影响其作为债权受让主体的适格性。（2）申请执行前，两申请人已同2234公司完成债权转让，并通知了债务人（被执行人），是合法的债权人；根据《最高人民法院关于人民法院执行工作若干问题的规定（试行）》有关规定，申请人只要提交生效法律文书、承受权利的证明等，即具备申请执行人资格，这一资格在立案阶段已予审查，并向申请人送达了案件受理通知书；1号答复适用于执行程序中依受让人申请变更的情形，而本案申请人并非在执行过程中申请变更执行主体，因此不需要裁定变更申请执行主体。

【裁判结果】最高人民法院于2012年12月11日作出（2012）执复字第26号执行裁定：撤销福建高院（2012）闽执异字第1号执行裁定书，由福建高院向两被执行人重新发出执行通知书。

【裁判理由】最高人民法院认为：本案申请复议中争议焦点问题是，生效法律文书确定的权利人在进入执行程序前合法转让债权的，债权受让人即权利承受人可否作为申请执行人直接申请执行，是否需要裁定变

① 现行《最高人民法院关于人民法院执行若干问题的规定（试行）》第16条第1款。

更申请执行主体，以及执行中如何处理债权转让合同效力争议问题。

1. 关于是否需要裁定变更申请执行主体的问题

变更申请执行主体是在根据原申请执行人的申请已经开始了的执行程序中，变更新的权利人为申请执行人。根据《最高人民法院关于人民法院执行工作若干问题的规定（试行）》第16条、第18条[①]的规定，权利承受人有权以自己的名义申请执行，只要向人民法院提交承受权利的证明文件，证明自己是生效法律文书确定的权利承受人的，即符合受理执行案件的条件。这种情况不属于严格意义上的变更申请执行主体，但二者的法律基础相同，故也可以理解为广义上的申请执行主体变更，即通过立案阶段解决主体变更问题。1号答复的意见是，《最高人民法院关于人民法院执行工作若干问题的规定（试行）》第16条可以作为变更申请执行主体的法律依据，并且认为债权受让人可以视为该条规定中的权利承受人。本案中，生效判决确定的原权利人2234公司在执行开始之前已经转让债权，并未作为申请执行人参加执行程序，而是权利受让人李晓玲、李鹏裕依据《最高人民法院关于人民法院执行工作若干问题的规定（试行）》第16条的规定直接申请执行。因其申请已经法院立案受理，受理的方式不是通过裁定而是发出受理通知，债权受让人已经成为申请执行人，故并不需要执行法院再作出变更主体的裁定，然后发出执行通知，而应当直接发出执行通知。实践中有的法院在这种情况下先以原权利人作为申请执行人，待执行开始后再作出变更主体裁定，因其只是增加了工作量，而并无实质性影响，故并不被认为程序上存在问题。但不能由此反过来认为没有作出变更主体裁定是程序错误。

---

① 现行《最高人民法院关于人民法院执行若干问题的规定（试行）》第14条第18条。

2. 关于债权转让合同效力争议问题，原则上应当通过另行提起诉讼解决，执行程序不是审查判断和解决该问题的适当程序

被执行人主张转让合同无效所援引的《最高人民法院关于审理涉及金融不良债权转让案件工作座谈会纪要》第5条也规定：在受让人向债务人主张债权的诉讼中，债务人提出不良债权转让合同无效抗辩的，人民法院应告知其向同一人民法院另行提起不良债权转让合同无效的诉讼；债务人不另行起诉的，人民法院对其抗辩不予支持。关于李鹏裕的申请执行人资格问题。因本案在异议审查中查明，李鹏裕明确表示其已经退出债权受让，不再参与本案执行，故后续执行中应不再将李鹏裕列为申请执行人。但如果没有其他因素，该事实不影响另一债权受让人李晓玲的受让和申请执行资格。李晓玲要求继续执行的，福建高院应以李晓玲为申请执行人继续执行。

案例二：某广告传播有限公司申请执行监督案

【监督要旨】民事执行过程中，人民法院变更、追加被执行人的，应当按照执行异议予以立案，并在作出追加、变更裁定时依法告知相关权利人申请复议或者提起异议之诉的权利和期限，以保障相关权利人的合法权益。

【基本案情】某广告传播有限公司与某投资管理（北京）有限公司宁波第一分公司商事仲裁纠纷一案，执行法院于2018年9月13日立案执行。

2018年9月14日，执行法院向被执行人某投资管理（北京）有限公司宁波第一分公司发出报告财产令和执行通知书，其中执行通知书第六条载明："根据《最高人民法院关于公布失信被执行人名单信息的若干问题》第一条的规定，被执行人有履行能力而不履行生效法律文书确定的义务并具有下列情形之一的，人民法院将其纳入失信被执行人名单，依法对其进行信用惩戒：1. 以伪造证据、暴力、威胁等方法妨碍、抗拒执

行的；……”

2018年10月24日，执行法院依照《最高人民法院关于人民法院执行工作若干问题的规定（试行）》（法释〔1998〕15号）第78条[①]的规定，以执行实施案号作出执行裁定，载明“追加某投资管理（北京）有限公司为本案被执行人。某投资管理（北京）有限公司应在本裁定送达之日起三日内向申请执行人履行付款义务。逾期不履行的，执行法院将依法强制执行。本裁定送达后即发生法律效力”。该裁定书中未载明某投资管理（北京）有限公司为本案被执行人可以向人民法院申请复议或者提起异议之诉的权利和期限。

2019年1月29日，执行法院作出（2018）浙02执525号之二执行裁定，裁定本案终结本次执行。

【监督要点】本案执行过程中主要存在两个争议焦点：一是民事执行过程中追加、变更被执行人应当以执行案号作出裁定还是以执行异议案件立案审查处理；二是追加、变更被执行人是否应当告知相关权利人权利救济途径。

1. 关于追加、变更被执行人的立案

本案执行过程中，执行法院依据《最高人民法院关于执行工作若干问题的规定（试行）》（法释〔1998〕15号）第78条的规定，裁定追加某投资管理（北京）有限公司为本案被执行人。但该引用的条款实际内容为，被执行人为法人的分支机构不能清偿债务时，可以直接裁定法人为被执行人，并非追加企业法人为被执行人。对于该情形，《最高人民法院关于民事执行中变更、追加当事人若干问题的规定》第15条规定，作为

---

① 《最高人民法院关于人民法院执行工作若干问题的规定（试行）》（法释〔1998〕15号）第78条已于2020年12月23日经最高人民法院审判委员会第1823次会议通过的《最高人民法院关于修改〈最高人民法院关于人民法院扣押铁路运输货物若干问题的规定〉等十八件执行类司法解释的决定》修正删除，该条款规定的内容在《最高人民法院关于民事执行中变更、追加当事人若干问题的规定》（法释〔2020〕21号）第15条中予以规定。

被执行人的法人分支机构，不能清偿生效法律文书确定的债务，申请执行人申请变更、追加该法人为被执行人的，人民法院应予以支持。因此，本案中执行法院追加某投资管理（北京）有限公司为本案被执行人具有法律依据。但根据《最高人民法院关于执行案件立案、结案若干问题的意见》第9条第4项的规定，申请执行人申请变更、追加被执行人的，人民法院应当按照执行异议案件予以立案。故本案中，执行法院依法可以追加某投资管理（北京）有限公司为本案被执行人，但应当按照执行异议案件立案并作出裁定。因此，执行法院直接以执行案号作出追加某投资管理（北京）有限公司为本案被执行人裁定不当。

2. 关于告知相关权利人权利的救济途径

本案中，执行法院作出追加某投资管理（北京）有限公司为本案被执行人执行裁定时，并未告知该公司可以向人民法院申请复议或提出异议之诉的权利和期限，但根据《最高人民法院关于人民法院办理执行异议和复议案件若干问题的规定》第16条第3款的规定，人民法院作出裁定和决定时，法律和司法解释规定了相关权利人申请复议的权利和期限的，应当进行告知。《最高人民法院关于民事执行中变更、追加当事人若干问题的规定》第30条、第32条明确规定，被申请人、申请人或者其他执行当事人对执行法院作出的变更、追加裁定或者驳回申请裁定不服，可以申请复议或提起异议之诉，因此，执行法院作出相应的裁定时，应当将申请复议、提起异议之诉的权利和期限告知相应的权利人。本案中，执行法院未将上述事项告知某投资管理（北京）有限公司，属程序不当。

综上所述，检察机关认为，追加被执行人关系到被追加的当事人的合法权益，人民法院在执行过程中应当严格按照相关程序进行。本案执行过程中，执行法院追加某投资管理（北京）有限公司为本案被执行人具有法律依据但程序不当，且未依法告知该公司可以向人民法院申请复议或提起异议之诉的权利和期限，影响了人民法院民事强制执行活动的严肃性和权威性。鉴于此，检察机关依法向执行法院提出检察建议，要求执行法院针对本案中存在的问题依法予以纠正，并严格按照相关法律和司法解释规定的程序变更、追加被执行人，确保民事执行活动依法规范开展，切实保障民事执行案件当事人的合法权益。

【监督结果】 执行法院收到检察建议后，高度重视，组织执行部门对照检察建议反映的问题进行整改，就本案追加被执行人方面存在的问题，做到统一规范，一律按照执行异议案件立案并由执行裁决部门作出裁定，并告知权利救济途径和期限。此外，组织干警认真学习民事执行相关法律规范，确保民事执行活动依法规范开展，以保障民事执行案件当事人的合法权益。

三、法条链接

1. 中华人民共和国企业破产法（2007年6月1日施行）（节录）

第三十五条 人民法院受理破产申请后，债务人的出资人尚未完全履行出资义务的，管理人应当要求该出资人缴纳所认缴的出资，而不受出资期限的限制。

2. 中华人民共和国公司法（2024年7月1日施行）（节录）

第二十三条第三款 只有一个股东的公司股东不能证明公司财产独立于股东自己的财产的，应当对公司债务承担连带责任。

第二百零八条 公司应当在每一会计年度终了时编制财务会计报告，并依法经会计师事务所审计。

3. 最高人民法院关于适用《中华人民共和国公司法》若干问题的规定（二）（2021年1月1日施行 法释〔2020〕18号）（节录）

第二十二条 公司解散时，股东尚未缴纳的出资均应作为清算财产。股东尚未缴纳的出资，包括到期应缴未缴的出资，以及依照公司法第二十六条和第八十条[①]的规定分期缴纳尚未届满缴纳期限的出资。

公司财产不足以清偿债务时，债权人主张未缴出资股东，以及公司设立时的其他股东或者发起人在未缴出资范围内对公司债务承担连带清偿责任的，人民法院应依法予以支持。

4. 最高人民法院关于适用《中华人民共和国公司法》若干问题的规定（三）（2021年1月1日施行　法释〔2020〕18号）（节录）

第十二条　公司成立后，公司、股东或者公司债权人以相关股东的行为符合下列情形之一且损害公司权益为由，请求认定该股东抽逃出资的，人民法院应予支持：

（一）制作虚假财务会计报表虚增利润进行分配；

（二）通过虚构债权债务关系将其出资转出；

（三）利用关联交易将出资转出；

（四）其他未经法定程序将出资抽回的行为。

第二十条　当事人之间对是否已履行出资义务发生争议，原告提供对股东履行出资义务产生合理怀疑证据的，被告股东应当就其已履行出资义务承担举证责任。

5. 最高人民法院关于执行案件立案、结案若干问题的意见（2015年1月1日施行　法发〔2014〕26号）（节录）

第九条　下列案件，人民法院应当按照执行异议案件予以立案：

（一）当事人、利害关系人认为人民法院的执行行为违反法律规定，提出书面异议的；

（二）执行过程中，案外人对执行标的提出书面异议的；

（三）人民法院受理执行申请后，当事人对管辖权提出异议的；

（四）申请执行人申请追加、变更被执行人的；

---

① 现行《中华人民共和国公司法》第47条、第96条。

（五）被执行人以债权消灭、超过申请执行期间或者其他阻止执行的实体事由提出阻止执行的；

（六）被执行人对仲裁裁决或者公证机关赋予强制执行效力的公证债权文书申请不予执行的；

（七）其他依法可以申请执行异议的。

6. 最高人民法院关于人民法院执行工作若干问题的规定（试行）

（2021年1月1日施行　法释〔2020〕21号）（节录）

16. 人民法院受理执行案件应当符合下列条件：

（1）申请或移送执行的法律文书已经生效；

（2）申请执行人是生效法律文书确定的权利人或其继承人、权利承受人；

（3）申请执行人在法定期限内提出申请；

（4）申请执行的法律文书有给付内容，且执行标的和被执行人明确；

（5）义务人在生效法律文书确定的期限内未履行义务；

（6）属于受申请执行的人民法院管辖。

人民法院对符合上述条件的申请，应当在七日内予以立案；不符合上述条件之一的，应当在七日内裁定不予受理。

18. 申请执行，应向人民法院提交下列文件和证件：

（1）申请执行书。申请执行书中应当写明申请执行的理由、事项、执行标的，以及申请执行人所了解的被执行人的财产状况。

申请执行人书写申请执行书确有困难的，可以口头提出申请。人民法院接待人员对口头申请应当制作笔录，由申请执行人签字或盖章。

外国一方当事人申请执行的，应当提交中文申请执行书。当事人所在国与我国缔结或共同参加的司法协助条约有特别规定的，按照条约规定办理。

（2）生效法律文书副本。

(3) 申请执行人的身份证明。自然人个人申请的，应当出示居民身份证；法人申请的，应当提交法人营业执照副本和法定代表人身份证明；非法人组织申请的，应当提交营业执照副本和主要负责人身份证明。

(4) 继承人或权利承受人申请执行的，应当提交继承或承受权利的证明文件。

(5) 其他应当提交的文件或证件。

7. 最高人民法院关于民事执行中变更、追加当事人若干问题的规定

（2021年1月1日施行　法释〔2020〕21号）（节录）

第一条　执行过程中，申请执行人或其继承人、权利承受人可以向人民法院申请变更、追加当事人。申请符合法定条件的，人民法院应予支持。

第二条　作为申请执行人的自然人死亡或被宣告死亡，该自然人的遗嘱执行人、受遗赠人、继承人或其他因该自然人死亡或被宣告死亡依法承受生效法律文书确定权利的主体，申请变更、追加其为申请执行人的，人民法院应予支持。

作为申请执行人的自然人被宣告失踪，该自然人的财产代管人申请变更、追加其为申请执行人的，人民法院应予支持。

第三条　作为申请执行人的自然人离婚时，生效法律文书确定的权利全部或部分分割给其配偶，该配偶申请变更、追加其为申请执行人的，人民法院应予支持。

第四条　作为申请执行人的法人或非法人组织终止，因该法人或非法人组织终止依法承受生效法律文书确定权利的主体，申请变更、追加其为申请执行人的，人民法院应予支持。

第五条　作为申请执行人的法人或非法人组织因合并而终止，合并后存续或新设的法人、非法人组织申请变更其为申请执行人的，人民法院应予支持。

第六条 作为申请执行人的法人或非法人组织分立，依分立协议约定承受生效法律文书确定权利的新设法人或非法人组织，申请变更、追加其为申请执行人的，人民法院应予支持。

第七条 作为申请执行人的法人或非法人组织清算或破产时，生效法律文书确定的权利依法分配给第三人，该第三人申请变更、追加其为申请执行人的，人民法院应予支持。

第八条 作为申请执行人的机关法人被撤销，继续履行其职能的主体申请变更、追加其为申请执行人的，人民法院应予支持，但生效法律文书确定的权利依法应由其他主体承受的除外；没有继续履行其职能的主体，且生效法律文书确定权利的承受主体不明确，作出撤销决定的主体申请变更、追加其为申请执行人的，人民法院应予支持。

第九条 申请执行人将生效法律文书确定的债权依法转让给第三人，且书面认可第三人取得该债权，该第三人申请变更、追加其为申请执行人的，人民法院应予支持。

第十条 作为被执行人的自然人死亡或被宣告死亡，申请执行人申请变更、追加该自然人的遗嘱执行人、继承人、受遗赠人或其他因该自然人死亡或被宣告死亡取得遗产的主体为被执行人，在遗产范围内承担责任的，人民法院应予支持。继承人放弃继承或受遗赠人放弃受遗赠，又无遗嘱执行人的，人民法院可以直接执行遗产。

作为被执行人的自然人被宣告失踪，申请执行人申请变更该自然人的财产代管人为被执行人，在代管的财产范围内承担责任的，人民法院应予支持。

第十一条 作为被执行人的法人或非法人组织因合并而终止，申请执行人申请变更合并后存续或新设的法人、非法人组织为被执行人的，人民法院应予支持。

第十二条 作为被执行人的法人或非法人组织分立，申请执行人申请变更、追加分立后新设的法人或非法人组织为被执行人，对生效法律文书确定的债务承担连带责任的，人民法院应予支持。但被执行人在分立前与申请执行人就债务清偿达成的书面协议另有约定的除外。

第十三条　作为被执行人的个人独资企业，不能清偿生效法律文书确定的债务，申请执行人申请变更、追加其出资人为被执行人的，人民法院应予支持。个人独资企业出资人作为被执行人的，人民法院可以直接执行该个人独资企业的财产。

个体工商户的字号为被执行人的，人民法院可以直接执行该字号经营者的财产。

第十四条　作为被执行人的合伙企业，不能清偿生效法律文书确定的债务，申请执行人申请变更、追加普通合伙人为被执行人的，人民法院应予支持。

作为被执行人的有限合伙企业，财产不足以清偿生效法律文书确定的债务，申请执行人申请变更、追加未按期足额缴纳出资的有限合伙人为被执行人，在未足额缴纳出资的范围内承担责任的，人民法院应予支持。

第十五条　作为被执行人的法人分支机构，不能清偿生效法律文书确定的债务，申请执行人申请变更、追加该法人为被执行人的，人民法院应予支持。法人直接管理的责任财产仍不能清偿债务的，人民法院可以直接执行该法人其他分支机构的财产。

作为被执行人的法人，直接管理的责任财产不能清偿生效法律文书确定债务的，人民法院可以直接执行该法人分支机构的财产。

第十六条　个人独资企业、合伙企业、法人分支机构以外的非法人组织作为被执行人，不能清偿生效法律文书确定的债务，申请执行人申请变更、追加依法对该非法人组织的债务承担责任的主体为被执行人的，人民法院应予支持。

第十七条 作为被执行人的营利法人，财产不足以清偿生效法律文书确定的债务，申请执行人申请变更、追加未缴纳或未足额缴纳出资的股东、出资人或依公司法规定对该出资承担连带责任的发起人为被执行人，在尚未缴纳出资的范围内依法承担责任的，人民法院应予支持。

第十八条 作为被执行人的营利法人，财产不足以清偿生效法律文书确定的债务，申请执行人申请变更、追加抽逃出资的股东、出资人为被执行人，在抽逃出资的范围内承担责任的，人民法院应予支持。

第十九条 作为被执行人的公司，财产不足以清偿生效法律文书确定的债务，其股东未依法履行出资义务即转让股权，申请执行人申请变更、追加该原股东或依公司法规定对该出资承担连带责任的发起人为被执行人，在未依法出资的范围内承担责任的，人民法院应予支持。

第二十条 作为被执行人的一人有限责任公司，财产不足以清偿生效法律文书确定的债务，股东不能证明公司财产独立于自己的财产，申请执行人申请变更、追加该股东为被执行人，对公司债务承担连带责任的，人民法院应予支持。

第二十一条 作为被执行人的公司，未经清算即办理注销登记，导致公司无法进行清算，申请执行人申请变更、追加有限责任公司的股东、股份有限公司的董事和控股股东为被执行人，对公司债务承担连带清偿责任的，人民法院应予支持。

第二十二条 作为被执行人的法人或非法人组织，被注销或出现被吊销营业执照、被撤销、被责令关闭、歇业等解散事由后，其股东、出资人或主管部门无偿接受其财产，致使该被执行人无遗留财产或遗留财产不足以清偿债务，申请执行人申请变更、追加该股东、出资人或主管部门为被执行人，在接受的财产范围内承担责任的，人民法院应予支持。

第二十三条 作为被执行人的法人或非法人组织，未经依法清算即办理注销登记，在登记机关办理注销登记时，第三人书面承诺对被执行人的债务承担清偿责任，申请执行人申请变更、追加该第三人为被执行人，在承诺范围内承担清偿责任的，人民法院应予支持。

第二十四条　执行过程中，第三人向执行法院书面承诺自愿代被执行人履行生效法律文书确定的债务，申请执行人申请变更、追加该第三人为被执行人，在承诺范围内承担责任的，人民法院应予支持。

第二十五条　作为被执行人的法人或非法人组织，财产依行政命令被无偿调拨、划转给第三人，致使该被执行人财产不足以清偿生效法律文书确定的债务，申请执行人申请变更、追加该第三人为被执行人，在接受的财产范围内承担责任的，人民法院应予支持。

第二十六条　被申请人在应承担责任范围内已承担相应责任的，人民法院不得责令其重复承担责任。

第二十七条　执行当事人的姓名或名称发生变更的，人民法院可以直接将姓名或名称变更后的主体作为执行当事人，并在法律文书中注明变更前的姓名或名称。

第二十八条　申请人申请变更、追加执行当事人，应当向执行法院提交书面申请及相关证据材料。

除事实清楚、权利义务关系明确、争议不大的案件外，执行法院应当组成合议庭审查并公开听证。经审查，理由成立的，裁定变更、追加；理由不成立的，裁定驳回。

执行法院应当自收到书面申请之日起六十日内作出裁定。有特殊情况需要延长的，由本院院长批准。

第二十九条　执行法院审查变更、追加被执行人申请期间，申请人申请对被申请人的财产采取查封、扣押、冻结措施的，执行法院应当参照民事诉讼法第一百条的规定办理。

申请执行人在申请变更、追加第三人前，向执行法院申请查封、扣押、冻结该第三人财产的，执行法院应当参照民事诉讼法第一百零一条[①]的规定办理。

第三十条 被申请人、申请人或其他执行当事人对执行法院作出的变更、追加裁定或驳回申请裁定不服的，可以自裁定书送达之日起十日内向上一级人民法院申请复议，但依据本规定第三十二条的规定应当提起诉讼的除外。

第三十一条 上一级人民法院对复议申请应当组成合议庭审查，并自收到申请之日起六十日内作出复议裁定。有特殊情况需要延长的，由本院院长批准。

被裁定变更、追加的被申请人申请复议的，复议期间，人民法院不得对其争议范围内的财产进行处分。申请人请求人民法院继续执行并提供相应担保的，人民法院可以准许。

第三十二条 被申请人或申请人对执行法院依据本规定第十四条第二款、第十七条至第二十一条规定作出的变更、追加裁定或驳回申请裁定不服的，可以自裁定书送达之日起十五日内，向执行法院提起执行异议之诉。

被申请人提起执行异议之诉的，以申请人为被告。申请人提起执行异议之诉的，以被申请人为被告。

第三十三条 被申请人提起的执行异议之诉，人民法院经审理，按照下列情形分别处理：

（一）理由成立的，判决不得变更、追加被申请人为被执行人或者判决变更责任范围；

（二）理由不成立的，判决驳回诉讼请求。

诉讼期间，人民法院不得对被申请人争议范围内的财产进行处分。

① 现行《中华人民共和国民事诉讼法》第104条。

申请人请求人民法院继续执行并提供相应担保的，人民法院可以准许。

第三十四条　申请人提起的执行异议之诉，人民法院经审理，按照下列情形分别处理：

（一）理由成立的，判决变更、追加被申请人为被执行人并承担相应责任或者判决变更责任范围；

（二）理由不成立的，判决驳回诉讼请求。

8. 最高人民法院关于适用《中华人民共和国民事诉讼法》的解释（2022 年 4 月 10 日施行　法释〔2022〕11 号）（节录）

第四百七十条　依照民事诉讼法第二百三十九条①规定，执行中作为被执行人的法人或者非法人组织分立、合并的，人民法院可以裁定变更后的法人或者非法人组织为被执行人；被注销的，如果依照有关实体法的规定有权利义务承受人的，可以裁定该权利义务承受人为被执行人。

第四百七十一条　其他组织在执行中不能履行法律文书确定的义务的，人民法院可以裁定执行对该其他组织依法承担义务的法人或者公民个人的财产。

第四百七十二条　在执行中，作为被执行人的法人或者非法人组织名称变更的，人民法院可以裁定变更后的法人或者非法人组织为被执行人。

第四百七十三条　作为被执行人的公民死亡，其遗产继承人没有放弃继承的，人民法院可以裁定变更被执行人，由该继承人在遗产的范围内偿还债务。继承人放弃继承的，人民法院可以直接执行被执行人的遗产。

9. 最高人民法院关于人民法院办理执行异议和复议案件若干问题的规定（2021 年 1 月 1 日施行　法释〔2020〕21 号）（节录）

第十六条　人民法院依照民事诉讼法第二百二十五条②规定作出裁定时，应当告知相关权利人申请复议的权利和期限。

---

① 现行《中华人民共和国民事诉讼法》第 242 条。

② 现行《中华人民共和国民事诉讼法》第 236 条。

人民法院依照民事诉讼法第二百二十七条[①]规定作出裁定时，应当告知相关权利人提起执行异议之诉的权利和期限。

人民法院作出其他裁定和决定时，法律、司法解释规定了相关权利人申请复议的权利和期限的，应当进行告知。

10. 全国法院民商事审判工作会议纪要（2019年11月14日施行 法〔2019〕254号）（节录）

6. 在注册资本认缴制下，股东依法享有期限利益。债权人以公司不能清偿到期债务为由，请求未届出资期限的股东在未出资范围内对公司不能清偿的债务承担补充赔偿责任的，人民法院不予支持。但是，下列情形除外：

(1) 公司作为被执行人的案件，人民法院穷尽执行措施无财产可供执行，已具备破产原因，但不申请破产的；

(2) 在公司债务产生后，公司股东（大）会决议或以其他方式延长股东出资期限的。

第十二节　执行款物管理检察监督

根据《最高人民法院关于执行款物管理工作的规定》第1条的规定，执行款物是指执行程序中依法应当由人民法院经管的财物。执行案款到账后且无争议的，人民法院应当按照规定在时限内及时发还给执行债权人，部分案款有争议的，应当先将无争议部分及时

① 现行《中华人民共和国民事诉讼法》第238条。

发放。执行款物的接收、返还直接关系到当事人义务的履行和合法权益的实现，对于未按照法定程序对执行款物进行管理，侵害当事人合法权益的情形，检察机关应当依法进行监督，以促进人民法院执行款物规范化管理。

一、监督要领

（一）关于执行款的收取

1. 执行款的收取方式

根据《最高人民法院关于执行款物管理工作的规定》第 6 条至第 9 条的规定，民事执行案件执行款的收取主要有以下几种方式：一是被执行人向申请执行人直接支付；二是执行法院将执行款划至申请执行人账户；三是执行法院将执行款划至法院执行款专户或案款专户；四是交款人直接向人民法院交付现金、票据；五是交款人向人民法院汇款交付；六是交款人将执行款交付给执行人员。

2. 执行人员违反规定收取执行款

根据《最高人民法院关于执行款物管理工作的规定》第 9 条的规定，执行人员原则上不直接收取现金和票据。如果确有必要直接收取的，应当不少于两名执行人员在场，并且即时向交款人出具收取凭证，同时制作收款笔录，由交款人和在场人员签名。此外，执行人员直接收取现金或者票据的，应当在回法院后当日将现金或票据移交财务部门；当日移交确有困难的，应当在回院后 1 日内移交并说明原因。严格规定执行人员直接收取现金、票据程序，目的在于预防执行人员违法违纪行为的发生。

（二）关于执行款的发放

1. 执行款的发放方式

根据《最高人民法院关于执行款物管理工作的规定》第 11 条第 1 款的规定，人民法院发放执行款一般应当采取转账方式。

2. 执行款的发放对象

根据《最高人民法院关于执行款物管理工作的规定》第 11 条第 2 款的规定，一般情况下人民法院应当将执行款发放给申请执行人。司法实践中也存在执行款发放给申请执行人之外主体的情形，这种情况下确需发放给申请执行人以外的单位或个人的，执行法院应当组成合议庭进行审查，但依法应当退还给交款人的除外。

3. 执行款发放手续

根据《最高人民法院关于执行款物管理工作的规定》第 12 条的规定，发放执行款时，执行人员应当填写执行款发放审批表，并报经执行局局长或主管院领导批准后，交由财务部门办理支付手续。此外，根据《最高人民法院关于执行款物管理工作的规定》第 14 条、第 15 条规定，发放执行款时，收款人应当出具合法有效的收款证明，相关发放执行款手续由财务部门审核。

（三）无正当理由未在规定期限内发放执行款

1. 发放执行款的期限

根据《最高人民法院关于执行款物管理工作的规定》第 10 条第 1 款的规定，除具有延缓发送执行款的情形，执行人员应当在收到财务部门执行款到账通知之日起 30 日内，完成执行款的核算等相关工作后通知申请执行人领取和执行款发放等工作。如果案件存在延缓发放执行款的情况，执行人员应当在该情形消失后10日内完成执行款的发放。

2. 可以延缓发放执行款的情形

根据《最高人民法院关于执行款物管理工作的规定》第10条第2款的规定，具有下列情形，并报经执行局局长或者主管领导批准后，可以延缓发放执行款：一是需要进行案款分配的；二是申请执行人因另案诉讼、执行或涉嫌犯罪等原因导致执行款被保全或冻结的；三是申请执行人经通知未领取的；四是案件被依法中止或者暂缓执行的；五是有其他正当理由需要延缓发放执行款的。

（四）关于执行依据确定的物品的交付、返还

1. 交付方式

对于法律文书指定交付的财物或者票证，《中华人民共和国民事诉讼法》第260条规定，由执行员传唤双方当事人当面交付，或者由执行员转交，由被交付人签收。根据《最高人民法院关于执行款物管理工作的规定》第18条的规定，被执行人可以将执行依据确定的交付、返还的物品（包括票据、证照等）直接交付给申请执行人，也可以交由执行法院转交给申请执行人或者由人民法院主持双方当事人进行交接。被执行人直接交付申请执行人的，被执行人应当向执行法院出具物品接收证明，如果没有接收证明，执行人员应当将履行情况记入笔录，由双方当事人签字后附卷。如果由执行法院转交或者由执行法院主持进行交接的，执行人员应当将交付情况记入笔录，经双方当事人签字后附卷。

2. 未按规定程序接收保管

《最高人民法院关于执行款物管理工作的规定》第3条明确规定，由人民法院查封、扣押的物品应当指定专人或者部门负责，逐案登记，妥善保管，且任何人不得擅自使用。至于物品存放场所，根据《最高人民

法院关于执行款物管理工作的规定》第 20 条的规定，应当确定专门场所存放人民法院查封、扣押或者被执行人交付的物品。此外，根据《最高人民法院关于执行款物管理工作的规定》第 19 条的规定，执行法院查封、扣押或者被执行人等直接向执行法院交付的物品，执行人员应当立即通知保管部门对物品进行清点、登记，对有价证券、金银珠宝、古董等贵重物品应当封存，并办理交接，由保管部门接收物品后出具收取凭证。对于异地查封、扣押的物品，执行法院可以委托物品所在地人民法院代为保管。

3. 未按规定期限交付、发放物品

根据《最高人民法院关于执行款物管理工作的规定》第 22 条的规定，执行人员应当在查封、扣押或者被执行人交付执行依据确定交付、返还的物品后 30 日内完成通知申请执行人领取和发放物品等工作。根据《最高人民法院关于执行款物管理工作的规定》第 23 条的规定，如果执行法院解除对物品查封、扣押措施的，除指定由被执行人保管的外，应当自解除查控措施之日起 10 日内将物品发还给所有人或交付人。

二、相关案例

案外人赵某伦房产被拍卖未获发拍卖款民事执行监督案

【监督要旨】执行款到账后，除可以延缓发放的情形外，执行人员应当在收到执行款到账通知后 30 日内完成涉案执行款发放工作。无正当事由长时间延缓发放执行款，侵害债权人的合法权益，检察机关应当依法予以监督纠正。

【申请监督】赵某伦向检察机关申请监督，称某制造有限公司 2 号车间土地系其承租，地上建筑物也系其建造并归其所有，该厂房不应该作为某制造有限公司的财产用于参与分配。请求监督某县人民法院及时退还其建造厂房的拍卖款 1781754 元。

【调查核实】某银行股份有限公司与某制造有限公司、陈某某、孙某某等金融借款合同纠纷一案，经仲裁调解结案，某制造有限公司支付某银行股份有限公司借款本息及为实现债权而支付的费用合计 23346326.31 元，陈某某、孙某某等承担连带责任。因某制造有限公司未履行仲裁调解书，某银行股份有限公司向某县人民法院申请强制执行。某县人民法院于 2017 年 5 月 17 日立案执行。

2017 年 6 月 2 日，某县人民法院公告决定拍卖被执行人某制造有限公司名下房地产。赵某伦向某县人民法院主张某制造有限公司名下 2 号车间土地系其承租，厂房由其出资建造，并提供了《土地租赁合同》等为证。2017 年 9 月 30 日，某县人民法院就涉案房地产价值委托评估，后某县人民法院将评估报告送达陈某某，未向赵某伦送达。

执行期间，赵某伦分别于 2017 年 12 月 12 日、2018 年 1 月 20 日向某县人民法院提出执行异议，要求终止对该厂房的拍卖。2018 年 6 月 19 日，赵某伦在执行谈话时同意将 2 号车间厂房与其他房地产一并拍卖，但要求厂房拍卖后的相应价值归其所有。

2018 年 8 月 16 日，某县人民法院裁定拍卖某制造有限公司名下涉案房地产。拍卖前，某县人民法院进行了财产权属状况调查，知晓拍卖财产涉及案外人赵某伦。拍卖成功后，拍卖款于 2018 年 10 月 22 日打入某县人民法院指定账户，因涉案厂房无法补办相关产权登记，某县人民法院未向赵某伦发放拍卖款。

2019 年 7 月 24 日，赵某伦再次向某县人民法院提出执行异议，要求退还 2 号车间厂房的拍卖款，并提供了《土地租赁合同》、潘某国等 12 位厂房建造人员证人证言等证据。某制造有限公司出具的说明及陈某某在执行笔录中的陈述亦证实 2 号车间厂房系由赵某伦出资建造并归其所有。某县人民法院收到该执行异议申请书后，未依法作出裁定。2019年8月28日，某县人民法院作出终结本次执行裁定，但仍未向赵某伦发放相关拍卖款。另查明，法院立案执行后，赵某伦所有的厂房受到影响，因拍卖款迟迟未发，致其停产，生产经营陷入困境。

【监督要点】本案的监督要点主要为某县人民法院是否应当将涉案部分执行款及时发放给申请人赵某伦。《最高人民法院关于执行款物管理工作的规定》第10条规定，除具有延缓发送执行款的情形外，执行人员应当在收到财务部门执行款到账通知之日起30日内，完成执行款的核算等相关工作后通知申请执行人领取和执行款发放等工作。本案执行过程中，某县人民法院在财产权属调查时知晓了拍卖财产涉及案外人赵某伦，且赵某伦为此多次提出执行异议，但某县人民法院未积极履行职责，进一步查明涉案财产权属状况，亦未在异议审查期满后依法作出相应的裁定。在无延缓发放执行款理由的情况下，在长达近一年的时间未将相应执行款发还赵某伦，显然与相关规定不符。

综上，检察机关于2019年12月19日依法向某县人民法院发出检察建议，建议某县人民法院在依法查明拍卖财产权属状况的基础上，及时发还赵某伦拍卖款，并规范适用终结本次执行裁定和终结执行裁定，规范执行行为。收到某县人民法院的回复函后，检察机关继续跟踪监督该案，赵某伦于2020年11月12日收到剩余争议拍卖款。

【监督结果】某县人民法院复函称因被执行人提起执行分配方案异议之诉等原因，经赵某伦同意扣留争议拍卖款共862973.5元后，于2019年12月30日将894066.5元汇入赵某伦账户，同时将进一步规范执行行为，保护当事人的各项权利。

三、法条链接

1. 中华人民共和国民事诉讼法（2024年1月1日施行）（节录）

第二百六十条　法律文书指定交付的财物或者票证，由执行员传唤双方当事人当面交付，或者由执行员转交，并由被交付人签收。

有关单位持有该项财物或者票证的，应当根据人民法院的协助执行通知书转交，并由被交付人签收。

有关公民持有该项财物或者票证的，人民法院通知其交出。拒不交出的，强制执行。

2. 最高人民法院关于执行款物管理工作的规定（2017年5月1日施行　法发〔2017〕6号）（节录）

第一条　本规定所称执行款物，是指执行程序中依法应当由人民法院经管的财物。

第三条　财务部门应当对执行款的收付进行逐案登记，并建立明细账。

对于由人民法院保管的查封、扣押物品，应当指定专人或部门负责，逐案登记，妥善保管，任何人不得擅自使用。

执行机构应当指定专人对执行款物的收发情况进行管理，设立台账、逐案登记，并与执行款物管理部门对执行款物的收发情况每月进行核对。

第四条　人民法院应当开设执行款专户或在案款专户中设置执行款科目，对执行款实行专项管理、独立核算、专款专付。

人民法院应当采取一案一账号的方式，对执行款进行归集管理，案号、款项、被执行人或交款人应当一一对应。

第六条　被执行人可以将执行款直接支付给申请执行人；人民法院也可以将执行款从被执行人账户直接划至申请执行人账户。但有争议或需再分配的执行款，以及人民法院认为确有必要的，应当将执行款划至执行款专户或案款专户。

第九条 执行人员原则上不直接收取现金和票据；确有必要直接收取的，应当不少于两名执行人员在场，即时向交款人出具收取凭证，同时制作收款笔录，由交款人和在场人员签名。

执行人员直接收取现金或者票据的，应当在回院后当日将现金或票据移交财务部门；当日移交确有困难的，应当在回院后一日内移交并说明原因。财务部门应当按照本规定第七条第二款规定办理。

收到财务部门的收款凭据后，执行人员应当按照本规定第七条第三款规定办理。

第十条 执行人员应当在收到财务部门执行款到账通知之日起三十日内，完成执行款的核算、执行费用的结算、通知申请执行人领取和执行款发放等工作。

有下列情形之一的，报经执行局局长或主管院领导批准后，可以延缓发放：

（一）需要进行案款分配的；

（二）申请执行人因另案诉讼、执行或涉嫌犯罪等原因导致执行款被保全或冻结的；

（三）申请执行人经通知未领取的；

（四）案件被依法中止或者暂缓执行的；

（五）有其他正当理由需要延缓发放执行款的。

上述情形消失后，执行人员应当在十日内完成执行款的发放。

第十一条 人民法院发放执行款，一般应当采取转账方式。

执行款应当发放给申请执行人，确需发放给申请执行人以外的单位或个人的，应当组成合议庭进行审查，但依法应当退还给交款人的除外。

第十二条 发放执行款时，执行人员应当填写执行款发放审批表。执行款发放审批表中应当注明执行案件案号、当事人姓名或名称、交款人姓名或名称、交款金额、交款时间、交款方式、收款人姓名或名称、收款人账号、发款金额和方式等情况。报经执行局局长或主管院领导批准后，交由财务部门办理支付手续。

委托他人代为办理领取执行款手续的，应当附特别授权委托书、委托代理人的身份证复印件。委托代理人是律师的，应当附所在律师事务所出具的公函及律师执照复印件。

第十八条　被执行人将执行依据确定交付、返还的物品（包括票据、证照等）直接交付给申请执行人的，被执行人应当向人民法院出具物品接收证明；没有物品接收证明的，执行人员应当将履行情况记入笔录，经双方当事人签字后附卷。

被执行人将物品交由人民法院转交给申请执行人或由人民法院主持双方当事人进行交接的，执行人员应当将交付情况记入笔录，经双方当事人签字后附卷。

第十九条　查封、扣押至人民法院或被执行人、担保人等直接向人民法院交付的物品，执行人员应当立即通知保管部门对物品进行清点、登记，有价证券、金银珠宝、古董等贵重物品应当封存，并办理交接。保管部门接收物品后，应当出具收取凭证。

对于在异地查封、扣押，且不便运输或容易毁损的物品，人民法院可以委托物品所在地人民法院代为保管，代为保管的人民法院应当按照前款规定办理。

第二十条　人民法院应当确定专门场所存放本规定第十九条规定的物品。

第二十二条　人民法院查封、扣押或被执行人交付，且属于执行依据确定交付、返还的物品，执行人员应当自查封、扣押或被执行人交付之日起三十日内，完成执行费用的结算、通知申请执行人领取和发放物品等工作。不属于执行依据确定交付、返还的物品，符合处置条件的，执行人员应当依法启动财产处置程序。

第二十三条 人民法院解除对物品的查封、扣押措施的，除指定由被执行人保管的外，应当自解除查封、扣押措施之日起十日内将物品发还给所有人或交付人。

物品在人民法院查封、扣押期间，因自然损耗、折旧所造成的损失，由物品所有人或交付人自行负担，但法律另有规定的除外。

第二十六条 执行款物的收发凭证、相关证明材料，应当附卷归档。

第二十七条 案件承办人调离执行机构，在移交案件时，必须同时移交执行款物收发凭证及相关材料。执行款物收发情况复杂的，可以在交接时进行审计。执行款物交接不清的，不得办理调离手续。

第十三节　执行结案检察监督

根据《最高人民法院关于执行案件立案、结案若干问题的意见》第1条的规定，执行案件包括执行实施类案件和执行审查类案件，与之相对应，执行结案亦包括执行实施类案件结案和执行审查类案件结案。执行审查类案件结案的相关内容在执行审查检察监督章节具体阐述，本节所述执行结案主要是指执行实施类案件的结案。执行结案既可以指由于某种情形导致执行程序的终结，待该情形消除后恢复执行；也可以指执行案件的实体终结，不应或者无须予以恢复执行。因此，执行结案并不完全等同申请执行人权利的全部实现。

一、监督要领

（一）执行案件的办理期限

1. 一般案件的办理期限

根据《最高人民法院关于人民法院执行工作若干问题的规定（试行）》第63条的规定，人民法院执行生效法律文书，一般应当在立案之日起6个月内执行结案。也就是说，民事执行立案后一般情况下执行法院应当在6个月内结案。对于执行结案期限，《最高人民法院关于人民法院办理执行案件若干期限的规定》第1条规定，被执行人有财产可供执行的案件，一般应当在立案之日起6个月内执结；非诉执行案件一般应当在立案之日起3个月内执结。从上述规定可以看出，执行结案期限因据以执行的法律文书不同而有所区分。

2. 不计入办案期限的期间

根据《最高人民法院关于人民法院执行工作若干问题的规定（试行）》第63条的规定，中止执行的期间应当在办案期限内予以扣除。此外，《最高人民法院关于严格执行案件审理期限制度的若干规定》第9条、《最高人民法院关于人民法院办理执行案件若干期限的规定》第13条对不计入执行期限的期间进一步加以明确，规定下列期间不计入执行期限：一是公告送达执行法律文书的期间；二是暂缓执行的期间；三是中止执行的期间；四是就法律适用问题向上级法院请示的期间；五是与其他法院发生执行争议报请共同的上级法院协调处理的期间；六是执行案件由有关专业机构进行审计、评估、资产清理的期间；七是执行中拍卖、变卖被查封、扣押财产的期间。

3. 执行案件办理期限的延长

根据《最高人民法院关于人民法院执行工作若干问题的规定（试行）》第 63 条的规定，案件执行过程中，确有特殊情况需要延长的，由本院院长批准。对此，《最高人民法院关于人民法院办理执行案件若干期限的规定》第 1 条规定，有特殊情况须延长执行期限的，应当报请本院院长或副院长批准，且申请延长执行期限的，应当在期限届满前 5 日内提出。

对于特殊情况可以延长的执行期限，根据《最高人民法院关于严格执行案件审理期限制度的若干规定》第 9 条的规定，经本院院长批准，可以延长 3 个月，还需延长的，应当层报高级人民法院备案。

（二）执行案件的具体结案方式

根据《最高人民法院关于执行案件立案、结案若干问题的意见》第 14 条的规定，除执行财产保全裁定、恢复执行的案件外[①]，其他执行实施类案件的结案方式包括：（1）执行完毕；（2）终结本次执行程序；（3）终结执行；（4）销案；（5）不予执行；（6）驳回申请。2020 年 12 月 23 日，最高人民法院对《关于人民法院执行工作若干问题的规定（试行）》中执行结案方式的内容作了修改，修正后结案方式与《最高人民法院关于执行案件立案、结案若干问题的意见》第 14 条的规定一致。六种结案方式具体分析如下：

---

① 《最高人民法院关于执行案件立案、结案若干问题的意见》第 21 条规定，财产保全案件的结案方式包括：（1）保全完毕，即保全事项全部实施完毕；（2）部分保全，即因未查询到足额财产，致使保全事项未能全部实施完毕；（3）无标的物可实施保全，即未查到财产可供保全。第 22 条规定，恢复执行案件的结案方式包括：（1）执行完毕；（2）终结本次执行程序；（3）终结执行。

1. 执行完毕

（1）以执行完毕结案的条件。根据《最高人民法院关于执行案件立案、结案若干问题的意见》第 15 条第 1 款的规定，以执行完毕结案需满足两种情形：一是被执行人自动履行、人民法院强制执行，生效法律文书确定的执行内容全部执行完毕；二是当事人达成执行和解协议，且执行和解协议内容履行完毕。

（2）执行完毕结案的程序。根据《最高人民法院关于执行案件立案、结案若干问题的意见》第 15 条第 2 款的规定，执行法院以执行完毕结案，应当制作结案通知书并发送当事人。如果申请执行人、被执行人双方书面认可执行完毕，或者口头认可执行完毕并记入笔录的，则无须再制作结案通知书。

2. 终结本次执行程序

《最高人民法院关于执行案件立案、结案若干问题的意见》第 16 条对终结本次执行程序的结案方式作了详细规定，但其后实施的《最高人民法院关于严格规范终结本次执行程序的规定（试行）》又对相关内容进行了修改，标准更为严格，故以终结本次执行程序方式结案的条件和程序应以后续最新规定为依据。

（1）终结本次执行程序的条件。根据《最高人民法院关于严格规范终结本次执行程序的规定（试行）》第 1 条的规定，人民法院终结本次执行程序，应同时符合下列条件：

第一，已向被执行人发出执行通知、责令被执行人报告财产。根据《最高人民法院关于严格规范终结本次执行程序的规定（试行）》第 2 条的规定，“责令被执行人报告财产”，是指应当完成下列事项：向被执行人发出报告财产令；对被执行人报告的财产情况予以核查；对逾期报告、拒绝报告或者虚假报告的被执行人或者相关人员，依法采取罚款、拘留等强制措施，构成犯罪的，依法启动刑事责任追究程序。人民法院应当将财产报告、核实及处罚的情况记录入卷。

第二，已向被执行人发出限制消费令，并将符合条件的被执行人纳入失信被执行人名单。根据《最高人民法院关于进一步规范近期执行工作相关问题的通知》第 2 条第 1 项的规定，原终结本次执行程序中已发出限制消费令的恢复执行案件，人民法院再次终结本次执行程序的，可无须再根据《最高人民法院关于严格规范终结本次执行程序的规定》第 1 条第 2 项发出限制消费令。

第三，已穷尽财产调查措施，未发现被执行人有可供执行的财产或者发现的财产不能处置。根据《最高人民法院关于严格规范终结本次执行程序的规定（试行）》第 3 条的规定，“已穷尽财产调查措施”指应当完成下列调查事项：①对申请执行人或者其他人提供的财产线索进行核查；②通过网络执行查控系统对被执行人的存款、车辆及其他交通运输工具、不动产、有价证券等财产情况进行查询；③无法通过网络执行查控系统查询本款第二项规定的财产情况的，在被执行人住所地或者可能隐匿、转移财产所在地进行必要调查；④被执行人隐匿财产、会计账簿等资料且拒不交出的，依法采取搜查措施；⑤经申请执行人申请，根据案件实际情况，依法采取审计调查、公告悬赏等调查措施；⑥法律、司法解释规定的其他财产调查措施。人民法院应当将财产调查情况记录入卷。根据《最高人民法院关于进一步规范近期执行工作相关问题的通知》第 2 条第 3 项的规定，执行法院通过总对总网络执行查控系统查询被执行人财产的，必须完成对所有已开通查询功能的财产项目的查询，仅查询部分财产项目的，不符合完成网络调查事项的要求。拟终结本次执行程序时距完成前次总对总网络查控已超过 3 个月的，还应在终结本次程序之前再次通过总对总网络执行查控系统查询被执行人的财产。此外，根据《最高人民法院关于进一步规范近期执行工作相关问题的通知》第 2

条第5项的规定，人民法院终结本次执行程序前，应严格执行《最高人民法院关于民事执行中财产调查若干问题的规定》，积极采取现场调查等方式，查明被执行人财产状况和履行义务能力，一般应当完成下列调查事项：①对申请执行人提供的财产线索，必须予以核实，并将核实情况记录入卷；②向被执行人发出报告财产令时，应及时传唤被执行人或其法定代表人、负责人、实际控制人到人民法院接受调查询问；③住房公积金、金融理财产品、收益类保险、股息红利等未实现网络查控的财产，应前往现场调查，并制作调查笔录附卷为凭；④被执行人是自然人的，向被执行人所在单位及居住地周边群众调查了解被执行人生活居住、劳动就业、收入、债权、股权等情况，并制作调查笔录附卷为凭；⑤被执行人是法人或其他组织的，对其住所地、经营场所进行现场调查；全面核查被执行人企业性质及设立、合并分立、投资经营、债权债务、变更终止等情况，并可依申请进行审计调查。

根据《最高人民法院关于严格规范终结本次执行程序的规定（试行）》第4条的规定，“发现的财产不能处置”，主要是指下列情形：①被执行人的财产经法定程序拍卖、变卖未成交，申请执行人不接受抵债或者依法不能交付其抵债，又不能对该财产采取强制管理等其他执行措施的；②人民法院在登记机关查封的被执行人车辆、船舶等财产，未能实际扣押的。

第四，自执行案件立案之日起已超过3个月。但是，根据《最高人民法院关于进一步规范近期执行工作相关问题的通知》第2条第2项的规定，在严格按照《最高人民法院关于严格规范终结本次执行程序的规定》的程序标准和实质标准完成必要的执行措施后，人民法院终结本次执行程序，可不受《最高人民法院关于严格规范终结本次执行程序的规定》第1条第4项规定的3个月期限的限制。

第五，被执行人下落不明的，已依法予以查找；被执行人或者其他人妨害执行的，已依法采取罚款、拘留等强制措施，构成犯罪的，已依法启动刑事责任追究程序。

（2）终结本次执行程序的程序。

第一，征求申请执行人的意见。根据《最高人民法院关于严格规范终结本次执行程序的规定（试行）》第5条的规定，终结本次执行程序前，执行法院应当将案件执行情况、采取的财产调查措施、被执行人的财产情况、终结本次执行程序的依据及法律后果等信息告知申请执行人，并听取其对终结本次执行程序的意见，且应当将申请执行人的意见记录入卷。根据《最高人民法院关于进一步规范近期执行工作相关问题的通知》第2条第4项规定，征求申请执行人意见时，可以采取面谈、电话、邮件、传真、短信、微信等方式，必须将征求意见情况记录入卷为凭；有下列情形之一的，可不再征求申请执行人意见：①执行内容仅为追缴诉讼费或罚款的；②行政非诉执行案件；③刑事财产刑执行案件；④申请执行人申请终结本次执行程序的。

第二，关于是否需经合议庭审查核实。根据《最高人民法院关于适用〈中华人民共和国民事诉讼法〉的解释》第517条的规定，拟以终结本次执行程序方式结案的案件应组成合议庭进行审查核实，如果申请执行人签字确认同意的可以不组成合议庭审查。也就是说，司法实践中，执行法院依职权裁定终结本次执行程序的应当经合议庭审查核实；反之，如果申请执行人同意执行法院终结本次执行程序的，则无须经合议庭审查核实。

第三，报经院长批准。根据《最高人民法院关于适用〈中华人民共和国民事诉讼法〉的解释》第517条的规定，经院长批准后，才可以裁定终结本次执行程序。

（3）关于终结本次执行程序裁定书的内容。根据《最高人民法院关于严格规范终结本次执行程序的规定（试行）》第6条第1款的规定，裁定书应载明下列内容：①申请执行的债权情况；②执行经过及采取的执行措施、强制措施；③查明的被执行人财产情况；④实现的债权情况；⑤申请执行人享有要求被执行人继续履行债务及依法向人民法院申请恢复执行的权利，被执行人负有继续向申请执行人履行债务的义务。终结本次执行程序裁定书应当依法在互联网上公开。

（4）执行裁定书的送达。根据《最高人民法院关于严格规范终结本次执行程序的规定（试行）》第6条第2款的规定，终结本次执行程序裁定书应当送达申请执行人，送达后执行案件可以作结案处理。

（5）终结本次执行程序异议。根据《最高人民法院关于严格规范终结本次执行程序的规定（试行）》第7条的规定，当事人、利害关系人认为终结本次执行程序违反法律规定的，可以向执行法院提出异议，对于该异议执行法院应当按照执行行为异议程序审查处理。

（6）关于终结本次执行程序后是否仍可以采取执行措施。根据《最高人民法院关于严格规范终结本次执行程序的规定（试行）》第16条的规定，终结本次程序后，执行法院既可以依申请执行人申请，依法办理查封、扣押、冻结延长手续，亦可以依当事人、利害关系人的申请，变更、追加执行当事人，追加被执行人后，对申请执行人恢复执行申请应当予以支持。此外，根据《最高人民法院关于严格规范终结本次执行程序的规定（试行）》第17条的规定，终结本次执行程序后，执行法院对被执行人或他人具有妨害执行行为的，可以采取罚款、拘留等强制措施。从上述规定可以看出，终结本次执行程序后，执行法院仍可以对原执行案件采取相应的执行措施，待符合恢复执行条件时再予以恢复执行。

（7）恢复执行。终结本次执行程序后，具备执行条件时可以随时恢复执行，并且不受申请执行时效期间的限制。根据《最高人民法院关于严格规范终结本次执行程序的规定（试行）》第9条的规定，恢复执行既可以由申请执行人申请恢复执行，也可以由执行法院依职权恢复执行，恢复执行的前提一致，即发现被执行人可供执行的财产线索，恢复执行条件成就。

3. 终结执行

对于终结执行的理解，一般是指在案件执行过程中，由于发生某种特殊情况，强制执行程序没有必要或不可能继续进行，从而结束执行程序。对于发生哪些特殊情况才能以终结执行结案，也是随着司法实践的发展而不断充实和完善的。

（1）关于终结执行的情形。根据《中华人民共和国民事诉讼法》第268条规定，有下列情形之一的，可以裁定终结执行：一是申请人撤销申请的；二是据以执行的法律文书被撤销的；三是作为被执行人的公民死亡，无遗产可供执行，又无义务承担人的；四是追索赡养费、扶养费、抚育费案件的权利人死亡的；五是作为被执行人的公民因生活困难无力偿还借款，无收入来源，又丧失劳动能力的；六是人民法院认为应当终结执行的其他情形。

《最高人民法院关于人民法院执行工作若干问题的规定（试行）》第61条又规定了应当终结执行的情形，即被执行人被人民法院裁定宣告破产，执行法院应当依照《中华人民共和国民事诉讼法》第268条第6项的规定，裁定终结执行。对此，《最高人民法院关于适用〈中华人民共和国民事诉讼法〉的解释》第513条也进行了明确，即被执行人住所地人民法院裁定受理破产案件后，执行法院即应当解除对被执行人财产的保全措施；裁定宣告被执行人破产的，执行法院则应当裁定终结对被执行人的执行。

对终结执行规定最为详细的是《最高人民法院关于执行案件立案、结案若干问题的意见》第17条第1款的规定，除上述应当终结执行的情形外，该规定还明确了以下情形执行法院可以以“终结执行”方式结案：一是双方当事人达成和解协议，申请执行人撤回申请的，该情形也被《最高人民法院关于适用〈中华人民共和国民事诉讼法〉的解释》第464条的内容所吸收。另外，《最高人民法院关于进一步规范近期执行工作相关问题的通知》第3条规定，对于当事人达成和解协议，但需要长期履行的，可以以终结执行方式（选择“和解长期履行”情形）报结。二是作为被执行人的企业法人或其他组织被撤销、注销、吊销营业执照或者歇业、终止后既无财产可供执行，又无义务承受人，也没有能够依法追加、变更执行主体的。三是依照《中华人民共和国刑法》第53条规定免除罚金的。四是行政执行标的灭失的。需要注意的是，根据《最高人民法院关于执行案件立案、结案若干问题的意见》第17条第1款的规定，案件被上级人民法院提级执行、被上级人民法院指定其他法院执行，以及委托法院办理委托手续且收到受托法院立案通知书三种情形，执行法院可以依“终结执行”方式结案，但根据《最高人民法院关于进一步规范指定执行等执行案件立案、结案、统计和考核工作的通知》第3条、《最高人民法院关于委托执行若干问题的规定》第2条的规定，上述三种情形均作销案处理，因此，不得再以“终结执行”结案；接受指定执行、提级执行、委托执行（全案）而立执行案件的，也立“执”字案号。

另外，根据《最高人民法院关于适用〈中华人民共和国民事诉讼法〉的解释》第492条的规定，执行标的物为特定物的，应当执行原物。原物确已毁损或者灭失的，双方当事人对折价赔偿不能协商一致的，人民法院应当终结执行程序。申请执行人可以另行起诉。

（2）终结执行的程序。根据《最高人民法院关于执行案件立案、结案若干问题的意见》第17条第2款的规定，执行法院裁定终结执行的，应当制作裁定书，并送达当事人。并且，根据《最高人民法院关于人民法院执行工作若干问题的规定（试行）》第62条、《中华人民共和国民事诉讼法》第265条的规定，裁定书应当写明终结执行的理由和法律依据，终结执行裁定书送达当事人后立即生效。

（3）终结执行异议。根据《最高人民法院关于人民法院办理执行异议和复议案件若干问题的规定》第6条的规定，当事人、利害关系人可以对执行法院终结执行措施提出异议。根据该规定，当事人、利害关系人依照《中华人民共和国民事诉讼法》第236条的规定提出异议，应当在执行程序终结之前提出，但对终结执行措施提出异议的期间该条款并未规定。对此，《最高人民法院关于对人民法院终结执行行为提出执行异议期限问题的批复》进行了明确，即当事人、利害关系人应当在收到终结执行法律文书之日起60日内提出；如果未收到法律文书的，应当自知道或者应当知道人民法院终结执行之日起60日内提出。该批复发布前终结执行的，自批复发布之日起60日内提出。超出上述期限提出执行异议的，人民法院则不予受理。在规定期限内提出异议的，执行法院则按照《中华人民共和国民事诉讼法》第236条规定审查处理。

（4）关于终结执行后的恢复执行。对于终结执行的案件，有些情形没必要，或者也不可能再恢复执行，如因申请执行人撤销申请或者当事人达成执行和解协议而被执行人不履行和解协议的，则申请执行人可以向执行法院申请恢复执行。对此《最高人民法院关于适用〈中华人民共和国民事诉讼法〉的解释》第518条、《最高人民法院关于进一步规范近期执行工作相关问题的通知》第3条进行了明确。但需要注意的是，申请执行人申请恢复执行应当在申请执行时效期间内提出，否则，在被执行人提出时效期间异议的情况下可能要承担人民法院不予执行的不利后果。

4. 销案

根据《最高人民法院关于执行案件立案、结案若干问题的意见》第18条的规定，执行实施案件立案后，有下列情形之一的，可以以“销案”

方式结案：一是被执行人提出管辖异议，经审查异议成立，将案件移送有管辖权的法院或申请执行人撤回申请的；二是发现其他有管辖权的人民法院已经立案在先的；三是受托法院报经高级人民法院同意退回委托的。之后，《最高人民法院关于进一步规范指定执行等执行案件立案、结案、统计和考核工作的通知》第3条规定，《最高人民法院关于委托执行若干问题的规定》第2条的规定，案件被上级人民法院裁定提级执行的、案件被上级人民法院裁定指定由其他法院执行的、按照《最高人民法院关于委托执行若干问题的规定》办理了全案委托执行手续且收到受托法院立案通知书的，以“销案”方式结案。

5. 不予执行

根据《最高人民法院关于执行案件立案、结案若干问题的意见》第19条的规定，执行实施案件立案后，被执行人对仲裁裁决或公证债权文书提出不予执行申请，经人民法院审查，裁定不予执行的，以“不予执行”方式结案。

（1）关于仲裁裁决的不予执行。

第一，关于申请对仲裁裁决不予执行的主体。根据《最高人民法院关于人民法院办理仲裁裁决执行案件若干问题的规定》第2条第2款的规定，被执行人、案外人可以对仲裁裁决执行案件申请不予执行，被执行人作为不予执行的申请主体比较明确，而案外人向人民法院申请不予执行仲裁裁决或者仲裁调解书的，根据《最高人民法院关于人民法院办理仲裁裁决执行案件若干问题的规定》第9条规定，必须提交证明其请求成立的证据材料，并符合下列条件：一是有证据证明仲裁案件的当事人恶意申请仲裁或者虚假仲裁，损害其合法权益；二是其主张的合法权益所涉执行标的尚未执行终结；三是自知道或者应当知道执行法院对该标的采取执行措施之日起30日内提出。

第二，对仲裁裁决不予执行的情形。根据《中华人民共和国民事诉讼法》第248条的规定，被申请人提出证明，证明仲裁裁决有下列情形之一的，经人民法院审查核实，裁定不予执行：

一是当事人在合同中未约定仲裁条款或事后没有达成书面仲裁协议的。

二是裁决的事项不属于仲裁协议的范围或者仲裁机构无权仲裁的。根据《最高人民法院关于人民法院办理仲裁裁决执行案件若干问题的规定》第13条的规定，下列情形经人民法院审查属实的，应当认定为“裁决的事项不属于仲裁协议的范围或者仲裁机构无权仲裁的”：裁决事项超出仲裁协议约定的范围、裁决事项属于依照法律规定或者当事人选择的仲裁规则规定的不可仲裁的事项[①]、裁决内容超出当事人仲裁请求的范围、作出仲裁裁决的仲裁机构并非仲裁协议所约定。

三是仲裁庭的组成或者仲裁的程序违反法定程序的。根据《最高人民法院关于人民法院办理仲裁裁决执行案件若干问题的规定》第14条的规定，违反仲裁法规定的仲裁程序、当事人选择的仲裁规则或者当事人对仲裁程序有特别约定，可能影响案件公正裁决，应认定为仲裁庭的组成或者仲裁的程序违反法定程序。

四是裁决所根据的证据系伪造的。根据《最高人民法院关于人民法院办理仲裁裁决执行案件若干问题的规定》第15条的规定，人民法院认定裁决所根据的证据系伪造，应当符合以下条件：①该证据已被仲裁裁决采信；②该证据是仲裁裁决认定案件基本事实的主要证据；③经查该证据确属通过捏造、变造等非法方式形成或取得。

五是对方当事人向仲裁机构隐瞒了足以影响公正裁决的证据的。根据《最高人民法院关于人民法院办理仲裁裁决执行案件若干问题的规定》

① 根据《中华人民共和国仲裁法》第2条规定，仲裁机构可以仲裁的仅包括当事人之间已发生的合同纠纷和其他财产权益纠纷。

第 16 条的规定，认定“对方当事人向仲裁机构隐瞒了足以影响公正裁决的证据”，需要满足以下条件：①属于认定案件基本事实的主要证据；②仅为对方当事人掌握，但未向仲裁庭提交；③对方当事人无正当理由未予出示或提交。需要注意的是，足以影响公正裁决的证据须为对方当事人掌握且未提交，当事人一方在仲裁过程中隐瞒己方掌握的证据，仲裁裁决作出后以己方所隐瞒的证据足以影响公正裁决为由申请不予执行仲裁裁决的，人民法院不予支持。

六是仲裁员在仲裁该案时有贪污贿赂、徇私舞弊、枉法裁决行为的。

另外，执行法院认定执行该仲裁裁决违背社会公共利益的，应当裁定不予执行。

第三，申请不予执行的期限。根据《最高人民法院关于人民法院办理仲裁裁决执行案件若干问题的规定》第 8 条的规定，被执行人向执行法院申请不予执行仲裁裁决，应当在执行通知书送达之日起 15 日内提出书面申请；如裁决所根据的证据是伪造的，仲裁员在仲裁该案时有贪污受贿、徇私舞弊、枉法裁决行为且案件执行程序尚未终结的，被执行人应当自知道或应当知道有关事实或案件之日起 15 日内提出。《最高人民法院关于人民法院办理仲裁裁决执行案件若干问题的规定》第 9 条的规定，案外人提出不予执行申请应当自知道或者应当知道人民法院对标的采取执行措施之日起 30 日内。

根据《最高人民法院关于人民法院办理仲裁裁决执行案件若干问题的规定》第 19 条的规定，逾期申请不予执行的，人民法院应当裁定不予受理；如果已经受理的，应当裁定驳回不予执行申请。

第四，不予执行申请的审查处理。根据《最高人民法院关于人民法院办理仲裁裁决执行案件若干问题的规定》第 2 条的规定，仲裁裁决案件执行由被执行人住所地或者被执行财产所在地的中级人民法院管辖；对仲裁裁决执行案件申请不予执行的，亦由负责执行的中级人民法院管辖。如果执行案件已指定基层人民法院管辖，该基层人民法院应当在收到不予执行申请后3日内移送原执行法院另行立案审查处理。另外，根据《最高人民法院关于人民法院办理仲裁裁决执行案件若干问题的规定》第11条的规定，对不予执行仲裁裁决案件应当组成合议庭进行审查，且审查要围绕申请理由，除涉及社会公共利益外，没有申请的事由不予审查。

根据《最高人民法院关于人民法院办理仲裁裁决执行案件若干问题的规定》第12条的规定，对不予执行仲裁裁决案件的审查，人民法院应当在立案之日起两个月内审查完毕并作出裁定。由于特殊情况确需延长的，经本院院长批准，可以延长1个月。

第五，裁定书的送达。根据《中华人民共和国民事诉讼法》第248条第4款的规定，人民法院裁定不予执行的，裁定书应当送达双方当事人和仲裁机构。

第六，裁定不予执行的权利救济。根据《最高人民法院关于适用〈中华人民共和国民事诉讼法〉的解释》第476条的规定，当事人对裁定不予执行提出异议或者复议的，人民法院不予受理。当事人可以就该民事纠纷重新达成书面仲裁协议申请仲裁，也可以向人民法院起诉。对此，《最高人民法院关于人民法院办理仲裁裁决执行案件若干问题的规定》第22条规定，人民法院裁定不予执行仲裁裁决、驳回或者不予受理不予执行仲裁裁决申请后，当事人对该裁定提出异议或者申请复议的，人民法院不予受理。之后的权利救济途径，该条款规定与《最高人民法院关于适用〈中华人民共和国民事诉讼法〉的解释》的规定一致。

需要注意的是，如果人民法院基于案外人申请不予执行仲裁裁决或者仲裁调解时，当事人不服的，可以自裁定书送达之日起10日内向上一级人民法院申请复议；案外人不服人民法院裁定驳回或者不予受理其提出的不予执行申请的，也可以自裁定送达之日起10日内向上一级人民法院申请复议。

（2）关于公证债权文书的不予执行。《中华人民共和国民事诉讼法》第 249 条第 2 款规定，公证债权文书确有错误的，人民法院裁定不予执行。

第一，关于申请裁定不予执行的情形。根据《最高人民法院关于公证债权文书执行若干问题的规定》第 12 条的规定，有下列情形之一的，被执行人可以申请不予执行公证债权文书：一是被执行人未到场且未委托代理人到场办理公证的；二是无民事行为能力人或者限制民事行为能力人没有监护人代为办理公证的；三是公证员为本人、近亲属办理公证，或者办理与本人、近亲属有利害关系的公证的；四是公证员办理该项公证有贪污受贿、徇私舞弊行为，已由生效刑事法律文书等确认；五是其他严重违反公证程序的情形。

第二，申请不予执行的期限。根据《最高人民法院关于公证债权文书执行若干问题的规定》第 13 条第 1 款的规定，被执行人申请不予执行公证债权文书，应当在执行通知书送达之日起 15 日内向人民法院提出书面申请。如果以公证员为本人、近亲属办理公证，或者办理与本人、近亲属有利害关系的公证的，或者公证员办理该项公证有贪污受贿、徇私舞弊行为为由，且案件执行程序尚未终结的，被执行人应当自知道或者应当知道有关事实之日起 15 日内提出。

第三，不予执行申请的审查。根据《最高人民法院关于公证债权文书执行若干问题的规定》第 13 条第 2 款的规定，不予执行公证债权文书申请由负责该案件执行的人民法院审查，人民法院应当根据《最高人民法院关于公证债权文书执行若干问题的规定》第 16 条的规定，在受理之日起 60 日内审查完毕并作出裁定。有特殊情况需要延长审查期限的，经本院院长批准可以延长 30 日。

第四，关于审查期间是否需要停止执行。根据《最高人民法院关于公证债权文书执行若干问题的规定》第 17 条的规定，人民法院审查不予执行公证债权文书期间，不停止执行。如果被执行人提供充分、有效的担保，请求停止相应处分措施的，人民法院可以准许；如果申请执行人亦提供充分、有效担保，请求继续执行的，则人民法院应当继续执行，这亦体现了执行优先的原则。

第五，不予执行审查的处理及救济。根据《最高人民法院关于公证债权文书执行若干问题的规定》第 18 条第 1 款的规定，被执行人申请不予执行，人民法院经审查理由成立的，裁定不予执行。同时，《最高人民法院关于公证债权文书执行若干问题的规定》第 20 条又明确规定，当事人对不予执行裁定提出执行异议或者申请复议的，人民法院不予受理，但当事人可以就该债权文书涉及的民事权利义务争议向人民法院提起诉讼。

根据《最高人民法院关于公证债权文书执行若干问题的规定》第 18 条第 2 款的规定，被执行人申请不予执行，人民法院审查后认为，理由不成立的，则裁定驳回不予执行申请。根据《最高人民法院关于公证债权文书执行若干问题的规定》第 21 条的规定，当事人不服驳回不予执行申请裁定的，可以自裁定送达之日起 10 日内向上一级人民法院申请复议。上一级人民法院则应当在收到复议申请之日起 30 日内审查，并作出相应裁定。需要注意的是，复议期间不停止执行。

6. 驳回申请

根据《最高人民法院关于执行案件立案、结案若干问题的意见》第 20 条的规定，执行实施案件立案后，经审查发现不符合《最高人民法院关于人民法院执行工作若干问题的规定（试行）》第 16 条规定的受理条件，裁定驳回申请的，以“驳回申请”方式结案。《最高人民法院关于人民法院执行工作若干问题的规定（试行）》第 16 条规定，人民法院受理执行案件应当符合下列条件：（1）申请或移送执行的法律文书已经生效；（2）申请执行人是生效法律文书确定的权利人或其继承人、权利承受人；（3）申请执行的法律文书有给付内容，且执行标的和被执行人明确；（4）义务人在生效法律文书确定的期限内未履行义务；（5）属于受申请执行的人民法院管辖。人民法院对符合上述条件的申请，应当在7日内予以立案；不符合上述条件之一的，应当在7日内裁定不予受理。

二、相关案例

某集团钢构公司申请民事执行监督案

【监督要旨】人民法院应当根据案件执行的具体情况，判断是否符合法律规定的执行结案情形，然后作相应的结案处理。对于违反执行程序，作出错误结案裁定，侵害当事人合法权益的情形，检察机关应当依法监督纠正。

【申请监督】某集团钢构公司因与某纺织服装有限公司建设工程施工合同纠纷一案，向某县人民法院申请强制执行，某县人民法院查封了某纺织服装有限公司服装3000套，因执行案件迟迟没有进展，某集团钢构公司向检察机关申请监督。

【调查核实】检察机关立案后审查查明，某集团钢构公司与某纺织服装有限公司建设工程施工合同纠纷一案，某县人民法院于2015年10月作出判决，判令某纺织服装有限公司支付某集团钢构公司工程款750000元。后某纺织服装有限公司未履行付款义务，本案进入强制执行程序。但该执行案件已因双方当事人达成和解协议，某集团钢构公司向某县人民法院申请结案，某县人民法院亦裁定终结执行。为此，检察机关遂向某集团钢构公司了解相关情况，某集团钢构公司表示并未与对方达成执行和解，对结案情况并不知情。经进一步调查核实查明，执行人员伪造涉案执行和解协议，并以此裁定终结执行程序，且未依法处置已查封被执行人某纺织服装有限公司所有的服装等财产。

【监督要点】本案监督的要点在于某县法院裁定本案终结执行是否符合法律规定。根据《最高人民法院关于执行案件立案、结案若干问题的意见》第17条的规定，案件执行过程中，双方当事人达成和解协议，申请执行人撤回申请的，执行法院可以终结执行结案。对此，《最高人民法院关于进一步规范近期执行工作相关问题的通知》第3条也进行了明确，可以以终结执行方式报结。但根据检察机关调查核实的情况，申请执行人某集团钢构公司并未与被执行人达成执行和解，涉案和解协议系伪造，故本案并不属于终结执行的情形。此外，根据《最高人民法院关于人民法院民事执行中拍卖、变卖财产的规定》第1条的规定，被执行人财产被查封、扣押后，人民法院应当及时进行拍卖或者采取其他执行措施。本案中，某县法院已查封了被执行人某纺织服装有限公司所有的服装等财产，却长时间未予以司法处置，显然违反了相关法律规定的执行程序。

综上，检察机关依法向某县人民法院发出检察建议，建议某县人民法院依法纠正上述违法行为。同时，对本案执行人员涉嫌违法违纪行为，将该案线索移交监察部门处理。

【监督结果】某县人民法院收到检察建议后，裁定撤销原终结执行裁定，恢复本案执行程序。

三、法条链接

1. **中华人民共和国民事诉讼法**（2024年1月1日施行）（节录）

第二百四十八条　对依法设立的仲裁机构的裁决，一方当事人不履行的，对方当事人可以向有管辖权的人民法院申请执行。受申请的人民法院应当执行。

被申请人提出证据证明仲裁裁决有下列情形之一的，经人民法院组成合议庭审查核实，裁定不予执行：

（一）当事人在合同中没有订有仲裁条款或者事后没有达成书面仲裁协议的；

（二）裁决的事项不属于仲裁协议的范围或者仲裁机构无权仲裁的；

（三）仲裁庭的组成或者仲裁的程序违反法定程序的；

（四）裁决所根据的证据是伪造的；

（五）对方当事人向仲裁机构隐瞒了足以影响公正裁决的证据的；

（六）仲裁员在仲裁该案时有贪污受贿，徇私舞弊，枉法裁决行为的。

人民法院认定执行该裁决违背社会公共利益的，裁定不予执行。

裁定书应当送达双方当事人和仲裁机构。

仲裁裁决被人民法院裁定不予执行的，当事人可以根据双方达成的书面仲裁协议重新申请仲裁，也可以向人民法院起诉。

第二百四十九条　对公证机关依法赋予强制执行效力的债权文书，一方当事人不履行的，对方当事人可以向有管辖权的人民法院申请执行，受申请的人民法院应当执行。

公证债权文书确有错误的，人民法院裁定不予执行，并将裁定书送达双方当事人和公证机关。

第二百六十七条　有下列情形之一的，人民法院应当裁定中止执行：

（一）申请人表示可以延期执行的；

（二）案外人对执行标的提出确有理由的异议的；

（三）作为一方当事人的公民死亡，需要等待继承人继承权利或者承担义务的；

（四）作为一方当事人的法人或者其他组织终止，尚未确定权利义务承受人的；

（五）人民法院认为应当中止执行的其他情形。

中止的情形消失后，恢复执行。

第二百六十八条 有下列情形之一的，人民法院裁定终结执行：

（一）申请人撤销申请的；

（二）据以执行的法律文书被撤销的；

（三）作为被执行人的公民死亡，无遗产可供执行，又无义务承担人的；

（四）追索赡养费、扶养费、抚育费案件的权利人死亡的；

（五）作为被执行人的公民因生活困难无力偿还借款，无收入来源，又丧失劳动能力的；

（六）人民法院认为应当终结执行的其他情形。

第二百六十九条 中止和终结执行的裁定，送达当事人后立即生效。

2. 中华人民共和国仲裁法（2018 年 1 月 1 日施行）（节录）

第二条 平等主体的公民、法人和其他组织之间发生的合同纠纷和其他财产权益纠纷，可以仲裁。

3. 最高人民法院关于适用《中华人民共和国民事诉讼法》的解释（2022 年 4 月 10 日施行 法释〔2022〕11 号）（节录）

第四百六十四条 申请执行人与被执行人达成和解协议后请求中止执行或者撤回执行申请的，人民法院可以裁定中止执行或者终结执行。

第四百九十二条 执行标的物为特定物的，应当执行原物。原物确已毁损或者灭失的，经双方当事人同意，可以折价赔偿。

双方当事人对折价赔偿不能协商一致的，人民法院应当终结执行程序。申请执行人可以另行起诉。

第五百一十七条 经过财产调查未发现可供执行的财产，在申请执行人签字确认或者执行法院组成合议庭审查核实并经院长批准后，可以裁定终结本次执行程序。

依照前款规定终结执行后，申请执行人发现被执行人有可供执行财产的，可以再次申请执行。再次申请不受申请执行时效期间的限制。

第五百一十八条 因撤销申请而终结执行后，当事人在民事诉讼法第二百四十六条[①]规定的申请执行时效期间内再次申请执行的，人民法院应当受理。

4. 最高人民法院关于人民法院执行工作若干问题的规定（试行）（2021年1月1日施行　法释〔2020〕21号）（节录）

16. 人民法院受理执行案件应当符合下列条件：

（1）申请或移送执行的法律文书已经生效；

（2）申请执行人是生效法律文书确定的权利人或其继承人、权利承受人；

（3）申请执行的法律文书有给付内容，且执行标的和被执行人明确；

（4）义务人在生效法律文书确定的期限内未履行义务；

（5）属于受申请执行的人民法院管辖。

人民法院对符合上述条件的申请，应当在七日内予以立案；不符合上述条件之一的，应当在七日内裁定不予受理。

61. 在执行中，被执行人被人民法院裁定宣告破产的，执行法院应当依照民事诉讼法第二百五十七条[②]第六项的规定，裁定终结执行。

62. 中止执行和终结执行的裁定书应当写明中止或终结执行的理由和法律依据。

63. 人民法院执行生效法律文书，一般应当在立案之日起六个月内执行结案，但中止执行的期间应当扣除。确有特殊情况需要延长的，由本院院长批准。

64. 执行结案的方式为：

---

① 现行《中华人民共和国民事诉讼法》第250条。
② 现行《中华人民共和国民事诉讼法》第268条。

（1）执行完毕；

（2）终结本次执行程序；

（3）终结执行；

（4）销案；

(5) 不予执行；

(6) 驳回申请。

5. 最高人民法院关于人民法院办理执行异议和复议案件若干问题的规定（2021年1月1日施行　法释〔2020〕21号）（节录）

第六条　当事人、利害关系人依照民事诉讼法第二百二十五条[①]规定提出异议的，应当在执行程序终结之前提出，但对终结执行措施提出异议的除外。

案外人依照民事诉讼法第二百二十七条[②]规定提出异议的，应当在异议指向的执行标的执行终结之前提出；执行标的由当事人受让的，应当在执行程序终结之前提出。

6. 最高人民法院关于公证债权文书执行若干问题的规定（2018年10月1日施行　法释〔2018〕18号）（节录）

第十二条　有下列情形之一的，被执行人可以依照民事诉讼法第二百三十八条[③]第二款规定申请不予执行公证债权文书：

(一) 被执行人未到场且未委托代理人到场办理公证的；

(二) 无民事行为能力人或者限制民事行为能力人没有监护人代为办理公证的；

(三) 公证员为本人、近亲属办理公证，或者办理与本人、近亲属有利害关系的公证的；

① 现行《中华人民共和国民事诉讼法》第236条。
② 现行《中华人民共和国民事诉讼法》第238条。
③ 现行《中华人民共和国民事诉讼法》第249条。

（四）公证员办理该项公证有贪污受贿、徇私舞弊行为，已经由生效刑事法律文书等确认的；

（五）其他严重违反法定公证程序的情形。

被执行人以公证债权文书的内容与事实不符或者违反法律强制性规定等实体事由申请不予执行的，人民法院应当告知其依照本规定第二十二条第一款规定提起诉讼。

第十三条 被执行人申请不予执行公证债权文书，应当在执行通知书送达之日起十五日内向执行法院提出书面申请，并提交相关证据材料；有本规定第十二条第一款第三项、第四项规定情形且执行程序尚未终结的，应当自知道或者应当知道有关事实之日起十五日内提出。

公证债权文书执行案件被指定执行、提级执行、委托执行后，被执行人申请不予执行的，由提出申请时负责该案件执行的人民法院审查。

第十六条 人民法院审查不予执行公证债权文书案件，应当在受理之日起六十日内审查完毕并作出裁定；有特殊情况需要延长的，经本院院长批准，可以延长三十日。

第十七条 人民法院审查不予执行公证债权文书案件期间，不停止执行。

被执行人提供充分、有效的担保，请求停止相应处分措施的，人民法院可以准许；申请执行人提供充分、有效的担保，请求继续执行的，应当继续执行。

第十八条 被执行人依照本规定第十二条第一款规定申请不予执行，人民法院经审查认为理由成立的，裁定不予执行；理由不成立的，裁定驳回不予执行申请。

公证债权文书部分内容具有本规定第十二条第一款规定情形的，人民法院应当裁定对该部分不予执行；应当不予执行部分与其他部分不可分的，裁定对该公证债权文书不予执行。

第十九条 人民法院认定执行公证债权文书违背公序良俗的，裁定不予执行。

第二十条 公证债权文书被裁定不予执行的，当事人可以就该公证债权文书涉及的民事权利义务争议向人民法院提起诉讼；公证债权文书被裁定部分不予执行的，当事人可以就该部分争议提起诉讼。

当事人对不予执行裁定提出执行异议或者申请复议的，人民法院不予受理。

第二十一条 当事人不服驳回不予执行申请裁定的，可以自裁定送达之日起十日内向上一级人民法院申请复议。上一级人民法院应当自收到复议申请之日起三十日内审查。经审查，理由成立的，裁定撤销原裁定，不予执行该公证债权文书；理由不成立的，裁定驳回复议申请。复议期间，不停止执行。

7. 最高人民法院关于人民法院办理仲裁裁决执行案件若干问题的规定（2018 年 3 月 1 日施行　法释〔2018〕5 号）（节录）

第二条 当事人对仲裁机构作出的仲裁裁决或者仲裁调解书申请执行的，由被执行人住所地或者被执行的财产所在地的中级人民法院管辖。

符合下列条件的，经上级人民法院批准，中级人民法院可以参照民事诉讼法第三十八条的规定指定基层人民法院管辖：

（一）执行标的额符合基层人民法院一审民商事案件级别管辖受理范围；

（二）被执行人住所地或者被执行的财产所在地在被指定的基层人民法院辖区内；

被执行人、案外人对仲裁裁决执行案件申请不予执行的，负责执行的中级人民法院应当另行立案审查处理；执行案件已指定基层人民法院管辖的，应当于收到不予执行申请后三日内移送原执行法院另行立案审查处理。

第八条　被执行人向人民法院申请不予执行仲裁裁决的，应当在执行通知书送达之日起十五日内提出书面申请；有民事诉讼法第二百三十七条[①]第二款第四、六项规定情形且执行程序尚未终结的，应当自知道或者应当知道有关事实或案件之日起十五日内提出书面申请。

本条前款规定期限届满前，被执行人已向有管辖权的人民法院申请撤销仲裁裁决且已被受理的，自人民法院驳回撤销仲裁裁决申请的裁判文书生效之日起重新计算期限。

第九条　案外人向人民法院申请不予执行仲裁裁决或者仲裁调解书的，应当提交申请书以及证明其请求成立的证据材料，并符合下列条件：

（一）有证据证明仲裁案件当事人恶意申请仲裁或者虚假仲裁，损害其合法权益；

（二）案外人主张的合法权益所涉及的执行标的尚未执行终结；

（三）自知道或者应当知道人民法院对该标的采取执行措施之日起三十日内提出。

第十二条　人民法院对不予执行仲裁裁决案件的审查，应当在立案之日起两个月内审查完毕并作出裁定；有特殊情况需要延长的，经本院院长批准，可以延长一个月。

第十三条　下列情形经人民法院审查属实的，应当认定为民事诉讼法第二百三十七条[②]第二款第二项规定的“裁决的事项不属于仲裁协议的范围或者仲裁机构无权仲裁的”情形：

（一）裁决的事项超出仲裁协议约定的范围；

（二）裁决的事项属于依照法律规定或者当事人选择的仲裁规则规定的不可仲裁事项；

（三）裁决内容超出当事人仲裁请求的范围；

---

① 现行《中华人民共和国民事诉讼法》第 248 条。
② 现行《中华人民共和国民事诉讼法》第 248 条。

（四）作出裁决的仲裁机构非仲裁协议所约定。

第十四条 违反仲裁法规定的仲裁程序、当事人选择的仲裁规则或者当事人对仲裁程序的特别约定，可能影响案件公正裁决，经人民法院审查属实的，应当认定为民事诉讼法第二百三十七条[①]第二款第三项规定的“仲裁庭的组成或者仲裁的程序违反法定程序的”情形。

当事人主张未按照仲裁法或仲裁规则规定的方式送达法律文书导致其未能参与仲裁，或者仲裁员根据仲裁法或仲裁规则的规定应当回避而未回避，可能影响公正裁决，经审查属实的，人民法院应当支持；仲裁庭按照仲裁法或仲裁规则以及当事人约定的方式送达仲裁法律文书，当事人主张不符合民事诉讼法有关送达规定的，人民法院不予支持。

适用的仲裁程序或仲裁规则经特别提示，当事人知道或者应当知道法定仲裁程序或选择的仲裁规则未被遵守，但仍然参加或者继续参加仲裁程序且未提出异议，在仲裁裁决作出之后以违反法定程序为由申请不予执行仲裁裁决的，人民法院不予支持。

第十五条 符合下列条件的，人民法院应当认定为民事诉讼法第二百三十七条[②]第二款第四项规定的“裁决所根据的证据是伪造的”情形：

（一）该证据已被仲裁裁决采信；

（二）该证据属于认定案件基本事实的主要证据；

（三）该证据经查明确属通过捏造、变造、提供虚假证明等非法方式形成或者获取，违反证据的客观性、关联性、合法性要求。

第十六条 符合下列条件的，人民法院应当认定为民事诉讼法第二百三十七条[③]第二款第五项规定的“对方当事人向仲裁机构隐瞒了足以

---

① 现行《中华人民共和国民事诉讼法》第248条。
② 现行《中华人民共和国民事诉讼法》第248条。
③ 现行《中华人民共和国民事诉讼法》第248条。

影响公正裁决的证据的”情形：

（一）该证据属于认定案件基本事实的主要证据；

（二）该证据仅为对方当事人掌握，但未向仲裁庭提交；

（三）仲裁过程中知悉存在该证据，且要求对方当事人出示或者请求仲裁庭责令其提交，但对方当事人无正当理由未予出示或者提交。

当事人一方在仲裁过程中隐瞒己方掌握的证据，仲裁裁决作出后以己方所隐瞒的证据足以影响公正裁决为由申请不予执行仲裁裁决的，人民法院不予支持。

第十七条　被执行人申请不予执行仲裁调解书或者根据当事人之间的和解协议、调解协议作出的仲裁裁决，人民法院不予支持，但该仲裁调解书或者仲裁裁决违背社会公共利益的除外。

第十九条　被执行人、案外人对仲裁裁决执行案件逾期申请不予执行的，人民法院应当裁定不予受理；已经受理的，应当裁定驳回不予执行申请。

被执行人、案外人对仲裁裁决执行案件申请不予执行，经审查理由成立的，人民法院应当裁定不予执行；理由不成立的，应当裁定驳回不予执行申请。

第二十二条　人民法院裁定不予执行仲裁裁决、驳回或者不予受理不予执行仲裁裁决申请后，当事人对该裁定提出执行异议或者申请复议的，人民法院不予受理。

人民法院裁定不予执行仲裁裁决的，当事人可以根据双方达成的书面仲裁协议重新申请仲裁，也可以向人民法院起诉。

人民法院基于案外人申请裁定不予执行仲裁裁决或者仲裁调解书，当事人不服的，可以自裁定送达之日起十日内向上一级人民法院申请复议；人民法院裁定驳回或者不予受理案外人提出的不予执行仲裁裁决、仲裁调解书申请，案外人不服的，可以自裁定送达之日起十日内向上一级人民法院申请复议。

8. 最高人民法院关于对人民法院终结执行行为提出执行异议期限问题的批复（2016年2月15日施行　法释〔2016〕3号）

湖北省高级人民法院：

你院《关于咸宁市广泰置业有限公司与咸宁市枫丹置业有限公司房地产开发经营合同纠纷案的请示》（鄂高法〔2015〕295号）收悉。经研究，批复如下：

当事人、利害关系人依照民事诉讼法第二百二十五条[①]规定对终结执行行为提出异议的，应当自收到终结执行法律文书之日起六十日内提出；未收到法律文书的，应当自知道或者应当知道人民法院终结执行之日起六十日内提出。批复发布前终结执行的，自批复发布之日起六十日内提出。超出该期限提出执行异议的，人民法院不予受理。

此复。

9. 最高人民法院关于刑事裁判涉财产部分执行的若干规定（2014年11月6日施行　法释〔2014〕13号）（节录）

第三条　人民法院办理刑事裁判涉财产部分执行案件的期限为六个月。有特殊情况需要延长的，经本院院长批准，可以延长。

10. 最高人民法院关于严格执行案件审理期限制度的若干规定（2000年9月28日施行　法释〔2000〕29号）

第五条　执行案件应当在立案之日起六个月内执结，非诉执行案件应当在立案之日起三个月内执结；有特殊情况需要延长的，经本院院长批准，可以延长三个月，还需延长的，层报高级人民法院备案。

委托执行的案件，委托的人民法院应当在立案后一个月内办理完委托执行手续，受委托的人民法院应当在收到委托函件后三十日内执行完

---

① 现行《中华人民共和国民事诉讼法》第236条。

毕。未执行完毕，应当在期限届满后十五日内将执行情况函告委托人民法院。

刑事案件没收财产刑应当即时执行。

刑事案件罚金刑，应当在判决、裁定发生法律效力后三个月内执行完毕，至迟不超过六个月。

第九条　下列期间不计入审理、执行期限：

（一）刑事案件对被告人作精神病鉴定的期间；

（二）刑事案件因另行委托、指定辩护人，法院决定延期审理的，自案件宣布延期审理之日起至第十日止准备辩护的时间；

（三）公诉人发现案件需要补充侦查，提出延期审理建议后，合议庭同意延期审理的期间；

（四）刑事案件二审期间，检察院查阅案卷超过七日后的时间；

（五）因当事人、诉讼代理人、辩护人申请通知新的证人到庭、调取新的证据、申请重新鉴定或者勘验，法院决定延期审理一个月之内的期间；

（六）民事、行政案件公告、鉴定的期间；

（七）审理当事人提出的管辖权异议和处理法院之间的管辖争议的期间；

（八）民事、行政、执行案件由有关专业机构进行审计、评估、资产清理的期间；

（九）中止诉讼（审理）或执行至恢复诉讼（审理）或执行的期间；

（十）当事人达成执行和解或者提供执行担保后，执行法院决定暂缓执行的期间；

（十一）上级人民法院通知暂缓执行的期间；

（十二）执行中拍卖、变卖被查封、扣押财产的期间。

11. 最高人民法院关于进一步规范近期执行工作相关问题的通知（2018 年 5 月 28 日施行 法〔2018〕141 号）（节录）

二、关于终结本次执行程序相关问题

（一）原终结本次执行程序中已发出限制消费令的恢复执行案件，人民法院再次终结本次执行程序的，可无须再根据《终本规定》第一条第二项发出限制消费令。

（二）在严格按照《终本规定》的程序标准和实质标准完成必要的执行措施后，人民法院终结本次执行程序，可不受《终本规定》第一条第四项三个月期限的限制。同时，要严格杜绝随立随结、违规报结等滥用终结本次程序的行为。立案后不满三个月即终结本次执行程序的案件，将作为日常考核和本次巡查、评估工作中重点抽查的案件。

（三）执行法院通过总对总网络执行查控系统查询被执行人财产的，必须完成对所有已开通查询功能的财产项目的查询，仅查询部分财产项目的，不符合完成网络调查事项的要求。拟终结本次执行程序时距完成前次总对总网络查控已超过三个月的，还应在终结本次程序之前再次通过总对总网络执行查控系统查询被执行人的财产。

（四）根据《终本规定》第五条征求申请执行人意见时，可以采取面谈、电话、邮件、传真、短信、微信等方式，必须将征求意见情况记录入卷为凭；有下列情形之一的，可不再征求申请执行人意见：

1. 执行内容仅为追缴诉讼费或罚款的；

2. 行政非诉执行案件；

3. 刑事财产刑执行案件；

4. 申请执行人申请终结本次执行程序的。

（五）人民法院终结本次执行程序前，应严格执行《最高人民法院关于民事执行中财产调查若干问题的规定》，积极采取现场调查等方式，查明被执行人财产状况和履行义务能力，一般应当完成下列调查事项：

1. 对申请执行人提供的财产线索，必须予以核实，并将核实情况记录入卷；

2. 向被执行人发出报告财产令时，应及时传唤被执行人或其法定代表人、负责人、实际控制人到人民法院接受调查询问；

3. 住房公积金、金融理财产品、收益类保险、股息红利等未实现网络查控的财产，应前往现场调查，并制作调查笔录附卷为凭；

4. 被执行人是自然人的，向被执行人所在单位及居住地周边群众调查了解被执行人生活居住、劳动就业、收入、债权、股权等情况，并制作调查笔录附卷为凭；

5. 被执行人是法人或其他组织的，对其住所地、经营场所进行现场调查；全面核查被执行人企业性质及设立、合并分立、投资经营、债权债务、变更终止等情况，并可依申请进行审计调查。

（六）本辖区中级、基层人民法院机构发生调整的，对此前已裁定终结本次执行程序的案件，高级人民法院应及时指定相关法院负责后续管理。

三、关于和解长期履行案件的报结问题

当事人达成执行和解协议，需要长期履行的，可以以终结执行方式（选择“和解长期履行”情形）报结。执行案件流程系统须进行相应改造，在终结执行内增加“和解长期履行”作为终结执行的一种情形；同时，对该种情形终结执行的案件在报结时可以不作必须解除强制执行措施的要求。因被执行人不履行和解协议申请执行人申请恢复执行原生效法律文书的，以恢复执行方式立案。对接使用最高人民法院执行案件流程信息管理系统的执行法院，由各高级人民法院负责改造系统；直接使用最高人民法院执行案件流程信息管理系统的执行法院，由我院负责改造系统并进行远程升级。

12. 最高人民法院关于进一步规范指定执行等执行案件立案、结案、统计和考核工作的通知（2018年6月1日施行　法明传〔2018〕335号）（节录）

三、首次执行案件因指定执行、提级执行、委托执行（全案）结案的，以“销案”方式结案，不纳入司法统计；接受指定执行、提级执行、委托执行（全案）而立执行案件的，立“执”字案号，作为首次执行案件纳入司法统计，其中申请执行标的金额为前案未实际执行到位的金额。销案、不予执行、驳回申请结案的，其中申请执行标的金额和已实际执行到位金额不予计算。

13. 最高人民法院关于严格规范终结本次执行程序的规定（试行）（2016年12月1日施行　法〔2016〕373号）（节录）

第一条　人民法院终结本次执行程序，应当同时符合下列条件：

（一）已向被执行人发出执行通知、责令被执行人报告财产；

（二）已向被执行人发出限制消费令，并将符合条件的被执行人纳入失信被执行人名单；

（三）已穷尽财产调查措施，未发现被执行人有可供执行的财产或者发现的财产不能处置；

（四）自执行案件立案之日起已超过三个月；

（五）被执行人下落不明的，已依法予以查找；被执行人或者其他人妨害执行的，已依法采取罚款、拘留等强制措施，构成犯罪的，已依法启动刑事责任追究程序。

第二条　本规定第一条第一项中的“责令被执行人报告财产”，是指应当完成下列事项：

（一）向被执行人发出报告财产令；

（二）对被执行人报告的财产情况予以核查；

（三）对逾期报告、拒绝报告或者虚假报告的被执行人或者相关人员，依法采取罚款、拘留等强制措施，构成犯罪的，依法启动刑事责任追究程序。

人民法院应当将财产报告、核实及处罚的情况记录入卷。

第三条　本规定第一条第三项中的“已穷尽财产调查措施”，是指应当完成下列调查事项：

（一）对申请执行人或者其他人提供的财产线索进行核查；

（二）通过网络执行查控系统对被执行人的存款、车辆及其他交通运输工具、不动产、有价证券等财产情况进行查询；

（三）无法通过网络执行查控系统查询本款第二项规定的财产情况的，在被执行人住所地或者可能隐匿、转移财产所在地进行必要调查；

（四）被执行人隐匿财产、会计账簿等资料且拒不交出的，依法采取搜查措施；

（五）经申请执行人申请，根据案件实际情况，依法采取审计调查、公告悬赏等调查措施；

（六）法律、司法解释规定的其他财产调查措施。

人民法院应当将财产调查情况记录入卷。

第四条　本规定第一条第三项中的“发现的财产不能处置”，包括下列情形：

（一）被执行人的财产经法定程序拍卖、变卖未成交，申请执行人不接受抵债或者依法不能交付其抵债，又不能对该财产采取强制管理等其他执行措施的；

（二）人民法院在登记机关查封的被执行人车辆、船舶等财产，未能实际扣押的。

第五条　终结本次执行程序前，人民法院应当将案件执行情况、采取的财产调查措施、被执行人的财产情况、终结本次执行程序的依据及法律后果等信息告知申请执行人，并听取其对终结本次执行程序的意见。

人民法院应当将申请执行人的意见记录入卷。

第六条 终结本次执行程序应当制作裁定书，载明下列内容：

（一）申请执行的债权情况；

（二）执行经过及采取的执行措施、强制措施；

（三）查明的被执行人财产情况；

（四）实现的债权情况；

（五）申请执行人享有要求被执行人继续履行债务及依法向人民法院申请恢复执行的权利，被执行人负有继续向申请执行人履行债务的义务。

终结本次执行程序裁定书送达申请执行人后，执行案件可以作结案处理。人民法院进行相关统计时，应当对以终结本次执行程序方式结案的案件与其他方式结案的案件予以区分。

终结本次执行程序裁定书应当依法在互联网上公开。

第七条 当事人、利害关系人认为终结本次执行程序违反法律规定的，可以提出执行异议。人民法院应当依照民事诉讼法第二百二十五条[①]的规定进行审查。

第九条 终结本次执行程序后，申请执行人发现被执行人有可供执行财产的，可以向执行法院申请恢复执行。申请恢复执行不受申请执行时效期间的限制。执行法院核查属实的，应当恢复执行。

终结本次执行程序后的五年内，执行法院应当每六个月通过网络执行查控系统查询一次被执行人的财产，并将查询结果告知申请执行人。符合恢复执行条件的，执行法院应当及时恢复执行。

第十六条 终结本次执行程序后，申请执行人申请延长查封、扣押、冻结期限的，人民法院应当依法办理续行查封、扣押、冻结手续。

终结本次执行程序后，当事人、利害关系人申请变更、追加执行当

① 现行《中华人民共和国民事诉讼法》第236条。

事人，符合法定情形的，人民法院应予支持。变更、追加被执行人后，申请执行人申请恢复执行的，人民法院应予支持。

第十七条 终结本次执行程序后，被执行人或者其他人妨害执行的，人民法院可以依法予以罚款、拘留；构成犯罪的，依法追究刑事责任。

14. 最高人民法院关于执行案件立案、结案若干问题的意见（2015年1月1日施行 法发〔2014〕26号）（节录）

第一条 本意见所称执行案件包括执行实施类案件和执行审查类案件。

执行实施类案件是指人民法院因申请执行人申请、审判机构移送、受托、提级、指定和依职权，对已发生法律效力且具有可强制执行内容的法律文书所确定的事项予以执行的案件。

执行审查类案件是指在执行过程中，人民法院审查和处理执行异议、复议、申诉、请示、协调以及决定执行管辖权的移转等事项的案件。

第十四条 除执行财产保全裁定、恢复执行的案件外，其他执行实施类案件的结案方式包括：

（一）执行完毕；

（二）终结本次执行程序；

（三）终结执行；

（四）销案；

（五）不予执行；

（六）驳回申请。

第十五条 生效法律文书确定的执行内容，经被执行人自动履行、人民法院强制执行，已全部执行完毕，或者是当事人达成执行和解协议，且执行和解协议履行完毕，可以以“执行完毕”方式结案。

执行完毕应当制作结案通知书并发送当事人。双方当事人书面认可执行完毕或口头认可执行完毕并记入笔录的，无需制作结案通知书。

执行和解协议应当附卷，没有签订书面执行和解协议的，应当将口头和解协议的内容作成笔录，经当事人签字后附卷。

第十六条 有下列情形之一的，可以以“终结本次执行程序”方式结案：

（一）被执行人确无财产可供执行，申请执行人书面同意人民法院终结本次执行程序的；

（二）因被执行人无财产而中止执行满两年，经查证被执行人确无财产可供执行的；

（三）申请执行人明确表示提供不出被执行人的财产或财产线索，并在人民法院穷尽财产调查措施之后，对人民法院认定被执行人无财产可供执行书面表示认可的；

（四）被执行人的财产无法拍卖变卖，或者动产经两次拍卖、不动产或其他财产权经三次拍卖仍然流拍，申请执行人拒绝接受或者依法不能交付其抵债，经人民法院穷尽财产调查措施，被执行人确无其他财产可供执行的；

（五）经人民法院穷尽财产调查措施，被执行人确无财产可供执行或虽有财产但不宜强制执行，当事人达成分期履行和解协议，且未履行完毕的；

（六）被执行人确无财产可供执行，申请执行人属于特困群体，执行法院已经给予其适当救助的。

人民法院应当依法组成合议庭，就案件是否终结本次执行程序进行合议。

终结本次执行程序应当制作裁定书，送达申请执行人。裁定应当载明案件的执行情况、申请执行人债权已受偿和未受偿的情况、终结本次执行程序的理由，以及发现被执行人有可供执行财产，可以申请恢复执行等内容。

依据本条第一款第（二）（四）（五）（六）项规定的情形裁定终结本次执行程序前，应当告知申请执行人可以在指定的期限内提出异议。申请执行人提出异议的，应当另行组成合议庭组织当事人就被执行人是否有财产可供执行进行听证；申请执行人提供被执行人财产线索的，人民法院应当就其提供的线索重新调查核实，发现被执行人有财产可供执行的，应当继续执行；经听证认定被执行人确无财产可供执行，申请执行人亦不能提供被执行人有可供执行财产的，可以裁定终结本次执行程序。

本条第一款第（三）（四）（五）项中规定的“人民法院穷尽财产调查措施”，是指至少完成下列调查事项：

（一）被执行人是法人或其他组织的，应当向银行业金融机构查询银行存款，向有关房地产管理部门查询房地产登记，向法人登记机关查询股权，向有关车管部门查询车辆等情况；

（二）被执行人是自然人的，应当向被执行人所在单位及居住地周边群众调查了解被执行人的财产状况或财产线索，包括被执行人的经济收入来源、被执行人到期债权等。如果根据财产线索判断被执行人有较高收入，应当按照对法人或其他组织的调查途径进行调查；

（三）通过最高人民法院的全国法院网络执行查控系统和执行法院所属高级人民法院的“点对点”网络执行查控系统能够完成的调查事项；

（四）法律、司法解释规定必须完成的调查事项。

人民法院裁定终结本次执行程序后，发现被执行人有财产的，可以依申请执行人的申请或依职权恢复执行。申请执行人申请恢复执行的，不受申请执行期限的限制。

第十七条 有下列情形之一的，可以以“终结执行”方式结案：

（一）申请人撤销申请或者是当事人双方达成执行和解协议，申请执行人撤回执行申请的；

（二）据以执行的法律文书被撤销的；

（三）作为被执行人的公民死亡，无遗产可供执行，又无义务承担人的；

（四）追索赡养费、扶养费、抚育费案件的权利人死亡的；

（五）作为被执行人的公民因生活困难无力偿还借款，无收入来源，又丧失劳动能力的；

（六）作为被执行人的企业法人或其他组织被撤销、注销、吊销营业执照或者歇业、终止后既无财产可供执行，又无义务承受人，也没有能够依法追加变更执行主体的；

（七）依照刑法第五十三条规定免除罚金的；

（八）被执行人被人民法院裁定宣告破产的；

（九）行政执行标的灭失的；

（十）案件被上级人民法院裁定提级执行的；

（十一）案件被上级人民法院裁定指定由其他法院执行的；

（十二）按照《最高人民法院关于委托执行若干问题的规定》，办理了委托执行手续，且收到受托法院立案通知书的；

（十三）人民法院认为应当终结执行的其他情形。

前款除第（十）项、第（十一）项、第（十二）项规定的情形外，终结执行的，应当制作裁定书，送达当事人。

第十八条 执行实施案件立案后，有下列情形之一的，可以以“销案”方式结案：

（一）被执行人提出管辖异议，经审查异议成立，将案件移送有管辖权的法院或申请执行人撤回申请的；

（二）发现其他有管辖权的人民法院已经立案在先的；

（三）受托法院报经高级人民法院同意退回委托的。

第十九条 执行实施案件立案后，被执行人对仲裁裁决或公证债权文书提出不予执行申请，经人民法院审查，裁定不予执行的，以“不予执行”方式结案。

第二十条 执行实施案件立案后，经审查发现不符合《最高人民法院关于人民法院执行工作若干问题的规定（试行）》第18条[①]规定的受理条件，裁定驳回申请的，以“驳回申请”方式结案。

第二十一条 执行财产保全裁定案件的结案方式包括：

（一）保全完毕，即保全事项全部实施完毕；

（二）部分保全，即因未查询到足额财产，致使保全事项未能全部实施完毕；

（三）无标的物可实施保全，即未查到财产可供保全。

第二十二条 恢复执行案件的结案方式包括：

（一）执行完毕；

（二）终结本次执行程序；

（三）终结执行。

第二十三条 下列案件不得作结案处理：

（一）人民法院裁定中止执行的；

（二）人民法院决定暂缓执行的；

（三）执行和解协议未全部履行完毕，且不符合本意见第十六条、第十七条规定终结本次执行程序、终结执行条件的。

第二十四条 执行异议案件的结案方式包括：

（一）准予撤回异议或申请，即异议人撤回异议或申请的；

（二）驳回异议或申请，即异议不成立或者案外人虽然对执行标的享有实体权利但不能阻止执行的；

（三）撤销相关执行行为、中止对执行标的的执行、不予执行、追加变更当事人，即异议成立的；

---

① 现行《最高人民法院关于人民法院执行工作若干问题的规定（试行）》第16条。

（四）部分撤销并变更执行行为、部分不予执行、部分追加变更当事人，即异议部分成立的；

（五）不能撤销、变更执行行为，即异议成立或部分成立，但不能撤销、变更执行行为的；

（六）移送其他人民法院管辖，即管辖权异议成立的。

执行异议案件应当制作裁定书，并送达当事人。法律、司法解释规定对执行异议案件可以口头裁定的，应当记入笔录。

第二十五条 执行复议案件的结案方式包括：

（一）准许撤回申请，即申请复议人撤回复议申请的；

（二）驳回复议申请，维持异议裁定，即异议裁定认定事实清楚，适用法律正确，复议理由不成立的；

（三）撤销或变更异议裁定，即异议裁定认定事实错误或者适用法律错误，复议理由成立的；

（四）查清事实后作出裁定，即异议裁定认定事实不清，证据不足的；

（五）撤销异议裁定，发回重新审查，即异议裁定遗漏异议请求或者异议裁定错误对案外人异议适用执行行为异议审查程序的。

人民法院对重新审查的案件作出裁定后，当事人申请复议的，上级人民法院不得再次发回重新审查。

执行复议案件应当制作裁定书，并送达当事人。法律、司法解释规定对执行复议案件可以口头裁定的，应当记入笔录。

第二十六条 执行监督案件的结案方式包括：

（一）准许撤回申请，即当事人撤回监督申请的；

（二）驳回申请，即监督申请不成立的；

（三）限期改正，即监督申请成立，指定执行法院在一定期限内改正的；

（四）撤销并改正，即监督申请成立，撤销执行法院的裁定直接改正的；

（五）提级执行，即监督申请成立，上级人民法院决定提级自行执行的；

（六）指定执行，即监督申请成立，上级人民法院决定指定其他法院执行的；

（七）其他，即其他可以报结的情形。

第二十七条　执行请示案件的结案方式包括：

（一）答复，即符合请示条件的；

（二）销案，即不符合请示条件的。

第二十八条　执行协调案件的结案方式包括：

（一）撤回协调请求，即执行争议法院自行协商一致，撤回协调请求的；

（二）协调解决，即经过协调，执行争议法院达成一致协调意见，将协调意见记入笔录或者向执行争议法院发出协调意见函的。

15. 最高人民法院关于执行权合理配置和科学运行的若干意见（2011年10月19日施行　法发〔2011〕15号）（节录）

1. 执行权是人民法院依法采取各类执行措施以及对执行异议、复议、申诉等事项进行审查的权力，包括执行实施权和执行审查权。

16. 最高人民法院关于人民法院办理执行案件若干期限的规定（2007年1月1日施行　法发〔2006〕35号）

第一条　被执行人有财产可供执行的案件，一般应当在立案之日起6个月内执结；非诉执行案件一般应当在立案之日起3个月内执结。

有特殊情况须延长执行期限的，应当报请本院院长或副院长批准。

申请延长执行期限的，应当在期限届满前5日内提出。

第十三条　下列期间不计入办案期限：

1. 公告送达执行法律文书的期间；

2. 暂缓执行的期间；

3. 中止执行的期间；

4. 就法律适用问题向上级法院请示的期间；

5. 与其他法院发生执行争议报请共同的上级法院协调处理的期间。

第二章　民事执行审查案件检察监督

《最高人民法院关于执行权合理配置和科学运行的若干意见》第4条规定，执行审查权的范围主要是审查和处理执行异议、复议、申诉，以及决定管辖权的转移等审查事项。根据《最高人民法院关于执行案件立案、结案若干问题的意见》第1条第3款的规定，民事执行审查案件是指在执行过程中，人民法院审查和处理执行异议、复议、申诉、请示、协调，以及决定执行管辖权的转移等事项的案件。民事执行审查主要是法律赋予民事执行案件当事人、利害关系人和案外人权利救济的途径，事关其合法权益，亦属于整个民事执行活动的重要组成部分。按照《最高人民法院、最高人民检察院关于民事执行活动法律监督若干问题的规定》第6条的规定，如果当事人、利害关系人或者案外人认为民事执行活动中存在违法情形的，应当先行按照法律规定向人民法院提出异议、复议，后才能向检察机关申请对民事执行活动监督（检察机关应当依职权进行监督的情形除外）。因此，民事执行审查作为执行程序的一个组成部分，对民事审查案件进行监督是检察机关法律监督职责应有之义。

司法实践中，检察机关对执行审查案件进行监督，主要是对民事执行异议案件的监督。民事执行异议案件根据异议对象不同，分为执行行为异议案件和案外人异议案件，前者主要是指程序性异议，后者则主要针对实体权益的异议。但需要注意的是，无论是执行行为异议还是案外人异议，均需以存在人民法院的强制执行行为为前提，如果当事人仅反映人民法院“不作为”怠于执行，或者请求人民法院采取某种执行措施或实施某种执行行为，则不属于执行异议案件的受理范围，针对此种情形，检察机关受理相关执行监督案件不需要案件当事人经过异议、复议程序等法院救济程序。

第一节　执行行为异议检察监督

关于执行行为异议，主要依据《中华人民共和国民事诉讼法》第236条规定，该条款规定当事人、利害关系人认为执行行为违反法律规定的，可以向执行法院提出书面异议，执行法院收到书面异议后应当在规定期限内审查并作出相应的裁定；当事人、利害关系人如果不服裁定的，还可以在法律规定的期限内向上一级人民法院申请复议。根据上述规定，执行行为异议指向执行行为本身，指的是当事人或者利害关系人认为人民法院的执行行为违反相关法律规定而提出的异议，从执行立案到终结执行均可以提出异议。根据《最高人民法院关于人民法院办理执行异议和复议案件若干问题的规定》第6条的规定，当事人、利害关系人也可以对人民法院终结执行措施依照《中华人民共和国民事诉讼法》第236条规定提出异议。

一、监督要领

（一）执行异议

1. 关于执行行为异议的主体

根据《中华人民共和国民事诉讼法》第236条的规定，当事人、利害关系人认为执行行为违反法律规定的，可以向执行法院提出异议。从该规定可以看出，提起执行行为异议的主体为执行案件当事人和利害关系人。

当事人即民事执行案件的申请执行人和被执行人。但对于利害关系人的主体范围，法律和相关司法解释在民事执行程序中并未予以明确。为了统一法律适用问题，有的省高级人民法院结合本地执行工作实际制定了相关规定或解答，如《江苏省高级人民法院关于执行疑难若干问题的解答》第1条第2款规定，利害关系人是指认为执行行为侵害其法律上权益的第三人，一般与当事人有一定的关联性，其范围包括当事人的债权人、债务人、合伙人、抵押权人、质押权人、留置权人、承租人（租赁权形成于查封之后）、优先权人、近亲属、被抚（扶）养人以及法院的协助执行人等。但根据《最高人民法院关于人民法院办理执行异议和复议案件若干问题的规定》第5条的规定，当事人以外的公民、法人和非法人组织可以作为利害关系人提出执行行为异议，并没有限定利害关系人与当事人具有一定的关联性，也就是说，当事人以外的主体只要其可能或者已经参与到民事执行活动中，认为执行法院的执行行为侵害其合法权益了，均可以以利害关系人向执行法院提出执行行为异议。

利害关系人和案外人均为民事执行案件当事人以外的主体，二者如何区分？从相关法律和司法解释的规定来看，利害关系人和案外人的共同点在于二者都是执行案件所涉法律关系之外的第三人，但二者也存在根本性的不同，即利害关系人只是认为法院执行行为侵害了其合法权益，对执行标的并不主张实体权利，属于程序性异议；案外人不仅认为法院执行行为侵害了其合法权益，而且对执行标的主张实体权利，意在排除对执行标的的强制执行。

需要注意的是，不能简单认为只要利害关系人提出的异议均应按照《中华人民共和国民事诉讼法》第236条规定异议、复议程序处理。例如，根据《最高人民法院关于适用〈中华人民共和国民事诉讼法〉的解释》第499条第2款的规定，利害关系人对到期债权有异议的，人民法院应当按照《中华人民共和国民事诉讼法》第238条规定审查，即按照执行异议、执行异议之诉程序处理。

2. 可以提出执行行为异议的情形

（1）提出异议的形式。根据《中华人民共和国民事诉讼法》第236条规定，当事人、利害关系人针对执行行为违反法律规定的可以向执行法院提出书面异议，也就是说，当事人、利害关系人应当通过书面形式向执行法院提出执行异议。在这一点上，《最高人民法院关于适用〈中华人民共和国民事诉讼法〉执行程序若干问题的解释》第5条第2款有同样的要求，即执行法院收到书面异议后要在规定期限内审查处理。《最高人民法院关于人民法院办理执行异议和复议案件若干问题的规定》第1条对书面形式进行了明确，即当事人、利害关系人提出执行异议应当向执行法院提交申请书，申请书应当载明具体的异议请求、事实、理由等内容，并附有当事人、利害关系人的身份证明，相关证据材料、送达地址和联系方式等材料内容。综上，我们可以清楚地看到，当事人、利害关系人提出执行行为异议应当以书面形式向执行法院提出。

（2）提出异议的主要情形。对于执行活动中的哪些情形当事人、利害关系人可以提出执行行为异议，《最高人民法院关于人民法院办理执行异议和复议案件若干问题的规定》首次在司法解释层面予以明确。

一是关于当事人、利害关系人可以提出异议的情形。对此，《最高人民法院关于人民法院办理执行异议和复议案件若干问题的规定》第 7 条第 1 款规定，对于执行法院查封、扣押、冻结、拍卖、变卖、以物抵债、暂缓执行、终结执行等执行措施以及执行期间、顺序等应当遵守的法定程序等，当事人、利害关系人可以提出异议。也就是说，当事人、利害关系人如果认为执行法院采取的执行措施侵害其合法权益的，可以以书面形式向执行法院提出异议。

二是被执行人提出排除执行异议的情形。根据《最高人民法院关于人民法院办理执行异议和复议案件若干问题的规定》第 7 条第 2 款、第 3 款的规定，被执行人以债权消灭、丧失强制执行效力等执行依据生效后的实体事由提出排除执行异议的，执行法院应当按照《中华人民共和国民事诉讼法》第 236 条执行行为异议审查处理。反之，如果被执行人以执行依据生效之前的实体事由提出排除执行异议的，执行法院应当告知其通过审判监督程序或者其他程序解决，而不能在执行程序中解决。

三是可以作为利害关系人提出执行异议的情形。《最高人民法院关于人民法院办理执行异议和复议案件若干问题的规定》第 5 条主要明确了利害关系人可以针对民事执行活动中哪些情形向执行法院提出异议，该条款以四种具体情形，加一条兜底条款的形式，充分保护了利害关系人在民事执行活动中的合法权益。

第一种情形，认为法院执行行为妨害其轮候查封、扣押、冻结的债权受偿的。根据《最高人民法院关于同一法院在不同案件中是否可以对同一财产采取轮候查封、扣押、冻结保全措施问题的答复》(〔2005〕执他字第 24 号），设立轮候查封、扣押、冻结制度，目的是解决多个债权对同一执行标的物受偿的先后顺序问题。按照相关规定，在没有出现被执行人财产不足以清偿所有债权的情况下，应当按照人民法院采取执行措施的先后顺序受偿。如果执行法院未按照法律规定对相关债权予以清偿，进而侵害轮候查封权利人合法权益的，相关利害关系人可以向执行法院提出异议。

第二种情形，认为执行法院拍卖措施违法，妨害其公平参与竞价的。例如，执行法院在拍卖中限制竞买人数量或者限制竞买人的资格和条件等。根据《最高人民法院关于人民法院民事执行中拍卖、变卖财产的规定》第12条的规定，只有法律、行政法规对买受人的资格或者条件有特殊规定的，执行法院才能在财产处置中对竞买人应当具备规定的资格或者条件予以限制，也就是说，执行法院在没有法律依据的情况下不得任意设置限制性条件。反之，相关利害关系人可以以执行法院妨害其公平参与竞价提出执行异议。

第三种情形，认为法院拍卖、变卖或者以物抵债措施违法，侵害其优先购买权的。根据《最高人民法院关于人民法院民事执行中拍卖、变卖财产的规定》第11条、《最高人民法院关于人民法院网络司法拍卖若干问题的规定》第6条第5项的规定，执行法院应当以书面或者其他能够确认收悉的适当方式，通知优先购买权人。如果法院在对被执行人财产司法处置中，未通知相关优先购买权人，则侵害了其优先购买权，这种情况下，优先购买权人可以依法向执行法院提出异议。

第四种情形，认为执行法院要求协助执行的事项超出其协助范围或者违反法律规定的。根据《中华人民共和国民事诉讼法》第253条第2款的规定，人民法院决定扣押、冻结、划拨、变价财产，应当作出裁定，并发出协助执行通知书，有关单位必须办理。根据该规定，人民法院在民事执行过程中，具有要求协助义务人协助执行的权力，同时也说明有关单位具有配合或者协助人民法院执行的义务。对此，《中华人民共和国民事诉讼法》第117条亦规定，有义务协助执行的单位如果拒不协助执行的，人民法院可以对单位的主要负责人或者直接责任人员罚款、拘留等。但协助执行有一个前提，即该单位有协助义务，如果其认为执行法院要求协助事项超出协助范围或者违反法律规定的，则可以向执行法院提出执行异议。

另外，根据《最高人民法院关于人民法院办理财产保全案件若干问题的规定》第 26 条的规定，申请保全人、被保全人、利害关系人认为保全裁定实施过程中的执行行为违反法律规定提出书面异议的，人民法院也应当按照《中华人民共和国民事诉讼法》第 236 条的规定即执行行为异议审查处理。

四是关于是否可以重复提出异议。根据《最高人民法院关于人民法院办理执行异议和复议案件若干问题的规定》第 13 条的规定，当事人、利害关系人可以申请撤回异议申请，当然是否准许由执行法院作出裁定。但如果撤回异议申请或者被人民法院裁定驳回异议后，当事人、利害关系人再次就该执行行为提出异议，即使另有其他异议理由，根据《最高人民法院关于人民法院办理执行异议和复议案件若干问题的规定》第 15 条的规定，人民法院亦应不予受理。

（3）提出异议的期限。根据《最高人民法院关于人民法院办理执行异议和复议案件若干问题的规定》第 6 条第 1 款的规定，当事人、利害关系人针对执行行为提出异议的，应当在执行程序终结前提出。如何理解执行程序终结？根据《江苏省高级人民法院关于执行异议及执行异议之诉案件审理指南（一）》（苏高法电〔2017〕873 号）规定，“执行程序终结”是指申请执行人请求强制执行的权利得到全部实现，执行程序已经完全终结，即执行案件符合《中华人民共和国民事诉讼法》第 268 条以及《最高人民法院关于执行案件立案、结案若干问题的意见》第 14 条、第 17 条规定的结案条件，但原结案结论已通过执行异议、复议或者执行监督程序撤销的，以及终结本次执行程序的除外。也就是说，如果在执行案件执行程序终结后，当事人、利害关系人再向执行法院提出异议的，执行法院应当不予受理，但对终结执行措施提出异议的除外。根据《最高人民法院关于对人民法院终结执行行为提出执行异议期限问题的批复》，当事人、利害关系人依照《中华人民共和国民事诉讼法》第236条的规定，对终结执行行为提出异议的，应当自收到终结执行法律文书之日起60日内提出；未收到法律文书的，应当自知道或者应当知道终结执行之日起60日内提出。

3. 未按照规定对执行行为异议审查处理

（1）执行异议案件的管辖。一般情况下，执行行为异议案件由执行法院审查处理。根据《最高人民法院关于人民法院办理执行异议和复议案件若干问题的规定》第4条规定，如果执行案件被指定执行、提级执行、委托执行后，当事人、利害关系人对原执行法院的执行行为提出异议的，则由提出异议时负责案件执行的人民法院审查处理；如果受委托或受指令的人民法院是原执行法院的下级人民法院的，仍由原执行法院审查处理。

（2）未在规定期限内立案。根据《最高人民法院关于执行案件立案、结案若干问题的意见》第8条、第9条的规定，当事人、利害关系人认为人民法院的执行行为违反法律规定，提出书面异议的，人民法院应当按照执行异议案件予以立案，案件类型代字为“执异字”，按照立案时间的先后顺序确定案件编号，单独进行排序。《最高人民法院关于人民法院办理执行异议和复议案件若干问题的规定》第2条规定，执行异议符合法律规定条件的，执行法院应当在3日内立案，并在立案后3日内通知异议人和相关当事人。执行异议申请材料不齐备的，执行法院应当一次性告知异议人在3日内补足，逾期不补足的，不予受理。

对于执行异议不符合受理条件和立案后发现不符合受理条件的处理，与执行实施案件处理程序基本一致，即按照《最高人民法院关于人民法院办理执行异议和复议案件若干问题的规定》第2条的规定，分别裁定不予受理和裁定驳回申请。在作出裁定时，执行法院应当告知异议人可以自裁定送达之日起10日内向上一级人民法院申请复议。上一级人民法院经审查认为符合受理条件的，则应当裁定撤销原裁定，指令执行法院立案或者对执行异议进行审查。

需要注意的是，对于执行法院收到执行异议后3日内既不受理又不作出不予受理裁定的，根据《最高人民法院关于人民法院办理执行异议和复议案件若干问题的规定》第3条的规定，异议人可以向上一级人民法院提出异议，上一级人民法院审查后认为理由成立的，则应当指令执行法院在3日内立案。因此，异议人以向执行法院提出执行异议后，执行法院超过规定期限既不受理又不作出不予受理裁定为由直接向检察机关申请监督的，检察机关应当建议申请人（异议人）先行向上一级人民法院提出异议。

（3）执行异议案件的审查形式。根据《最高人民法院关于人民法院办理执行异议和复议案件若干问题的规定》第11条的规定，人民法院对执行异议案件应当组成合议庭，指令重新审查的执行异议案件，应当另行组成合议庭，且办理执行实施案件的人员不能参与执行异议案件的相关审查工作。根据《最高人民法院关于执行权合理配置和科学运行的若干意见》第4条的规定，执行审查权由法官行使，因此，执行异议案件审查的合议庭组成人员应当为员额法官。另外，根据《最高人民法院关于人民法院办理执行异议和复议案件若干问题的规定》第12条的规定，执行异议案件除案情复杂、争议较大应当进行听证外，人民法院实行书面审查。

（4）未在规定期限内审查处理。根据《中华人民共和国民事诉讼法》第236条的规定，执行法院应当自收到书面异议之日起15日内审查，并作出相应的裁定，上述“15日”包括执行异议立案、审查处理的期限。

《最高人民法院关于人民法院办理执行异议和复议案件若干问题的规定》第17条规定，人民法院对执行行为异议审查后，认为异议不成立的，应当裁定驳回异议；异议成立的，裁定撤销相关执行行为；异议部分成立的，裁定变更相关执行行为；异议成立或者部分成立，但执行行为无撤销、变更内容的，裁定异议成立或者相应部分异议成立。

另外，关于执行异议审查期间是否应当停止执行，对此，《最高人民法院关于适用〈中华人民共和国民事诉讼法〉执行程序若干问题的解释》第9条规定，执行异议和复议审查期间不停止执行，但如果被执行人、利害关系人提供了充分、有效的担保请求停止相应处分措施的，人民法院可以准许；申请执行人提供了充分、有效担保请求继续执行的，应当继续执行。因此，执行异议审查期间，人民法院一般不主动停止执行，除非异议人提供了充分、有效担保，人民法院才可以停止执行。

4. 作出审查处理未告知权利人救济途径

提出执行异议本是权利人权利救济的途径，《中华人民共和国民事诉讼法》第236条规定，当事人、利害关系人不服异议裁定，在裁定送达之日起10日内可以向上一级人民法院申请复议。因此，人民法院在作出异议裁定时应当按照上述法律规定及《最高人民法院关于人民法院办理执行异议和复议案件若干问题的规定》第16条第1款的规定，告知相关权利人向上一级人民法院申请复议的权利和期限。

（二）执行复议

根据《中华人民共和国民事诉讼法》第236条的规定，人民法院针对执行行为异议作出裁定后，包括不予受理裁定，当事人、利害关系人对裁定不服的，可以在裁定送达之日起10日内向上一级人民法院申请复议。从该规定可以看出，申请复议的主体与执行行为异议主体是一致的，即当事人、利害关系人。

1. 申请复议的形式

根据《最高人民法院关于适用〈中华人民共和国民事诉讼法〉执行程序若干问题的解释》第6条、第7条的规定，当事人、利害关系人向上一级人民法院申请复议，应当采取书面形式。《最高人民法院关于人民法院办理执行异议和复议案件若干问题的规定》第1条对该书面形式进行了明确，即当事人、利害关系人申请复议应当向人民法院提交申请书，申请书应当载明具体的复议请求、事实、理由等内容，并附有当事人、利害关系人的身份证明，相关证据材料、送达地址和联系方式等材料内容。该书面材料可以通过执行法院转交，也可以直接向执行法院的上一级人民法院提交。因此，当事人、利害关系人申请复议应当以书面形式向人民法院提出。

2. 申请复议的期限

根据《中华人民共和国民事诉讼法》第236条的规定，当事人、利害关系人应当在执行异议裁定送达之日起10日内向上一级人民法院申请复议，如果超过该期限申请复议的，申请人要承担人民法院不予受理的不利后果。

3. 不服执行决定、裁定直接申请复议的情形

一般情况下，当事人、利害关系人认为执行法院的执行行为违反法律规定，首先要向执行法院提出异议，不服异议裁定才可以向上一级人民法院申请复议，但根据《最高人民法院关于人民法院办理执行异议和复议案件若干问题的规定》第9条、第10条的规定，被采取限制出境措施的人认为执行法院对其限制出境错误的，可以自收到限制出境决定之日起10日内向上一级人民法院申请复议；当事人不服驳回不予执行公证债权文书申请的裁定的，可以自收到裁定之日起10日内向上一级人民法

院申请复议。

4. 复议申请的审查形式

根据《最高人民法院关于人民法院办理执行异议和复议案件若干问题的规定》第 11 条、第 12 条的规定，对当事人、利害关系人的复议申请，上一级人民法院应当组成合议庭进行审查。除案情复杂、争议较大的案件应当进行听证外，原则上实行书面审查，且办理执行实施案件的人员不得参与相关审查工作。

5. 复议申请的审查期限

对于复议申请的审查期限，主要规定在相关司法解释之中，《最高人民法院关于适用〈中华人民共和国民事诉讼法〉执行程序若干问题的解释》第 8 条规定，针对当事人、利害关系人根据《中华人民共和国民事诉讼法》第 236 条的规定提出的复议申请，上一级人民法院应当自收到复议申请之日起 30 日内审查完毕并作出裁定，如果案件有特殊情况需要延长审查期限的，经本院院长批准可以延长至多 30 日。也就是说，一般情况下，上一级人民法院应当在收到复议申请 30 日内审查处理完毕，即使有特殊情况也应当在 60 日内审查完毕并作出裁定。但有两种例外情形需要注意，即针对限制出境决定和驳回不予执行公证债权文书申请的裁定的复议申请，因为上述两种情形并非严格依据《中华人民共和国民事诉讼法》第 236 条的规定提出的复议申请。根据《最高人民法院关于人民法院办理执行异议和复议案件若干问题的规定》第 9 条规定，对于被限制出境人认为对其限制出境错误申请复议的，上一级人民法院应当自收到复议申请之日起 15 日内作出决定，不同于一般复议申请审查的 30 日的期限。第 10 条规定，对于当事人不服驳回不予执行公证债权文书申请裁定的复议申请，上一级人民法院应当在收到复议申请之日起 30 日内审查并作出裁定，未规定可以延长审查期限的情形。

6. 关于复议申请审查期间是否需要停止执行

与执行异议审查期间是否应当停止执行一致，根据《最高人民法院关于适用〈中华人民共和国民事诉讼法〉执行程序若干问题的解释》第 9 条规定，复议审查期间不停止执行，但如果被执行人、利害关系人提供了充分、有效的担保请求停止相应处分措施的，人民法院可以准许；申请执行人提供了充分、有效担保请求继续执行的，应当继续执行。因此，复议申请审查期间人民法院一般不主动停止执行，除非复议申请人提供了充分、有效担保人民法院才可以停止执行。对此，《最高人民法院关于人民法院办理执行异议和复议案件若干问题的规定》第 9 条、第 10 条亦规定，对限制出境决定、驳回不予执行公证债权文书申请裁定的复议申请审查期间亦不停止执行。

7. 复议申请的审查处理

根据《最高人民法院关于人民法院办理执行异议和复议案件若干问题的规定》第 23 条的规定，上一级人民法院对当事人、利害关系人的复议申请审查后，应当依照五种情形分别作出处理：一是异议裁定认定事实清楚，适用法律正确的，裁定驳回复议申请，维持异议裁定。二是异议裁定认定事实错误或者适用法律错误，结果应予以纠正的，则裁定撤销或者变更异议裁定，如果执行行为系可撤销、变更的，则应当同时撤销或者变更该裁定维持的执行行为。三是异议裁定认定基本事实不清、证据不足的，则裁定撤销异议裁定，发回作出裁定的人民法院重新审查，也可以查清事实后作出相应的裁定。四是异议裁定遗漏异议请求或者存在其他严重违反法定程序的情形，则裁定撤销异议裁定，发回作出裁定的人民法院重新审查。五是对应当适用《中华人民共和国民事诉讼法》第 238 条规定审查处理的异议，也就是案外人执行异议，错误适用《中华人民共和国民事诉讼法》第 236 条规定审查处理的，则裁定撤销异议裁定，发回作出裁定的人民法院重新作出裁定。

需要注意的是，上一级人民法院依照上述情形发回作出异议裁定的人民法院重新审查后作出裁定的，当事人、利害关系人申请复议的，上一级人民法院审查后不得再次发回重新审查。

二、相关案例

朱某申请民事执行监督案

【监督要旨】检察机关依法对民事执行活动实行法律监督是对民事执行活动全过程的监督。当事人以执行行为违法为由向人民法院提出执行异议，人民法院对执行异议审查处理不当的，检察机关应当依法予以监督纠正。

【申请监督】朱某认为某县法院在执行其与李某、甲公司、乙公司民间借贷纠纷一案中存在违法情形，某县法院对其执行异议的处理以及中级法院对其执行复议的处理均存在不当，侵害了其享有的合法权益，进而向检察机关申请监督。

【调查核实】经检察机关调查核实查明，2012 年 11 月 21 日，朱某因与李某、甲公司、乙公司民间借贷纠纷一案，向某县法院提出了诉前财产保全。同日，某县法院作出裁定，查封李某名下轿车一辆，并责令乙公司停止支付给甲公司“香山房产项目”的开发资金 1000 万元，如要求偿付，由某县法院提存价款。

2013 年 6 月 27 日，某县法院作出民事判决，判决李某于该民事判决生效 10 日内返还朱某借款 1000 万元，支付相应的利息；甲公司对李某的上述债务承担连带保证责任；驳回朱某的其他诉讼请求。该民事判决生效后，李某、甲公司未按照规定的期限依法履行归还朱某借款的法律义务。

2013年7月31日，朱某向某县法院申请强制执行。某县法院于同日立案执行，申请执行人为朱某，被执行人为李某、甲公司，某县人民法院就本案的执行过程具体如下：

第一，财产查控。2013年9月22日，某县法院查封了李某名下房产一套。2013年10月9日，某县法院查封了登记在乙公司名下的属于李某、甲公司的香山房产项目1幢、2幢、3幢的部分房屋共计80套。2013年10月10日，某县法院又查封了登记在乙公司名下的属于李某、甲公司的香山房产项目4幢的房屋共计16套。上述查封的96套房产，其中本案首轮查封66套。

第二，责令乙公司向朱某承担赔偿责任。2013年11月26日，某县法院以乙公司应当协助法院财产保全，停止支付给甲公司在香山房产项目的开发资金1000万元，而乙公司在2012年11月22日至2013年7月23日期间，擅自向甲公司以以房抵债、支付款项等方式共支付1000万元为由，裁定责令乙公司在7日内追回擅自支付给甲公司的款项1000万元；若到期未追回，乙公司在擅自支付而未能追回的1000万元范围内，向朱某承担赔偿责任。

第三，终结执行程序。2014年9月18日，某县法院以被执行人甲公司所有的登记在乙公司名下的80套房屋被该院查封，且乙公司因涉及巨额债务，已由本县相关职能部门统一协调处理，本案不宜单独处理为由，裁定本案终结执行，朱某待满足恢复执行条件时可以依法申请继续执行。

第四，财产处分（适用参与分配）。本案执行过程中，有数十起以乙公司为被告的案件先后进入司法程序，2013年至2015年，某县法院审理后也作出了相应的裁判。2014年9月5日，农业银行某县支行与浙江某建设公司、乙公司、甲公司等金融借款纠纷一案，某县法院作出民事调解，农业银行某县支行有权以作抵押登记的乙公司名下的某国有土地使用权和香山房产项目中143套房屋折价或者以拍卖、变卖上述土地使用权和房屋所得价款优先受偿。后农业银行某县支行向某县法院申请强制执行，某县法院于2014年9月10日立案执行，接着某县法院以该案为执行依据对农业银行某县支行享有抵押权的登记在乙公司名下的某国有土地使用权和香山房产项目的143套房产进行了拍卖，经某县法院二次拍卖，2014年12月8日，某国有土地使用权由某县投资公司购买成交，成交价为7000万元；2014年12月12日，香山房产项目143套中的76套由某县投资公司购买成交，成交价为8000万元。农行某县支行债权得以实现。

2015年12月22日，某县法院作出《关于涉被执行人乙公司（香山房产项目）案件的分配报告》，载明因乙公司多起案件正在执行，待分配财产不足以清偿全部债务，因此，统一制作分配方案。包括朱某申请强制执行案在内共计50件执行案件参与分配，可分配财产为价值6000万元的香山房产项目的房屋，分配率为0.3。该分配方案的最后一项为“权利告知”，告知相关债权人或者被执行人可以对该分配方案提出异议，对异议法院将依法予以处理。

第五，对朱某提出分配方案异议的处理。朱某收到某县法院上述分配方案后，提出了书面异议，其他15个执行案件的债权人对朱某的异议提出了反对意见。2016年3月23日，朱某向某县法院提起执行分配方案异议诉讼，请求：（1）朱某可参与分配的债权金额应为2000万余元（本金加利息）；（2）首先按照采取执行措施的先后顺序受偿。如不能全部优先受偿，朱某作为首次申请保全的债权人，可另行在不超过20%的范围内参与分配等。2016年12月23日，某县法院作出一审民事判决，驳回了朱某的诉讼请求。

朱某不服该一审判决，上诉至中级法院。2018年3月12日，中级法院作出民事裁定，二审认为，本案中，朱某向一审法院提起的执行分配方案异议之诉中，提出的诉讼请求既有程序异议，也有实体异议，而一审法院制作的分配报告关于权利告知一项中，并未告知相关债权人或被执行人如对适用参与分配不服，可依据《中华人民共和国民事诉讼法》第225条[①]的规定向一审法院提出执行行为异议及申请复议的权利，一审法院推定全部申请人对于按债权比例进行分配表示认可无法律依据。在朱某对适用参与分配程序提出异议的情况下，一审法院对这一涉及当事人重大权益的事项，未予以释明而是受理其提出的执行分配方案异议之诉，属程序和适用法律错误，裁定撤销某县法院一审民事判决，驳回朱某的起诉。

2018年6月1日，针对朱某提出的执行异议，某县法院又作出执行异议裁定，认为乙公司作为企业法人，已经停止了正常的经营活动，且有巨额债务尚未清偿。根据1998年7月8日施行的《最高人民法院关于人民法院执行工作若干问题的规定（试行）》第96条[②]规定，在其财产不足以清偿所有债务的情况下，应当对各债权人的债权按比例清偿。《最高人民法院关于适用〈中华人民共和国民事诉讼法〉的解释》（法释〔2015〕5号）自2015年2月4日施行，该司法解释没有明确规定被执行人为企业法人的，法院适用参与分配必须经过取得执行依据的债权人一致同意。为此，乙公司虽是企业法人，但考虑到客观情况，该院为平等保护债权人的权利，参照《最高人民法院关于人民法院执行工作若干问题的规定（试行）》第96条规定适用参与分配程序制作的分配报告执行行为并无不当，据此裁定驳回朱某的异议请求。

朱某不服某县法院作出的执行裁定，向中级法院申请复议。2018年9月30日，中级人民法院作出执行裁定，认为对于朱某提出优先受偿的主张，认为某县法院执行裁定中的表述是将96套房屋作为李某、甲公司的责任财产来采取执行措施，缺乏依据，某县法院直接认定上述房产属

① 现行《中华人民共和国民事诉讼法》第236条。

② 该规定于2020年12月23日修正后删除该条款。

于李某、甲公司所有，将影响公司法人财产的独立性，并侵害乙公司其他债权人的合法权益。朱某能够在乙公司资产中受偿的基础是甲公司对乙公司的到期债权。因此，从执行法院的执行依据、处置方式来看，朱某所称对于香山房产项目部分房产首轮查封的效力并未实际产生。此外，对于66套房产按照参与分配程序处理，其他49件案件中的债权人均无异议，朱某也未要求移送破产，故参与分配程序并未影响朱某的实体权利。若朱某对于参与分配中各债权真实性有异议，或者对应当分配的债权数额、分配顺位存在异议，应当按照分配方案异议之诉的程序主张权利。遂裁定驳回朱某的复议申请。

【监督要点】本案案情虽不复杂，却经历了从申请执行、执行实施、执行异议、执行复议等一个执行案件所能经历的全部执行程序，现就某县法院在本案执行过程存在的问题具体分析如下：

1. 执行实施过程中存在的问题

（1）未对诉前保全的财产按照规定进行调查核实并及时采取相应的执行措施。根据《最高人民法院关于人民法院办理执行案件若干期限的规定》第6条的规定，申请执行人提供了明确、具体财产状况或者财产线索的，承办人应当在申请执行人提供财产状况或财产线索后5日内进行查证、核实。对此情况，《最高人民法院关于民事执行中财产调查若干问题的规定》第2条规定调查核实的期限为“7日内”。本案中，在起诉前某县法院即已作出裁定，对甲公司在乙公司的到期债权采取了保全措施，故依照前述规定，在案件进入执行阶段某县法院首先应当在规定期限内对已被保全的被执行人的财产状况进行核查，并依据1998年7月8日施行的《最高人民法院关于人民法院执行工作若干问题的规定（试行）》第61条[①]规定，向乙公司发出履行到期债务通知书，然后根据乙公

① 现行《最高人民法院关于人民法院执行工作若干问题的规定（试行）》第45条。

司对该债权异议情况，决定是否采取强制执行措施。而某县法院在本案立案执行后，没有针对性地对诉前保全的债权采取相应的执行措施。

（2）终结本案执行不符合相关规定。首先，根据2009年3月19日《中央政法委、最高人民法院关于规范集中清理执行积案结案标准的通知》的相关规定，除申请执行人同意人民法院终结本次执行程序外，只有在被执行人确无财产可供执行或虽有财产不宜强制执行的情况下，经合议庭评议，才可以裁定终结本次执行程序。本案中，除登记在乙公司名下房产已被查封之外，2013年9月22日亦已查封了被执行人李某名下房产，并非无财产可供执行。在无证据证明上述房产当时不宜强制执行的情况下，某县法院应当在查封上述房产后及时采取拍卖等处分措施，而非在本案执行立案后依职权裁定本案终结执行。

其次，某县法院裁定终结本案执行的理由为“乙公司涉巨额债务，由相关职能部门统一协调处理，本案不宜单独处理”，而该理由并非法律明确规定的终结本次执行程序的事由，且从本案后续执行情况来看，财产处置仍然是通过司法拍卖这一方式以实现债权。

另外，根据《中央政法委、最高人民法院关于规范集中清理执行积案结案标准的通知》第3条第9款第2项的规定，执行法院裁定终结本次执行程序，在下达裁定前应当告知申请执行人，以保障申请执行人对终结本次执行程序的异议权。本案执行中，某县法院作出终结本案执行裁定并未告知申请执行人朱某。

（3）未在规定期限内执行结案。根据1998年7月8日施行的《最高人民法院关于人民法院执行工作若干问题的规定（试行）》第107条[①]的规定，人民法院办理执行案件一般应当在立案之日起6个月内执行结案（中止执行、评估、拍卖等期间扣除），确需延长的，由法院院长批准。

---

① 现行《最高人民法院关于适用〈中华人民共和国民事诉讼法〉的解释》第63条。

本案于2013年7月31日立案执行，且从案卷材料来看，并未发现应当予以扣除的期限，亦未有法院领导批准延长执行期限的相关资料，故本案应当于2014年1月31日执行结案。因此，某县法院于2014年9月18日才作出终结本次执行的裁定，显然违反了执行结案期限的相关规定。

（4）适用“参与分配”不当。在被执行人为企业法人且其财产不足以清偿全部债务的情况下，是适用参与分配还是按执行中查封、扣押、冻结财产的先后顺序清偿，以2015年2月4日施行的《最高人民法院关于适用〈中华人民共和国民事诉讼法〉的解释》为界点而有所区别。该司法解释实施前，执行法院应当依照1998年7月8日施行的《最高人民法院关于人民法院执行工作若干问题的规定（试行）》第96条规定，对各债权人的债权按比例清偿。《最高人民法院关于适用〈中华人民共和国民事诉讼法〉的解释》第513条至第516条[①]规定，执行中，作为被执行人的企业法人符合企业破产法第2条第1款规定情形的，执行法院经申请执行人或者被执行人同意，应当裁定中止执行，并将执行案件相关材料移送被执行人住所地人民法院，按照破产案件处理。在当事人不同意移送破产案件或者被执行人所在地法院不受理破产案件的，按照执行中查封、扣押、冻结财产的先后顺序清偿。也就是说，对被执行人是企业法人且其财产不足以清偿全部债务的，人民法院在执行中应当按照“执转破”的程序处理，否则应当按照执行中查封、扣押、冻结财产的先后顺序清偿，而不能径行适用参与分配。上述司法解释于2015年2月4日施行，本案《分配报告》系某县法院于2015年12月23日制作，按照新法优于旧法的原则，某县法院在本案执行中未经征询包括朱某在内的申请执行人或被执行人的意见，直接适用参与分配程序处理相关财产显然与民事诉讼法司法解释不符。

① 现行《最高人民法院关于适用〈中华人民共和国民事诉讼法〉的解释》第511条至第514条。

2. 对执行异议的审查处理缺乏法律依据

针对朱某提出本案不应当适用参与分配程序制作《分配报告》，并要求按照采取执行措施的先后顺序优先受偿的执行异议，某县法院作出执行裁定驳回朱某的异议请求。该院认为，2015 年 2 月 4 日施行的《最高人民法院关于适用〈中华人民共和国民事诉讼法〉的解释》没有明确规定被执行人是企业法人的，法院适用参与分配必须经过取得执行依据的债权人一致同意，基于为平等保护适用 1998 年 7 月 8 日施行的《最高人民法院关于人民法院执行工作若干问题的规定（试行)》第 96 条规定适用参与分配程序并无不当。

朱某不服某县法院的异议裁定，向中级法院提出复议。中级法院审查后认为，本案执行过程中某县法院裁定直接将登记在乙公司名下的部分房产作为李某、甲公司的责任财产采取执行措施缺乏依据，朱某能够在乙公司资产中受偿，依据的是甲公司对乙公司的到期债权，朱某对香山房产首轮查封的效力未实际产生。据此，裁定驳回朱某的复议申请。

对此，检察机关认为某县法院执行异议裁定及中级法院执行复议裁定均存在不当，理由如下：

首先，某县法院前述执行裁定中对法律适用的理解存在不当。一是对 2015 年 2 月 4 日施行的《最高人民法院关于适用〈中华人民共和国民事诉讼法〉的解释》中第 513 条至第 516 条的理解应是：对被执行人是企业法人的，明确规定了如果没有进行执行程序转破产程序，应当按照执行中查封、扣押、冻结的先后顺序清偿，对适用参与分配进行了限制。二是《浙江省高级人民法院关于执行程序与破产程序衔接若干问题的纪要》第 16 条关于“民诉法解释施行后，对企业法人为被执行人的执行案件，不再适用参与分配”只是对民事诉讼法解释的进一步解释和明确而已，并非该纪要施行之后才对参与分配有了限制适用，该条款只是明确了一种适用参与分配的例外情形，即取得执行依据的债权人一致同意的情况可以适用参与分配，符合民事诉讼中当事人意思自治原则。三是关于法律适用，中级法院驳回朱某起诉的裁定中已明确制作《分配方案》时民事诉讼法解释已施行，应当适用民事诉讼法解释。因此，某县法院在处理执行异议的裁定中对法律适用的理解存在错误。

其次，中级法院复议裁定的理由不能成立。一是在未经法定程序撤销之前，以朱某申请执行一案作出的执行裁定系生效的裁定书，具有法律效力，虽然其内容表述上存在争议，但不能直接否定其效力。如果中级法院认为某县法院执行过程中的裁定内容错误，应当启动撤销程序，在这之前应当尊重生效裁定的既判效力。二是本案中基于朱某申请执行，某县法院对乙公司的部分房产采取了查封的执行措施系事实，在未撤销上述裁定的情况下，无论朱某依据何种基础法律关系而享有在乙公司资产中受偿的权利，并不改变对房产的查封是基于朱某申请执行而采取的执行措施这一事实。故中级法院复议裁定缺乏法律依据。

综上所述，检察机关认为本案执行过程中执行法院存在违反相关法律规定的情形，中级法院作出的复议裁定缺乏法律依据，据此向中级法院发出检察建议，建议对本案重新进行审查。

【监督结果】收到检察建议后中级法院经研究函复市检察院，称本案疑难复杂，拟先行报请省高院再做进一步处理。2022 年 3 月，中级法院复函检察机关称检察建议成立，予以支持，经中级法院审判委员会讨论决定，裁定撤销该院执行复议裁定和某县法院执行异议裁定，发回某县人民法院重新审查。

三、法条链接

1. 中华人民共和国民事诉讼法（2024 年 1 月 1 日施行）（节录）

第一百一十七条 有义务协助调查、执行的单位有下列行为之一的，人民法院除责令其履行协助义务外，并可以予以罚款：

（一）有关单位拒绝或者妨碍人民法院调查取证的；

（二）有关单位接到人民法院协助执行通知书后，拒不协助查询、扣押、冻结、划拨、变价财产的；

（三）有关单位接到人民法院协助执行通知书后，拒不协助扣留被执行人的收入、办理有关财产权证照转移手续、转交有关票证、证照或者其他财产的；

（四）其他拒绝协助执行的。人民法院对有前款规定的行为之一的单位，可以对其主要负责人或者直接责任人员予以罚款；对仍不履行协助义务的，可以予以拘留；并可以向监察机关或者有关机关提出予以纪律处分的司法建议。

第二百三十六条　当事人、利害关系人认为执行行为违反法律规定的，可以向负责执行的人民法院提出书面异议。当事人、利害关系人提出书面异议的，人民法院应当自收到书面异议之日起十五日内审查，理由成立的，裁定撤销或者改正；理由不成立的，裁定驳回。当事人、利害关系人对裁定不服的，可以自裁定送达之日起十日内向上一级人民法院申请复议。

第二百五十三条　被执行人未按执行通知履行法律文书确定的义务，人民法院有权向有关单位查询被执行人的存款、债券、股票、基金份额等财产情况。人民法院有权根据不同情形扣押、冻结、划拨、变价被执行人的财产。人民法院查询、扣押、冻结、划拨、变价的财产不得超出被执行人应当履行义务的范围。

人民法院决定扣押、冻结、划拨、变价财产，应当作出裁定，并发出协助执行通知书，有关单位必须办理。

第二百六十八条　有下列情形之一的，人民法院裁定终结执行：

（一）申请人撤销申请的；

（二）据以执行的法律文书被撤销的；

（三）作为被执行人的公民死亡，无遗产可供执行，又无义务承担人的；

（四）追索赡养费、扶养费、抚育费案件的权利人死亡的；

（五）作为被执行人的公民因生活困难无力偿还借款，无收入来源，又丧失劳动能力的；

（六）人民法院认为应当终结执行的其他情形。

2. 最高人民法院关于适用《中华人民共和国民事诉讼法》的解释（2022 年 4 月 10 日施行　法释〔2022〕11 号）（节录）

第四百九十九条　人民法院执行被执行人对他人的到期债权，可以做出冻结债权的裁定，并通知该他人向申请执行人履行。

该他人对到期债权有异议，申请执行人请求对异议部分强制执行的，人民法院不予支持。利害关系人对到期债权有异议的，人民法院应当按照民事诉讼法第二百三十四条[①]规定处理。

对生效法律文书确定的到期债权，该他人予以否认的，人民法院不予支持。

3. 最高人民法院关于适用《中华人民共和国民事诉讼法》执行程序若干问题的解释（2021 年 1 月 1 日施行　法释〔2020〕21 号）（节录）

第三条　人民法院受理执行申请后，当事人对管辖权有异议的，应当自收到执行通知书之日起十日内提出。

人民法院对当事人提出的异议，应当审查。异议成立的，应当撤销执行案件，并告知当事人向有管辖权的人民法院申请执行；异议不成立的，裁定驳回。当事人对裁定不服的，可以向上一级人民法院申请复议。

管辖权异议审查和复议期间，不停止执行。

---

① 现行《中华人民共和国民事诉讼法》第 238 条。

第四条 对人民法院采取财产保全措施的案件，申请执行人向采取保全措施的人民法院以外的其他有管辖权的人民法院申请执行的，采取保全措施的人民法院应当将保全的财产交执行法院处理。

第五条 执行过程中，当事人、利害关系人认为执行法院的执行行为违反法律规定的，可以依照民事诉讼法第二百二十五条[①]的规定提出异议。

执行法院审查处理执行异议，应当自收到书面异议之日起十五日内作出裁定。

第六条 当事人、利害关系人依照民事诉讼法第二百二十五条[②]规定申请复议的，应当采取书面形式。

第七条 当事人、利害关系人申请复议的书面材料，可以通过执行法院转交，也可以直接向执行法院的上一级人民法院提交。

执行法院收到复议申请后，应当在五日内将复议所需的案卷材料报送上一级人民法院；上一级人民法院收到复议申请后，应当通知执行法院在五日内报送复议所需的案卷材料。

第八条 当事人、利害关系人依照民事诉讼法第二百二十五条[③]规定申请复议的，上一级人民法院应当自收到复议申请之日起三十日内审查完毕，并作出裁定。有特殊情况需要延长的，经本院院长批准，可以延长，延长的期限不得超过三十日。

第九条 执行异议审查和复议期间，不停止执行。

被执行人、利害关系人提供充分、有效的担保请求停止相应处分措施的，人民法院可以准许；申请执行人提供充分、有效的担保请求继续执行的，应当继续执行。

---

① 现行《中华人民共和国民事诉讼法》第236条。
② 现行《中华人民共和国民事诉讼法》第236条。
③ 现行《中华人民共和国民事诉讼法》第236条。

4. 最高人民法院关于人民法院办理执行异议和复议案件若干问题的规定（2021年1月1日施行　法释〔2020〕21号）（节录）

第一条　异议人提出执行异议或者复议申请人申请复议，应当向人民法院提交申请书。申请书应当载明具体的异议或者复议请求、事实、理由等内容，并附下列材料：

（一）异议人或者复议申请人的身份证明；

（二）相关证据材料；

（三）送达地址和联系方式。

第二条　执行异议符合民事诉讼法第二百二十五条[①]或者第二百二十七条[②]规定条件的，人民法院应当在三日内立案，并在立案后三日内通知异议人和相关当事人。不符合受理条件的，裁定不予受理；立案后发现不符合受理条件的，裁定驳回申请。

执行异议申请材料不齐备的，人民法院应当一次性告知异议人在三日内补足，逾期未补足的，不予受理。

异议人对不予受理或者驳回申请裁定不服的，可以自裁定送达之日起十日内向上一级人民法院申请复议。上一级人民法院审查后认为符合受理条件的，应当裁定撤销原裁定，指令执行法院立案或者对执行异议进行审查。

第三条　执行法院收到执行异议后三日内既不立案又不作出不予受理裁定，或者受理后无正当理由超过法定期限不作出异议裁定的，异议人可以向上一级人民法院提出异议。上一级人民法院审查后认为理由成立的，应当指令执行法院在三日内立案或者在十五日内作出异议裁定。

第四条　执行案件被指定执行、提级执行、委托执行后，当事人、利害关系人对原执行法院的执行行为提出异议的，由提出异议时负责该案

---

① 现行《中华人民共和国民事诉讼法》第236条。

② 现行《中华人民共和国民事诉讼法》第238条。

件执行的人民法院审查处理；受指定或者受委托的人民法院是原执行法院的下级人民法院的，仍由原执行法院审查处理。

执行案件被指定执行、提级执行、委托执行后，案外人对原执行法院的执行标的提出异议的，参照前款规定处理。

第五条　有下列情形之一的，当事人以外的公民、法人和非法人组织，可以作为利害关系人提出执行行为异议：

（一）认为人民法院的执行行为违法，妨碍其轮候查封、扣押、冻结的债权受偿的；

（二）认为人民法院的拍卖措施违法，妨碍其参与公平竞价的；

（三）认为人民法院的拍卖、变卖或者以物抵债措施违法，侵害其对执行标的的优先购买权的；

（四）认为人民法院要求协助执行的事项超出其协助范围或者违反法律规定的；

（五）认为其他合法权益受到人民法院违法执行行为侵害的。

第六条　当事人、利害关系人依照民事诉讼法第二百二十五条[①]规定提出异议的，应当在执行程序终结之前提出，但对终结执行措施提出异议的除外。

第七条　当事人、利害关系人认为执行过程中或者执行保全、先予执行裁定过程中的下列行为违法提出异议的，人民法院应当依照民事诉讼法第二百二十五条规定进行审查：

（一）查封、扣押、冻结、拍卖、变卖、以物抵债、暂缓执行、中止执行、终结执行等执行措施；

（二）执行的期间、顺序等应当遵守的法定程序；

（三）人民法院作出的侵害当事人、利害关系人合法权益的其他

---

① 现行《中华人民共和国民事诉讼法》第236条。

行为。

被执行人以债权消灭、丧失强制执行效力等执行依据生效之后的实体事由提出排除执行异议的，人民法院应当参照民事诉讼法第二百二十五条[①]规定进行审查。

除本规定第十九条规定的情形外，被执行人以执行依据生效之前的实体事由提出排除执行异议的，人民法院应当告知其依法申请再审或者通过其他程序解决。

第九条 被限制出境的人认为对其限制出境错误的，可以自收到限制出境决定之日起十日内向上一级人民法院申请复议。上一级人民法院应当自收到复议申请之日起十五日内作出决定。复议期间，不停止原决定的执行。

第十条 当事人不服驳回不予执行公证债权文书申请的裁定的，可以自收到裁定之日起十日内向上一级人民法院申请复议。上一级人民法院应当自收到复议申请之日起三十日内审查，理由成立的，裁定撤销原裁定，不予执行该公证债权文书；理由不成立的，裁定驳回复议申请。复议期间，不停止执行。

第十一条 人民法院审查执行异议或者复议案件，应当依法组成合议庭。

指令重新审查的执行异议案件，应当另行组成合议庭。

办理执行实施案件的人员不得参与相关执行异议和复议案件的审查。

第十二条 人民法院对执行异议和复议案件实行书面审查。案情复杂、争议较大的，应当进行听证。

第十三条 执行异议、复议案件审查期间，异议人、复议申请人申请撤回异议、复议申请的，是否准许由人民法院裁定。

---

① 现行《中华人民共和国民事诉讼法》第236条。

第十五条　当事人、利害关系人对同一执行行为有多个异议事由，但未在异议审查过程中一并提出，撤回异议或者被裁定驳回异议后，再次就该执行行为提出异议的，人民法院不予受理。

案外人撤回异议或者被裁定驳回异议后，再次就同一执行标的提出异议的，人民法院不予受理。

第十七条　人民法院对执行行为异议，应当按照下列情形，分别处理：

（一）异议不成立的，裁定驳回异议；

（二）异议成立的，裁定撤销相关执行行为；

（三）异议部分成立的，裁定变更相关执行行为；

（四）异议成立或者部分成立，但执行行为无撤销、变更内容的，裁定异议成立或者相应部分异议成立。

第二十三条　上一级人民法院对不服异议裁定的复议申请审查后，应当按照下列情形，分别处理：

（一）异议裁定认定事实清楚，适用法律正确，结果应予维持的，裁定驳回复议申请，维持异议裁定；

（二）异议裁定认定事实错误，或者适用法律错误，结果应予纠正的，裁定撤销或者变更异议裁定；

（三）异议裁定认定基本事实不清、证据不足的，裁定撤销异议裁定，发回作出裁定的人民法院重新审查，或者查清事实后作出相应裁定；

（四）异议裁定遗漏异议请求或者存在其他严重违反法定程序的情形，裁定撤销异议裁定，发回作出裁定的人民法院重新审查；

（五）异议裁定对应当适用民事诉讼法第二百二十七条[①]规定审查处理的异议，错误适用民事诉讼法第二百二十五条[②]规定审查处理的，裁定

---

① 现行《中华人民共和国民事诉讼法》第238条。

② 现行《中华人民共和国民事诉讼法》第236条。

撤销异议裁定，发回作出裁定的人民法院重新作出裁定。

除依照本条第一款第三、四、五项发回重新审查或者重新作出裁定的情形外，裁定撤销或者变更异议裁定且执行行为可撤销、变更的，应当同时撤销或者变更该裁定维持的执行行为。

人民法院对发回重新审查的案件作出裁定后，当事人、利害关系人申请复议的，上一级人民法院复议后不得再次发回重新审查。

5. 最高人民法院关于人民法院民事执行中拍卖、变卖财产的规定（2021年1月1日施行　法释〔2020〕21号）（节录）

第十一条　人民法院应当在拍卖五日前以书面或者其他能够确认收悉的适当方式，通知当事人和已知的担保物权人、优先购买权人或者其他优先权人于拍卖日到场。

优先购买权人经通知未到场的，视为放弃优先购买权。

第十二条　法律行政法规对买受人的资格或者条件有特殊规定的，竞买人应当具备规定的资格或者条件。

申请执行人、被执行人可以参加竞买。

6. 最高人民法院关于人民法院办理财产保全案件若干问题的规定（2021年1月1日施行　法释〔2020〕21号）（节录）

第二十六条　申请保全人、被保全人、利害关系人认为保全裁定实施过程中的执行行为违反法律规定提出书面异议的，人民法院应当依照民事诉讼法第二百二十五条规定审查处理。

7. 最高人民法院关于人民法院网络司法拍卖若干问题的规定（2017年1月1日施行　法释〔2016〕18号）（节录）

第六条　实施网络司法拍卖的，人民法院应当履行下列职责：

（一）制作、发布拍卖公告；

（二）查明拍卖财产现状、权利负担等内容，并予以说明；

（三）确定拍卖保留价、保证金的数额、税费负担等；

（四）确定保证金、拍卖款项等支付方式；

（五）通知当事人和优先购买权人；

（六）制作拍卖成交裁定；

（七）办理财产交付和出具财产权证照转移协助执行通知书；

（八）开设网络司法拍卖专用账户；

（九）其他依法由人民法院履行的职责。

8. 最高人民关于执行案件立案、结案若干问题的意见（2015 年 1 月 1 日施行　法发〔2014〕26 号）（节录）

第一条　本意见所称执行案件包括执行实施类案件和执行审查类案件。

执行实施类案件是指人民法院因申请执行人申请、审判机构移送、受托、提级、指定和依职权，对已发生法律效力且具有可强制执行内容的法律文书所确定的事项予以执行的案件。

执行审查类案件是指在执行过程中，人民法院审查和处理执行异议、复议、申诉、请示、协调以及决定执行管辖权的移转等事项的案件。

第十四条　除执行财产保全裁定、恢复执行的案件外，其他执行实施类案件的结案方式包括：

（一）执行完毕；

（二）终结本次执行程序；

（三）终结执行；

（四）销案；

（五）不予执行；

（六）驳回申请。

第十七条　有下列情形之一的，可以以“终结执行”方式结案：

（一）申请人撤销申请或者是当事人双方达成执行和解协议，申请执行人撤回执行申请的；

（二）据以执行的法律文书被撤销的；

（三）作为被执行人的公民死亡，无遗产可供执行，又无义务承担人的；

（四）追索赡养费、扶养费、抚育费案件的权利人死亡的；

（五）作为被执行人的公民因生活困难无力偿还借款，无收入来源，又丧失劳动能力的；

（六）作为被执行人的企业法人或其他组织被撤销、注销、吊销营业执照或者歇业、终止后既无财产可供执行，又无义务承受人，也没有能够依法追加变更执行主体的；

（七）依照刑法第五十三条规定免除罚金的；

（八）被执行人被人民法院裁定宣告破产的；

（九）行政执行标的灭失的；

（十）案件被上级人民法院裁定提级执行的；

（十一）案件被上级人民法院裁定指定由其他法院执行的；

（十二）按照《最高人民法院关于委托执行若干问题的规定》，办理了委托执行手续，且收到受托法院立案通知书的；

（十三）人民法院认为应当终结执行的其他情形。

前款除第（十）项、第（十一）项、第（十二）项规定的情形外，终结执行的，应当制作裁定书，送达当事人。

9. 最高人民法院关于执行权合理配置和科学运行的若干意见（2011年10月19日施行　法发〔2011〕15号）（节录）

4. 执行审查权的范围主要是审查和处理执行异议、复议、申诉以及决定执行管辖权的移转等审查事项。执行审查权由法官行使。

第二节　案外人异议检察监督

根据《中华人民共和国民事诉讼法》第238条的规定，执行过程中案外人对执行标的提出书面异议的，人民法院应当自收到书面异议之日起15日内审查，案外人异议理由成立的，裁定对该异议标的中止执行；异议理由不成立的，则裁定驳回案外人异议申请。案外人、当事人对裁定不服，如果认为原判决、裁定错误的，应当依照审判监督程序办理。与原判决裁定无关的，可以自裁定送达之日起15日内向人民法院提起诉讼。

从《中华人民共和国民事诉讼法》第238条规定的内容来看，案外人执行异议不同于执行行为异议，其指向的是人民法院正在执行的标的物，目的在于排除人民法院对该标的物的执行，以保护自己实体权利免受侵害。因此，提出执行标的异议的主体为案外人。由于案外人执行标的异议的审查处理结果，同时会涉及申请执行人、被执行人的切身利益，因此，法律又规定了对异议审查结果（裁定）不服的权利救济途径，即提起执行异议之诉和另行起诉。当然提起诉讼的主体也就不再限于案外人，同时包括申请执行人和被执行人。

一、监督要领

根据《最高人民法院关于人民法院办理执行异议和复议案件若干问题的规定》第 8 条的规定，案外人基于实体权利既对执行标的提出排除执行异议，又作为利害关系人提出执行行为异议，人民法院应当按照执行标的异议程序审查处理，人民法院应当依照《中华人民共和国民事诉讼法》第 238 条规定审查处理；若案外人既基于实体权利对执行标的提出排除执行异议，又作为利害关系人提出与实体权利无关的执行行为异议，这种情况下人民法院则应当分别依照《中华人民共和国民事诉讼法》第 238 条案外人执行标的异议和第 236 条执行行为异议程序审查处理。

（一）案外人提出执行标的异议的形式

《最高人民法院关于人民法院执行工作若干问题的规定（试行）》（法释〔1998〕15 号）第 70 条[①]规定，案外人对执行标的主张权利的可以向执行法院提出异议。案外人提出异议一般应当以书面形式提出，并提供相应的证据，如果案外人以书面形式提出异议确有困难，可以允许以口头形式提出。也就是说，案外人提出异议以书面形式为原则，口头形式提出为例外。但《最高人民法院关于人民法院办理执行异议和复议案件若干问题的规定》第 1 条对提出执行异议的形式较之前作了一定改变，即要求异议人提出执行异议应当向人民法院提交申请书，且申请书应当载明具体的异议请求、事实、理由等内容，并附异议人身份证明、相关证据材料、联系方式等材料。因此，案外人向人民法院提出执行标的异议应当以书面申请书的形式。

① 该规定于 2020 年 12 月 23 日修正后删除该条款。

（二）案外人提出执行标的异议的期限

根据《最高人民法院关于适用〈中华人民共和国民事诉讼法〉的解释》第462条规定，案外人根据《中华人民共和国民事诉讼法》第238条规定对执行标的提出异议的，应当在该执行标的执行程序终结前提出。《最高人民法院关于人民法院办理执行异议和复议案件若干问题的规定》第6条第2款对此也进行了明确，即应当在异议指向的执行标的执行终结之前提出，执行标的由当事人受让的，应当在执行程序终结之前提出。对于执行标的执行程序终结前如何理解，可以参考《江苏省高级人民法院关于执行异议及执行异议之诉案件审理指南（一）》（苏高法电〔2017〕873号）的解释，即人民法院处分执行标的所需的所有法定手续全部完成之前。具体来讲，对于不动产和需要办理过户登记手续的动产或者其他财产权，是指协助办理过户登记的通知书送达之前，如当事人自行办理过户登记手续的，是指实际变更登记之前；对于动产或者银行存款类财产，是指交付或者拨付给申请执行人之前或者分配完毕之前。

（三）关于案外人提出执行标的异议的立案

根据《最高人民法院关于执行案件立案、结案若干问题的意见》第8条、第9条的规定，当事人、利害关系人认为人民法院的执行行为违反法律规定，提出书面异议的，人民法院应当按照执行异议案件予以立案，案件类型代字为“执异字”，按照立案时间的先后顺序确定案件编号，单独进行排序。根据《最高人民法院关于人民法院办理执行异议和复议案件若干问题的规定》第2条规定，执行异议符合《中华人民共和国民事诉讼法》第238条规定条件的，执行法院应当在3日内立案，并在立案后3日内通知异议人和相关当事人。执行异议申请材料不齐备的，执行法院应当一次性告知异议人在3日内补足，逾期不补足的，不予受理。

对于执行异议不符合受理条件和立案后发现不符合受理条件的处理，与执行行为异议案件处理程序基本一致，即按照《最高人民法院关于人民法院办理执行异议和复议案件若干问题的规定》第 2 条的规定，分别裁定不予受理和裁定驳回申请。在作出裁定时，执行法院应当告知异议人可以自裁定送达之日起 10 日内向上一级人民法院申请复议。上一级人民法院经审查认为符合受理条件的，则应当裁定撤销原裁定，指令执行法院立案或者对执行异议进行审查。

需要注意的是，与执行行为异议一致，对于执行法院收到执行异议后 3 日内既不受理又不作出不予受理裁定的，根据《最高人民法院关于人民法院办理执行异议和复议案件若干问题的规定》第 3 条的规定，异议人可以向上一级人民法院提出异议，上一级人民法院审查后认为理由成立的，则应当指令执行法院在 3 日内立案。因此，异议人以向执行法院提出执行异议后，执行法院超过规定期限既不受理又不作出不予受理裁定为由直接向检察机关申请监督的，检察机关应当告知申请人（异议人）先行向上一级人民法院提出异议。

（四）关于案外人异议审查期间是否停止执行

根据《最高人民法院关于适用〈中华人民共和国民事诉讼法〉执行程序若干问题的解释》第 15 条第 1 款的规定，案外人异议审查期间不得对执行标的进行处分。因此，原则上要求执行法院在案外人异议审查期间不得对异议标的采取处分措施，但处分之外的其他执行措施仍然可以采取，并不以案外人异议停止执行。对此，《最高人民法院关于适用〈中华人民共和国民事诉讼法〉的解释》第 463 条第 2 款同时还规定驳回案外人执行异议裁定送达案外人之日起 15 日内人民法院不得对执行标的进行处分，这也主要考虑到该解释第 315 条的规定，案外人执行异议之诉审理期间，人民法院不得对执行标的进行处分。

但案外人异议审查期间不得对执行标的进行处分也有例外，根据《最高人民法院关于适用〈中华人民共和国民事诉讼法〉执行程序若干问题的解释》第 15 条第 2 款、第 3 款的规定，案件的申请执行人如果提供了充分、有效担保请求继续执行的，执行法院则应当继续执行。当然，如果案外人向执行法院提供充分、有效担保请求解除对异议标的的保全措施的，执行法院也可以准许。如果案外人、申请执行人都提供了充分有效的担保，应当如何处理？按照《最高人民法院关于适用〈中华人民共和国民事诉讼法〉执行程序若干问题的解释》第 15 条第 2 款的规定，前后条文内容具有“肯定—否定”的内在关系，执行法院应当继续执行。但由于案外人异议成立与否尚未确定，因案外人提供担保解除保全措施有错误，致使该标的无法再被继续执行的，执行法院可以直接执行担保财产；同理，如果申请执行人提供担保请求继续执行有错误的，给对方造成损失的，则应当承担赔偿责任。对此，《最高人民法院关于适用〈中华人民共和国民事诉讼法〉的解释》第 313 条也有同样的规定，申请执行人请求人民法院继续执行并提供相应担保的，可以准许。司法实践中，往往会出现被执行人与案外人恶意串通，通过执行异议、执行异议之诉妨害执行的情形，对此，人民法院应当根据情节予以罚款、拘留，如果该行为给申请执行人造成损害的，申请执行人还可以起诉要求被执行人、案外人予以赔偿。

（五）执行标的异议案件的审查形式

1. 组成合议庭审查

根据《最高人民法院关于人民法院办理执行异议和复议案件若干问题的规定》第 11 条的规定，人民法院对执行异议案件进行审查应当组成合议庭，且办理执行实施案件的人员不能参与执行异议案件的相关审查工作。根据《最高人民法院关于执行权合理配置和科学运行的若干意见》

第 4 条的规定，执行审查权由法官行使，因此，执行标的异议案件审查的合议庭组成人员也应当是员额法官。

2. 书面审查原则

根据《最高人民法院关于人民法院办理执行异议和复议案件若干问题的规定》第 12 条的规定，执行异议案件除案情复杂、争议较大应当进行听证的外，人民法院实行书面审查，这也与执行程序追求效率的价值取向一致，避免时间拖延进而过度影响执行进程。

3. 形式审查

《最高人民法院关于人民法院办理执行异议和复议案件若干问题的规定》第 24 条规定，对案外人提出的排除执行异议，人民法院应当主要审查以下内容：案外人是否系权利人、该权利的合法性与真实性以及该权利能否排除执行。并在第 25 条以列举式的方式规定了人民法院判断案外人是否为权利人的标准，如已经登记的不动产，按照不动产登记簿判断；已登记的机动车、船舶等按照相关管理部门登记判断；其他财产权利有登记的按照登记机关的登记判断，无登记的按照合同等证明财产权属或者权利人的证据判断。由于案外人执行异议审查期限只有 15 日，且有案外人异议之诉作为最终救济途径，因此，从上述规定来看，执行标的异议审查仍以形式审查为原则，即根据执行标的的权利外观表现形式来判断其权属。

（六）未在规定期限内审查处理

根据《中华人民共和国民事诉讼法》第 238 条的规定，执行法院应当自收到案外人对执行标的提出的书面异议之日起 15 日内审查，并作出相应的裁定，上述“15 日”包括执行异议立案、审查处理的期限。根据《人民法院工作人员处分条例》第 47 条规定，故意违反规定拖延办案应当给予相应的处分。

（七）案外人异议的审查处理

1. 两种处理结果

根据《最高人民法院关于适用〈中华人民共和国民事诉讼法〉的解释》第463条规定，针对案外人异议，人民法院按照下列情形分别处理：一是案外人对执行标的不享有足以排除强制执行的权益的，裁定驳回其异议；二是案外人对执行标的享有足以排除强制执行的权益的，裁定中止执行。也就是说，根据案外人对执行标的是否享有排除强制执行权益，产生驳回异议和中止执行两种不同裁定结果。

2. 依据另案生效法律文书提出排除执行异议的处理

主要根据《最高人民法院关于人民法院办理执行异议和复议案件若干问题的规定》第26条的规定予以处理：

（1）金钱债权执行中排除执行异议处理。

第一，案外人依据执行标的被查封、扣押、冻结前作出的另案生效法律文书，提出排除执行异议，按照下列情形分别处理：

一是另案生效法律文书就案外人与被执行人之间的权属纠纷以及租赁、借用、保管等不以转移财产权属为目的的合同纠纷，确定执行标的归属于案外人或者向案外人返回执行标的且其权利能够排除执行的，人民法院应当支持案外人的异议申请。如果另案生效法律文书就案外人与被执行人之间除前面所列合同之外的债权纠纷，确定执行标的归属案外人或者向案外人交付、返还执行标的的，则人民法院对案外人异议不予支持。

二是另案生效法律文书如系案外人受让执行标的的拍卖、变卖成交裁定或者以物抵债裁定且权利能够排除执行的，人民法院应当支持案外人异议。

第二，案外人依据执行标的被查封、扣押、冻结后作出的另案生效法律文书，提出排除执行异议的处理。根据《最高人民法院关于执行权合理配置和科学运行的若干意见》第26条的规定，人民法院在审理确权诉讼时，应当查询所要确权的财产权属状况，发现已经被执行局查封、扣押、冻结的，应当中止审理；当事人诉请确权的财产被执行局处置的，应当撤销确权案件；在执行局查封、扣押、冻结后确权的，应当撤销确权判决或者调解书。因此，《最高人民法院关于人民法院办理执行异议和复议案件若干问题的规定》第26条第2款规定，案外人依据执行标的被查封、扣押、冻结后作出的另案生效法律文书提出排除执行异议的，人民法院应当不予支持。

（2）非金钱债权执行中排除执行异议处理。非金钱债权执行中案外人依据另案生效法律文书提出排除执行异议，该生效法律文书对执行标的权属作出不同认定的，人民法院应当告知案外人依法申请再审或者通过其他程序解决。

3. 案外人系一般不动产买受人提出异议的处理

金钱债权执行中，商品房消费者之外的一般买受人对登记在被执行人名下的不动产提出异议，请求排除执行的，根据《最高人民法院关于人民法院办理执行异议和复议案件若干问题的规定》第28条规定，符合下列情形的依法予以支持：一是在人民法院查封之前已签订合法有效的书面买卖合同；二是在人民法院查封之前已合法占有该不动产；三是已支付全部价款，或者已按照合同约定支付部分价款且将剩余价款按照人民法院的要求交付执行；四是非因买受人自身原因未办理过户登记。需要注意的是，上述四个条件需要同时具备才能排除法院执行。其中，对于占有应当限于合法占有，非法占有不予保护和支持，而对于占有的判断可以结合房屋是否装修、案外人是否缴纳物业费、水电费等方面综合考虑。

对于"非因买受人自身原因未办理过户登记"的理解，《全国法院民商事审判工作会议纪要》第127条规定，一般而言，买受人只要有向房屋登记机构递交过户登记材料，或向出卖人提出了办理过户登记的请求等积极行为的，可以认为符合该条件。买受人无上述积极行为，其未办理过户登记有合理的客观理由的，亦可认定符合该条件。

4. 案外人系商品房消费者提出异议的处理

《全国法院民商事审判工作会议纪要》第125条规定，实践中，商品房消费者向房地产开发企业购买商品房，往往没有及时办理房地产过户手续。房地产开发企业因欠债而被强制执行，人民法院在对尚登记在房地产开发企业名下但已出卖给消费者的商品房采取执行措施时，商品房消费者往往会提出执行异议，以排除强制执行。对此，《最高人民法院关于人民法院办理执行异议和复议案件若干问题的规定》第29条规定，金钱债权执行中，买受人对登记在被执行的房地产开发企业名下的商品房提出异议，符合下列条件且其权利能够排除执行的，人民法院应当予以支持：一是在人民法院查封前已签订合法有效的书面买卖合同；二是所购商品房系用于居住且买受人名下无其他居住的房屋；三是已支付的价款超过合同约定总价款的50%。

该规定对于其中"所购商品房系用于居住且买受人名下无其他用于居住的房屋"如何理解也进行了释明，即"买受人名下无其他用于居住的房屋"，可以理解为在案涉房屋同一设区的市或者县级市范围内商品房消费者名下没有用于居住的房屋。商品房消费者名下虽然已有1套房屋，但购买的房屋在面积上仍然属于满足基本居住需要的，可以理解为符合该规定的精神。对于其中"已支付的价款超过合同约定总价款的百分之五十”亦进行了解释，即如果商品房消费者支付的价款接近于50%，且已按照合同约定将剩余价款支付给申请执行人或者按照人民法院的要求交付执行的，可以理解为符合该规定的精神。

5. 关于申请执行人对执行标的物的优先受偿权与案外人异议

根据《最高人民法院关于人民法院办理执行异议和复议案件若干问题的规定》第27条的规定，申请执行人对执行标的依法享有对抗案外人的担保物权等优先受偿权的，人民法院对案外人提出的排除执行异议应当不予支持，但该条款又同时规定了法律、司法解释另有规定的除外情形。

《全国法院民商事审判工作会议纪要》第126条规定，根据《最高人民法院关于建设工程价款优先受偿权问题的批复》第1条、第2条的规定，交付全部或者大部分款项的商品房消费者的权利优先于抵押权人的抵押权，故抵押权人申请执行登记在房地产开发企业名下但已销售给消费者的商品房，消费者提出执行异议的，人民法院依法予以支持。但应当特别注意的是，此情况是针对实践中存在的商品房预售不规范现象为保护消费者生存权而作出的例外规定，必须严格把握条件，避免扩大范围，以免动摇抵押权具有优先性的基本原则。因此，这里的商品房消费者应当仅限于符合该纪要第125条规定的商品房消费者。买受人不是本纪要第125条规定的商品房消费者，而是一般的房屋买卖合同的买受人的，不适用上述处理规则。

由此，我们可以看出优先受偿权的排序应当为：商品房消费者＞建设工程价款优先受偿权＞抵押权＞一般不动产买受人的物权期待权。也就是说，只有商品房消费者的物权期待权能够优先于法定担保物权。

6. 未依法告知权利人权利救济途径

根据《最高人民法院关于人民法院办理执行异议和复议案件若干问

题的规定》第 16 条第 2 款规定，人民法院依照《中华人民共和国民事诉讼法》第 238 条的规定作出裁定，应当告知相关权利人提起异议之诉的权利和期限，这里的权利人主要是指案外人和申请执行人。

7. 关于裁定对异议标的中止执行后的处理

根据《最高人民法院关于适用〈中华人民共和国民事诉讼法〉的解释》第 314 条规定，人民法院认为案外人对执行标的享有足以排除强制执行的权益，裁定中止执行后申请执行人在法律规定的期间（自裁定送达之日起 15 日内）未提起执行异议之诉的，执行法院应当自起诉期限届满之日起 7 日内解除对该执行标的采取的执行措施。

二、相关案例

杨丽华诉常州市武进区广信农村小额贷款股份有限公司、叶民等执行异议案[①]

【案例要旨】在民事执行程序中，如果仅对被执行人夫妻共同财产中的非主要部分（如小额存款、车辆等）进行处置，或者该共同财产的价值明显不超过被执行人在全部共同财产中享有的份额，可直接予以执行。

【基本案情】异议人杨丽华提出异议称：法院查封被执行人叶民名下的苏 DA12×× 汽车，由于该债务系叶民为他人的担保之债，不属于其与叶民的夫妻共同之债，故法院处置该汽车时，应给付异议人涉案车辆的一半份额。

申请执行人常州市武进区广信农村小额贷款股份有限公司（以下简称广信小贷公司）辩称：根据《最高人民法院关于人民法院办理执行异

① 陈建：《杨丽华诉常州市武进区广信农村小额贷款股份有限公司、叶民等执行异议案——夫妻个人债务的民事执行》，载《人民法院案例选》2016 年第 7 辑。

议和复议案件若干问题的规定》第25条第1款第2项规定，已登记的机动车，按照相关管理部门的登记判断权利人。车辆行驶证登记的车主是叶民，故车辆系叶民所有。异议人夫妻之间并未约定哪些共有财产归各自所有，也未对其夫妻共同财产进行析产，故杨丽华的个人收入、奖金以及其他可以认定为夫妻共同财产的财产，申请执行人都有权要求予以执行。综上，异议人的请求没有事实与法律依据，请求驳回异议人的异议申请。

被执行人叶民辩称：该车确系异议人购买，属于夫妻共同财产，杨丽华有一半的份额在内，希望法院依法裁决。

其余被执行人未作答辩。

法院经审查查明：广信小贷公司因与冠腾石油公司、泽安电子公司、船家发船舶公司、金灿机械公司、叶民、赵灿亮、陈杏朵、陈建兴小额借款合同纠纷一案，法院在（2013）武横复执字第0392号案件执行过程中，查封、扣押了苏DA12××汽车，并进入评估、拍卖程序。执行中，杨丽华提出执行异议，以其与叶民为夫妻关系，汽车为共有财产为由要求分割该汽车的一半份额。

另查明：叶民与杨丽华于2007年10月登记结婚，为夫妻关系；苏DA12××汽车于2010年9月购买，登记在叶民名下。叶民承担的债务系叶民为他人向申请执行人借款而承担的担保之债。叶民与杨丽华对夫妻关系存续期间所得财产的权属未作任何约定，且对其夫妻共同财产从未进行过析产分割。

【裁判结果】江苏省常州市武进区人民法院于2015年8月21日作出（2015）武执异字第14号执行裁定：驳回异议人杨丽华的异议。该裁定已发生法律效力。

【裁判理由】法院生效裁判认为：本案中叶民承担的是担保之债，该债务不属于叶民与杨丽华的夫妻共同之债。但叶民作为被执行人，在法律文书生效后，应自觉、积极履行其义务。苏DA12××汽车登记在叶民名下，根据车辆行驶证便足以认定汽车的所有人；虽然该车系叶民与杨丽华夫妻关系存续期间购置，应属夫妻共同财产，但按照《中华人民共和国婚姻法》第19条第3款[①]规定，夫妻对婚姻关系存续期间所得的财产约定归各自所有的，夫或妻一方对外所负债务，第三人知道该约定的，以夫或妻一方所有的财产清偿。叶民与杨丽华对夫妻关系存续期间所得财产的归属未作任何约定，且对其夫妻共同财产从未进行过析产分割。故杨丽华不能在本案中仅对单项财产提出分割要求，享有按份共有份额。且案涉苏DA12××汽车经变现、抵债等处理，偿还叶民所欠之债后，如杨丽华认为因叶民行为造成自身权益受到侵害，可以通过析产诉讼对夫妻财产进行分割，在其他共有财产分割中，要求多分得份额，以补偿其损失。综上，异议人所提异议理由不足，且于法不符，法院不予支持其异议。

【案例评析】本案涉及的夫妻共同债务的认定、夫妻共同财产的执行等问题在执行工作中具有普遍性和代表性。然而，这些问题法律既缺乏明确可操作的规定，各地司法实践做法也不统一，往往使得申请执行人债权的实现与被执行人合法权益保障之间的矛盾不能有效调和，执行工作面临尴尬。

1. 关于担保之债是否属于夫妻共同债务

关于夫妻共同债务是指夫妻为共同生活所负的债务。主要包括夫妻在婚姻关系存续期间为解决衣食住行等共同生活问题、共同经营发展问题等过程中所负的债务。其具有以下三个基本特征：产生于婚姻关系存续期间；夫妻有共同的举债合意；所举之债用于夫妻共同生活。

据此，我们可以发现担保之债应不属于夫妻共同债务。本案中的担

---

① 现行《中华人民共和国民法典》第1065条第3款。

保人是以自身的名义、地位、信用及相应的偿债能力取得债权人的信任，担保的目的是保障债权人的利益，担保之债产生的利益也未用于夫妻共同生活。

关于夫妻共同债务的认定程序，即债务是否为夫妻共同债务，应在审判程序中认定还是在执行程序中亦可认定。对于该问题，《最高人民法院关于能否在执行程序中确定夫妻共同债务的答复》指出，发生法律效力的判决、裁定、调解书和其他应当由人民法院执行的法律文书，是人民法院执行的依据。对于是否为夫妻共同债务，笔者认为，该问题属于实体问题。在涉案生效判决并未明确的情况下，不应通过执行程序直接确定为夫妻共同债务。一旦在执行程序中直接认定债务为夫妻共同债务，随之而来的就是追加夫妻另一方为被执行人。这种做法一方面缺乏明确的法律依据，另一方面不通过诉讼程序直接苛以其法律义务，剥夺其诉讼权利，实属不妥。

2. 关于夫妻个人债务执行中涉及夫妻共同财产应如何处置

夫妻个人债务当然应执行其个人财产，只有当个人财产不足以清偿个人债务时，才涉及执行被执行人在夫妻共同财产中的份额问题。夫妻一方为被执行人的，可供执行的财产一般呈现三种形态：一是直接由被执行人占有或登记在其名下的财产；二是由被执行人与其配偶共同占有或登记在其名下的共同财产；三是属于被执行人夫妻共同财产，但被执行人配偶单独占有或登记在其名下。[①] 这只是形式上的划分，实质上，可供执行的财产只有个人财产与夫妻共同财产两种。如要执行被执行人在夫妻共同财产中的份额，根据《最高人民法院关于人民法院民事执行中

① 杨治、王云霞：《夫妻个人债务执行疑难问题研究》，载《法律适用》2011 年第 1 期。

查封、扣押、冻结财产的规定》（法释〔2004〕15号）第14条[①]的规定，由夫妻双方达成债权人认可的财产分割协议或提起析产诉讼后确定被执行人财产份额，才可继续执行。此种做法有明确的法律依据，但其实可操作性不强。实践中，被执行人下落不明或逃避执行的情况很多，夫妻另一方往往也不配合法院执行工作，鲜有能达成财产分割协议的，更别说提起析产诉讼，且申请执行人一般也不愿意费时费力提起代位析产诉讼。

在达不成财产分割协议或无人提起析产诉讼的情况下财产如何处理，法律没有明确规定，实践中一般有三种做法：一是直接采取拍卖等措施将共同财产变现，从中执行被执行人的财产份额。二是对于共同财产，特别是从物理属性上不能分割的财产，如房屋、车辆等，因涉及案外人的份额，执行中不予处置。三是直接执行共同财产变现后的价款，不考虑份额。

3. 关于夫妻共同财产的处置建议及本案的分析

上述第二种处置方案严格遵守了“法无授权即禁止”的原则，但可能导致财产难以处置，执行效果和执行公信力打折，也会让被执行人以此种方法规避执行。另两种方案虽缩短了执行时间，降低了司法成本，体现了执行效率原则，但实则缺乏法律依据，且容易侵害夫妻另一方的合法权益，引发新的矛盾。

在未有法律明确规定执行程序中可直接执行被执行人在夫妻共同财产中的份额时，我们仍应恪守“法无授权即禁止”的原则，以防止公权力对私权利的侵害。但如果在执行过程中，仅对被执行人夫妻共同财产中的非主要部分（如小额存款、车辆等）进行处置，或者该共同财产的价值明显不超过被执行人在全部共同财产中享有的份额，可不区分份额直接予以执行。

---

① 现行《最高人民法院关于人民法院民事执行中查封、扣押、冻结财产的规定》第12条。

回到本案，被执行人叶民所负之债系担保之债，因没有证据表明叶民与其妻子杨丽华有共同举债之合意或因夫妻共同生活而举债，故此担保之债属被执行人叶民的个人债务。法院在执行中依法查封、扣押了登记在叶民名下的轿车。轿车虽登记在叶民名下，但车辆购置于婚姻关系存续期间，故属于夫妻共同财产。当叶民的个人财产不足以清偿其个人债务时，法院可依法对夫妻共同财产中叶民的份额进行处理。对涉案车辆拍卖变现后，叶民的妻子杨丽华认为该车辆系共同财产，其可分得折价款的一半。一方面，叶民与杨丽华对夫妻关系存续期间所得财产的归属未作任何约定，且对其夫妻共同财产从未进行过析产分割，杨丽华不能在本案中仅对单项财产提出分割要求，享有按份共有份额；另一方面，该车辆仅是夫妻共同财产中的小部分，其价值也未超过叶民在全部共同财产中占有的份额，故杨丽华的异议请求不能得到支持。

三、法条链接

1. 中华人民共和国民事诉讼法（2024 年 1 月 1 日施行）（节录）

第二百三十八条 执行过程中，案外人对执行标的提出书面异议的，人民法院应当自收到书面异议之日起十五日内审查，理由成立的，裁定中止对该标的的执行；理由不成立的，裁定驳回。案外人、当事人对裁定不服，认为原判决、裁定错误的，依照审判监督程序办理；与原判决、裁定无关的，可以自裁定送达之日起十五日内向人民法院提起诉讼。

2. 最高人民法院关于适用《中华人民共和国民事诉讼法》的解释（2022 年 4 月 10 日施行 法释〔2022〕11 号）（节录）

第三百一十三条 案外人执行异议之诉审理期间，人民法院不得对执行标的进行处分。申请执行人请求人民法院继续执行并提供相应担保的，人民法院可以准许。

被执行人与案外人恶意串通，通过执行异议、执行异议之诉妨害执行的，人民法院应当依照民事诉讼法第一百一十六条规定处理。申请执行人因此受到损害的，可以提起诉讼要求被执行人、案外人赔偿。

第三百一十四条　人民法院对执行标的裁定中止执行后，申请执行人在法律规定的期间内未提起执行异议之诉的，人民法院应当自起诉期限届满之日起七日内解除对该执行标的采取的执行措施。

第四百六十二条　根据民事诉讼法第二百三十四条[①]规定，案外人对执行标的提出异议的，应当在该执行标的执行程序终结前提出。

第四百六十三条　案外人对执行标的提出的异议，经审查，按照下列情形分别处理：

（一）案外人对执行标的不享有足以排除强制执行的权益的，裁定驳回其异议；

（二）案外人对执行标的享有足以排除强制执行的权益的，裁定中止执行。

驳回案外人执行异议裁定送达案外人之日起十五日内，人民法院不得对执行标的进行处分。

3. 最高人民法院关于适用《中华人民共和国民事诉讼法》执行程序若干问题的解释（2021年1月1日施行　法释〔2020〕21号）（节录）

第十五条　案外人异议审查期间，人民法院不得对执行标的进行处分。

案外人向人民法院提供充分、有效的担保请求解除对异议标的的查封、扣押、冻结的，人民法院可以准许；申请执行人提供充分、有效的担保请求继续执行的，应当继续执行。

因案外人提供担保解除查封、扣押、冻结有错误，致使该标的无法

---

① 现行《中华人民共和国民事诉讼法》第238条。

执行的，人民法院可以直接执行担保财产；申请执行人提供担保请求继续执行有错误，给对方造成损失的，应当予以赔偿。

4. 最高人民法院关于人民法院办理执行异议和复议案件若干问题的规定（2021 年 1 月 1 日施行　法释〔2020〕21 号）（节录）

第一条　异议人提出执行异议或者复议申请人申请复议，应当向人民法院提交申请书。申请书应当载明具体的异议或者复议请求、事实、理由等内容，并附下列材料：

（一）异议人或者复议申请人的身份证明；

（二）相关证据材料；

（三）送达地址和联系方式。

第十一条　人民法院审查执行异议或者复议案件，应当依法组成合议庭。

指令重新审查的执行异议案件，应当另行组成合议庭。

办理执行实施案件的人员不得参与相关执行异议和复议案件的审查。

第十六条　人民法院依照民事诉讼法第二百二十五条[①]规定作出裁定时，应当告知相关权利人申请复议的权利和期限。

人民法院依照民事诉讼法第二百二十七条[②]规定作出裁定时，应当告知相关权利人提起执行异议之诉的权利和期限。

人民法院作出其他裁定和决定时，法律、司法解释规定了相关权利人申请复议的权利和期限的，应当进行告知。

第二十四条　对案外人提出的排除执行异议，人民法院应当审查下列内容：

（一）案外人是否系权利人；

（二）该权利的合法性与真实性；

---

① 现行《中华人民共和国民事诉讼法》第 236 条。

② 现行《中华人民共和国民事诉讼法》第 238 条。

（三）该权利能否排除执行。

第二十五条　对案外人的异议，人民法院应当按照下列标准判断其是否系权利人：

（一）已登记的不动产，按照不动产登记簿判断；未登记的建筑物、构筑物及其附属设施，按照土地使用权登记簿、建设工程规划许可、施工许可等相关证据判断；

（二）已登记的机动车、船舶、航空器等特定动产，按照相关管理部门的登记判断；未登记的特定动产和其他动产，按照实际占有情况判断；

（三）银行存款和存管在金融机构的有价证券，按照金融机构和登记结算机构登记的账户名称判断；有价证券由具备合法经营资质的托管机构名义持有的，按照该机构登记的实际出资人账户名称判断；

（四）股权按照工商行政管理机关的登记和企业信用信息公示系统公示的信息判断；

（五）其他财产和权利，有登记的，按照登记机构的登记判断；无登记的，按照合同等证明财产权属或者权利人的证据判断。

案外人依据另案生效法律文书提出排除执行异议，该法律文书认定的执行标的权利人与依照前款规定得出的判断不一致的，依照本规定第二十六条规定处理。

第二十六条　金钱债权执行中，案外人依据执行标的被查封、扣押、冻结前作出的另案生效法律文书提出排除执行异议，人民法院应当按照下列情形，分别处理：

（一）该法律文书系就案外人与被执行人之间的权属纠纷以及租赁、借用、保管等不以转移财产权属为目的的合同纠纷，判决、裁决执行标的归属于案外人或者向其返还执行标的且其权利能够排除执行的，应予支持；

（二）该法律文书系就案外人与被执行人之间除前项所列合同之外的

债权纠纷，判决、裁决执行标的归属于案外人或者向其交付、返还执行标的的，不予支持。

（三）该法律文书系案外人受让执行标的的拍卖、变卖成交裁定或者以物抵债裁定且其权利能够排除执行的，应予支持。

金钱债权执行中，案外人依据执行标的被查封、扣押、冻结后作出的另案生效法律文书提出排除执行异议的，人民法院不予支持。

非金钱债权执行中，案外人依据另案生效法律文书提出排除执行异议，该法律文书对执行标的权属作出不同认定的，人民法院应当告知案外人依法申请再审或者通过其他程序解决。

申请执行人或者案外人不服人民法院依照本条第一、二款规定作出的裁定，可以依照民事诉讼法第二百二十七条[①]规定提起执行异议之诉。

第二十七条 申请执行人对执行标的依法享有对抗案外人的担保物权等优先受偿权，人民法院对案外人提出的排除执行异议不予支持，但法律、司法解释另有规定的除外。

第二十八条 金钱债权执行中，买受人对登记在被执行人名下的不动产提出异议，符合下列情形且其权利能够排除执行的，人民法院应予支持：

（一）在人民法院查封之前已签订合法有效的书面买卖合同；

（二）在人民法院查封之前已合法占有该不动产；

（三）已支付全部价款，或者已按照合同约定支付部分价款且将剩余价款按照人民法院的要求交付执行；

（四）非因买受人自身原因未办理过户登记。

第二十九条 金钱债权执行中，买受人对登记在被执行的房地产开发企业名下的商品房提出异议，符合下列情形且其权利能够排除执行的，

① 现行《中华人民共和国民事诉讼法》第238条。

人民法院应予支持：

（一）在人民法院查封之前已签订合法有效的书面买卖合同；

（二）所购商品房系用于居住且买受人名下无其他用于居住的房屋；

（三）已支付的价款超过合同约定总价款的百分之五十。

第三十条　金钱债权执行中，对被查封的办理了受让物权预告登记的不动产，受让人提出停止处分异议的，人民法院应予支持；符合物权登记条件，受让人提出排除执行异议的，应予支持。

第三十一条　承租人请求在租赁期内阻止向受让人移交占有被执行的不动产，在人民法院查封之前已签订合法有效的书面租赁合同并占有使用该不动产的，人民法院应予支持。

承租人与被执行人恶意串通，以明显不合理的低价承租被执行的不动产或者伪造交付租金证据的，对其提出的阻止移交占有的请求，人民法院不予支持。

5. 全国法院民商事审判工作会议纪要（2019年11月8日施行　法〔2019〕254号）（节录）

125.【案外人系商品房消费者】实践中，商品房消费者向房地产开发企业购买商品房，往往没有及时办理房地产过户手续。房地产开发企业因欠债而被强制执行，人民法院在对尚登记在房地产开发企业名下但已出卖给消费者的商品房采取执行措施时，商品房消费者往往会提出执行异议，以排除强制执行。对此，《最高人民法院关于人民法院办理执行异议和复议案件若干问题的规定》第29条规定，符合下列情形的，应当支持商品房消费者的诉讼请求：一是在人民法院查封之前已签订合法有效的书面买卖合同；二是所购商品房系用于居住且买受人名下无其他用于居住的房屋；三是已支付的价款超过合同约定总价款的百分之五十。人民法院在审理执行异议之诉案件时，可参照适用此条款。

问题是，对于其中“所购商品房系用于居住且买受人名下无其他用于居住的房屋”如何理解，审判实践中掌握的标准不一。“买受人名下无其他用于居住的房屋”，可以理解为在案涉房屋同一设区的市或者县级市范围内商品房消费者名下没有用于居住的房屋。商品房消费者名下虽然已有1套房屋，但购买的房屋在面积上仍然属于满足基本居住需要的，可以理解为符合该规定的精神。

对于其中“已支付的价款超过合同约定总价款的百分之五十”如何理解，审判实践中掌握的标准也不一致。如果商品房消费者支付的价款接近于百分之五十，且已按照合同约定将剩余价款支付给申请执行人或者按照人民法院的要求交付执行的，可以理解为符合该规定的精神。

126.【商品房消费者的权利与抵押权的关系】根据《最高人民法院关于建设工程价款优先受偿权问题的批复》第1条、第2条的规定，交付全部或者大部分款项的商品房消费者的权利优先于抵押权人的抵押权，故抵押权人申请执行登记在房地产开发企业名下但已销售给消费者的商品房，消费者提出执行异议的，人民法院依法予以支持。但应当特别注意的是，此情况是针对实践中存在的商品房预售不规范现象为保护消费者生存权而作出的例外规定，必须严格把握条件，避免扩大范围，以免动摇抵押权具有优先性的基本原则。因此，这里的商品房消费者应当仅限于符合本纪要第125条规定的商品房消费者。买受人不是本纪要第125条规定的商品房消费者，而是一般的房屋买卖合同的买受人，不适用上述处理规则。

127.【案外人系商品房消费者之外的一般买受人】金钱债权执行中，商品房消费者之外的一般买受人对登记在被执行人名下的不动产提出异议，请求排除执行的，《最高人民法院关于人民法院办理执行异议和复议案件若干问题的规定》第28条规定，符合下列情形的依法予以支持：一是在人民法院查封之前已签订合法有效的书面买卖合同；二是在人民法院查封之前已合法占有该不动产；三是已支付全部价款，或者已按照合同约定支付部分价款且将剩余价款按照人民法院的要求交付执行；四是非因买受人自身原因未办理过户登记。人民法院在审理执行异议之诉案件时，可参照适用此条款。

实践中，对于该规定的前3个条件，理解并无分歧。对于其中的第4个条件，理解不一致。一般而言，买受人只要有向房屋登记机构递交过户登记材料，或向出卖人提出了办理过户登记的请求等积极行为的，可以认为符合该条件。买受人无上述积极行为，其未办理过户登记有合理的客观理由的，亦可认定符合该条件。

6. 最高人民法院关于执行权合理配置和科学运行的若干意见（2011年10月19日施行　法发〔2011〕15号）（节录）

4. 执行审查权的范围主要是审查和处理执行异议、复议、申诉以及决定执行管辖权的移转等审查事项。执行审查权由法官行使。

26. 审判机构在审理确权诉讼时，应当查询所要确权的财产权属状况，发现已经被执行局查封、扣押、冻结的，应当中止审理；当事人诉请确权的财产被执行局处置的，应当撤销确权案件；在执行局查封、扣押、冻结后确权的，应当撤销确权判决或者调解书。

第三节　案外人异议之诉检察监督

案外人执行异议与执行异议之诉，是人民法院对执行标的异议处理的前后两个诉讼阶段。换句话说，案外人执行异议是执行异议之诉的前置程序，案外人需在执行程序中提出异议，经执行法院作出裁定，案外人或者申请执行人才能以该裁定为依据进而获得提起异议之诉的权利，这也是执行异议之诉区别于普通民事诉讼的关键所在。

案外人执行异议之诉案件的检察监督系对民事生效裁判案件的监督，故对于案外人执行异议之诉检察监督案件应当依照民事诉讼法有关审判监督的规定以及检察机关民事生效裁判监督的相关规则审查，并结合相关实体法的规定作出相应的决定。

一、监督要领

（一）执行标的异议之诉的类型

根据《最高人民法院关于适用〈中华人民共和国民事诉讼法〉的解释》第 302 条、第 304 条的规定，执行标的异议之诉分为案外人基于所有权、用益物权等提起的执行异议之诉和申请执行人对执行标的请求许可执行提起执行异议之诉。《最高人民法院关于适用〈中华人民共和国民事诉讼法〉的解释》第 309 条规定，如果申请执行人对中止执行裁定未提起执行异议之诉，被执行人提起执行异议之诉的，人民法院应当告知被执行人另行起诉，也就是说，被执行人不是提起执行异议之诉的适格主体。

提起执行异议之诉的主要法律依据是《中华人民共和国民事诉讼法》第 238 条的规定，即案外人或者申请执行人对人民法院驳回异议裁定或者中止对执行标的执行的裁定不服，且与原判决裁定无关的，可以在裁定送达之日起 15 日内向人民法院提起诉讼。此外，相关司法解释还规定了利害关系人基于到期债权、已纳入分配范围的债权人或被执行人基于分配方案、案外人或者申请执行人基于变更、追加被执行人等也可以提起执行异议之诉，由于上述权利救济方式涉及不同的执行程序，具体内容见相关章节。

（二）提起执行异议之诉的条件

根据《全国法院民商事审判工作会议纪要》第 119 条的规定，案外人执行异议之诉以排除对特定标的物的执行为目的，从程序上而言，案外人依据《中华人民共和国民事诉讼法》第 238 条提出执行异议被驳回的，即可向人民法院提起执行异议之诉。人民法院对执行异议之诉的审理，一般应当就案外人对执行标的物是否享有权利、享有什么样的权利、权利是否足以排除强制执行进行判断。至于是否作出具体的确权判项，视案外人的诉讼请求而定。案外人未提出确权或者给付诉讼请求的，不作出确权判项，仅在裁判理由中进行分析判断并作出是否排除执行的判项即可。但案外人既提出确权、给付请求，又提出排除执行请求的，人民法院对该请求是否支持、是否排除执行，均应当在具体判项中予以明确。执行异议之诉不以否定作为执行依据的生效裁判为目的，案外人如认为该裁判确有错误的，只能通过申请再审或者提起第三人撤销之诉的方式进行救济。

1. 案外人提起执行异议之诉的条件

（1）关于起诉的条件。根据《最高人民法院关于适用〈中华人民共和国民事诉讼法〉的解释》第 303 条的规定，案外人提起执行异议之诉，除具备《中华人民共和国民事诉讼法》第 122 条规定的普通民事诉讼需要符合的条件之外，还需要满足三个条件：一是前置条件，即已向人民法院提出执行异议，且其异议申请已经被人民法院裁定驳回；二是期限条件，即案外人应当自执行异议裁定送达之日起 15 日内提起诉讼，否则可能要承担不利的法律后果；三是对象条件，有明确的排除对执行标的执行的诉讼请求，同时根据《最高人民法院关于适用〈中华人民共和国民事诉讼法〉的解释》第310条的规定，案外人可以同时提出确认其权利的诉讼请求，当然，案外人提出的诉讼请求要与原判决、裁定无关，因为按照法律规定如果认为原判决、裁定错误的应当通过审判监督程序办理。

案外人执行异议被裁定驳回后，如果案外人认为人民法院原判决、裁定错误的，具体如何通过审判监督程序办理？对此，《最高人民法院关于适用〈中华人民共和国民事诉讼法〉的解释》第421条予以了明确，即根据《中华人民共和国民事诉讼法》第238条规定，案外人对驳回其执行异议的裁定不服，认为原判决、裁定、调解书内容错误损害其民事权益的，可以自执行异议裁定送达之日起6个月内，向作出原判决、裁定、调解书的人民法院申请再审。根据《全国法院民商事审判工作会议纪要》第121条的规定，如果案外人未在执行程序中以案外人身份提出异议的，根据《最高人民法院关于适用〈中华人民共和国民事诉讼法〉的解释》第420条的规定，其可以根据《中华人民共和国民事诉讼法》第211条第8项的规定，自知道或者应当知道生效裁判之日起6个月内向上一级人民法院申请再审。当事人一方人数众多或者当事人双方为公民的案件，也可以向原审人民法院申请再审。

《全国法院民商事审判工作会议纪要》第122条还规定，案外人申请再审与第三人撤销之诉功能上近似，如果案外人既有申请再审的权利，又符合第三人撤销之诉的条件，对于案外人是否可以行使选择权，民事诉讼法解释采取了限制的司法态度，即依据《最高人民法院关于适用〈中华人民共和国民事诉讼法〉的解释》第301条的规定，按照启动程序的先后，案外人只能选择相应的救济程序：案外人先启动执行异议程序的，对执行异议裁定不服，认为原裁判内容错误损害其合法权益的，只能向作出原裁判的人民法院申请再审，而不能提起第三人撤销之诉；案外人先启动了第三人撤销之诉，即便在执行程序中又提出执行异议，也只能继续进行第三人撤销之诉，而不能依《中华人民共和国民事诉讼法》第238条申请再审。

（2）关于立案的期限。根据《最高人民法院关于适用〈中华人民共和国民事诉讼法〉的解释》第303条第2款的规定，人民法院应当自收到起诉状之日起15日内决定是否立案，该期限有别于普通民事诉讼起诉当场登记立案或7日内决定立案。

（3）关于被告的确定。由于案外人对执行标的主张实体权利旨在阻却或排除执行，而申请执行人则请求对该执行标的进行执行，因此，二者之间存在截然相反的请求，故《最高人民法院关于适用〈中华人民共和国民事诉讼法〉的解释》第305条规定，案外人提起执行异议之诉的，以申请执行人为被告。在执行过程中，人民法院对该执行标的采取执行措施，那么该执行标的必然与被执行人至少在形式上存在某种关系，因此，该条款规定如果被执行人反对案外人异议的，则被执行人为共同被告；即使被执行人不反对案外人异议，也可以将被执行人列为第三人。

2. 申请执行人提起执行异议之诉的条件

（1）关于起诉的条件。根据《最高人民法院关于适用〈中华人民共和国民事诉讼法〉的解释》第304条第1款规定，申请执行人提起执行异议之诉，除《中华人民共和国民事诉讼法》第122条规定的普通民事诉讼需要符合的条件之外，还应当具备以下条件：一是前提条件，即因案外人提出执行异议，人民法院以案外人执行异议申请，裁定对该执行标的中止执行；二是对象条件，即明确对该执行标的请求许可执行，且该诉请与原裁判无关；三是期限条件，即申请人亦应当在执行异议裁定送达之日起15日内提起诉讼，否则应当承担不利的法律后果。

（2）关于人民法院应当决定是否立案的期限。根据《最高人民法院关于适用〈中华人民共和国民事诉讼法〉的解释》第 304 条第 2 款的规定，人民法院应当自收到起诉状之日起 15 日内决定是否立案。这与案外人提起执行异议之诉案件一致。

（3）关于被告的确定。根据《最高人民法院关于适用〈中华人民共和国民事诉讼法〉的解释》第 306 条规定，申请执行人提起执行异议之诉的，以案外人为被告。被执行人反对申请执行人的主张的，以案外人和被执行人为共同被告；被执行人不反对申请执行人主张的，可以列被执行人为第三人。

（三）提起执行异议之诉的期限

根据《中华人民共和国民事诉讼法》第 238 条的规定，案外人、当事人对裁定不服，可以自裁定送达之日起 15 日内向人民法院提起诉讼。参照《江苏省高级人民法院执行异议及执行异议之诉案件审理指南（一）》（苏高法电〔2017〕873 号）的解释，该期限系除斥期间，除《中华人民共和国民事诉讼法》第 86 条规定的事由外，不存在中止、中断与延长的问题。故超过该法定期间提起执行异议之诉的，应当裁定不予受理；已经立案的，则裁定驳回起诉。

（四）执行异议之诉的管辖

《最高人民法院关于适用〈中华人民共和国民事诉讼法〉的解释》第 302 条规定，根据《中华人民共和国民事诉讼法》第 238 条规定，案外人、申请执行人对执行异议裁定不服，自裁定送达之日起 15 日内向人民法院提起执行异议之诉的，由执行法院管辖。如果执行案件被指定执行、提级执行、委托执行后，案外人或者申请执行人对执行异议裁定不服提起执行异议之诉的，如何确定管辖法院？按照前述规定，这种情况下仍应当按照对执行标的采取执行措施的法院即由执行法院管辖。

（五）执行异议之诉的审查原则

根据《最高人民法院关于适用〈中华人民共和国民事诉讼法〉的解释》第308条的规定，人民法院审理执行异议之诉案件，适用普通程序。参照《江苏省高级人民法院执行异议及执行异议之诉案件审理指南（一）》（苏高法电〔2017〕873号）的规定，案外人、申请执行人提起执行异议之诉的，应当按照普通程序进行实质性审查，对执行标的相关的基础法律关系——争议执行标的相关的民事法律行为效力、执行标的的权利性质及其归属进行实体审理，以此判断案外人是否享有足以排除执行的实体权利，并在此基础上作出判决。从上述内容可以看出，执行异议之诉的审查原则系实体审查，有别于执行异议的形式审查。

（六）执行异议之诉的处理

根据《最高人民法院关于适用〈中华人民共和国民事诉讼法〉的解释》第310条、第311条的规定，对于执行异议之诉分别按照下列情形处理：

1. 关于案外人提起的异议之诉

人民法院经审理认为，案外人就执行标的享有足以排除强制执行的民事权益的，应当判决不得执行该执行标的；反之，则判决驳回案外人的诉讼请求。

2. 关于申请执行人提起的异议之诉

人民法院经审理认为，案外人就执行标的不享有足以排除强制执行的民事权益的，判决准许执行该执行标的；如认为案外人就执行标的享有足以排除强制执行的民事权益的，判决驳回诉讼请求。

（七）执行异议之诉审理期间是否停止执行

《最高人民法院关于适用〈中华人民共和国民事诉讼法〉执行程序若干问题的解释》第16条规定，案外人执行异议之诉审理期间，人民法院不得对执行标的进行处分。申请执行人请求人民法院继续执行并提供相应担保的，人民法院可以准许。案外人请求解除查封、扣押、冻结或者申请执行人请求继续执行有错误，给对方造成损失的，应当予以赔偿。同时，《最高人民法院关于适用〈中华人民共和国民事诉讼法〉的解释》第313条的内容与上述规定一致，该条款规定案外人执行异议之诉审理期间，执行法院不得对执行标的进行处分，除非申请执行人提供了相应担保。

二、相关案例

案外人汤某某执行异议之诉纠纷申请监督案

【监督要旨】婚姻关系存续期间所购买不动产登记在夫妻一方名下，且约定归夫妻一方所有，法院查封前离婚协议亦约定该不动产归该夫妻一方所有，应认定该不动产的实际权属状况与登记信息一致，系该夫妻一方的个人财产。相关证据不足以证明夫妻双方签订离婚协议存在规避债务恶意的，该夫妻一方对该不动产所享有的权利能够阻却法院执行。

【申请监督】汤某某不服某中级人民法院执行异议之诉二审判决，向市人民检察院申请监督，请求检察机关依法对法院涉案生效判决依法进行抗诉，撤销涉案一审、二审民事判决。

【调查核实】检察机关受理汤某某的监督申请后，调取并审阅了相关审判及执行卷宗。经调查核实查明，2016年9月28日，汤某某向某区人民法院提起诉讼，请求判令：立即停止对汤某某名下位于某区生兴路2

幢307室房产的强制执行，并解除对前述房产的查封措施。

2017年3月8日，某区人民法院作出一审民事判决，查明，汤某某与陈某于1998年12月4日登记结婚。2015年5月15日汤某某购买了位于某区生兴路2幢307室的房产（以下简称涉案房产），登记在汤某某名下，同时汤某某与陈某向房产登记机关出具财产约定具结书一份，约定该房产归汤某某一人所有，陈某放弃该房产的所有权。2015年10月10日，汤某某与陈某协议离婚，离婚协议约定涉案房产归汤某某所有。

2015年9月23日，胡某向某区人民法院起诉陈某、汤某某民间借贷纠纷一案，请求法院判令：（1）陈某偿还胡某借款本金80万元及相应利息；（2）汤某某对第一项债务承担连带责任。2015年10月12日，某区人民法院根据胡某的申请查封了涉案房产。2015年11月2日，某区人民法院作出一审判决，支持胡某第一项诉讼请求，驳回其他诉讼请求。之后，胡某向某区法院申请强制执行。

2016年3月25日，汤某某向某区人民法院提出执行异议，某区人民法院于2016年8月8日作出执行裁定书，驳回了汤某某的异议申请。

汤某某不服执行异议裁定，向某区人民法院提起执行异议之诉。某区人民法院一审认为，根据《中华人民共和国婚姻法》第19条第3款[①]规定，夫妻对婚姻关系存续期间所得的财产约定归各自所有的，夫或妻一方对外所负的债务，第三人知道该约定的，以夫或妻一方所有的财产清偿，因此夫妻财产的约定只有在第三人知道该约定时，才对第三人具有法律约束力；且根据《最高人民法院关于适用〈中华人民共和国婚姻法〉若干问题的解释（一）》第18条[②]规定，婚姻法第19条所称“第三人知道该约定的”，夫妻一方对此负有举证责任。本案中，汤某某与陈某

---

① 现行《中华人民共和国民法典》第1065条第3款。

② 现行《最高人民法院关于适用〈中华人民共和国民法典〉婚姻家庭编的解释（一）》第37条。

未能提供证据证明胡某知道汤某某与陈某之间关于婚姻关系存续期间的财产约定。本案中汤某某购买涉案房产，并在过户登记时，由汤某某与陈某向登记机关出具财产约定具结书，双方约定涉案房产属汤某某一方财产，其后该房产登记在汤某某名下。汤某某与陈某向登记机关出具财产约定具结书不属于公示形式，不能就此认定胡某应当知道汤某某与陈某关于婚姻关系存续期间的财产约定，因此，该涉案房产对外仍属于汤某某和陈某夫妻关系存续期间的共同财产，不得对抗第三人。综上，法院查封、执行该涉案房产并无不当，故对汤某某该项诉讼请求，不予支持，判决驳回汤某某的诉讼请求。

汤某某不服一审判决，向某市中级人民法院提起上诉。2017 年 7 月 3 日，市中级人民法院作出二审民事判决。该院对一审法院认定的事实予以确认，认为本案涉案房产系汤某某与陈某婚姻关系存续期间的财产，属夫妻共同财产。汤某某虽然已与陈某离婚，但根据法律规定，离婚时夫妻对于财产的约定不能对抗第三人。汤某某认为涉案房产系汤某某个人财产的诉称，缺乏相应的证据，不予支持。综上，汤某某不享有足够的民事权益排除法院对其相关财产的执行，执行机关对其名下财产的执行并无不当。判决驳回上诉，维持原判。

汤某某仍不服，向某市中级人民法院申请再审。2017 年 12 月 29 日，市中级人民法院作出民事裁定，驳回了汤某某的再审申请。

汤某某不服，向某市人民检察院申请监督，认为法院举证责任分配错误致错误判定汤某某对夫妻约定财产提供的证据未能证明“第三人知道该约定”。原审机械适用《中华人民共和国婚姻法》第 19 条第 3 款、《最高人民法院关于适用〈中华人民共和国婚姻法〉若干问题的解释（一）》第 18 条，误将离婚财产分割等同于婚姻关系存续期间夫妻间财产约定，导致错误定性两房产的权属性质。

【监督要点】本案的检察监督要点在于汤某某是否享有足以阻却法院

强制执行的民事权益，也即涉案房产权属问题。

某市人民检察院审查后认为，首先，从汤某某对涉案房屋民事权利取得的来源与时间来看，汤某某对涉案房产享有的实体权益能够排除强制执行的必要条件之一必须是在法院查封涉案房产时，夫妻双方已经达成了分割房产的协议或已达成了以变动房屋所有权为目的的相关条款约定。本案中，2015 年 5 月 15 日，汤某某购买了涉案房产，该房产亦登记在汤某某名下，因该房产系汤某某与陈某婚姻关系存续期间所购买，根据婚姻法相关规定，系争房屋此时应属汤某某与陈某的夫妻共同财产。但 2015 年 10 月 10 日，汤某某与陈某协议离婚，离婚协议约定涉案房产归汤某某所有，该离婚协议已备案登记，应认定系双方合意且真实有效。由于双方以财产约定具结书的形式约定涉案房产为汤某某一人所有，并自始登记在汤某某个人名下，涉案房产因离婚协议已发生物权变更的效力，其已不再是夫妻共同财产而系汤某某的个人财产。由于胡某与陈某、汤某某的民间借贷纠纷已经法院判定为陈某的个人债务，且某区人民法院对涉案房产的查封（2015 年 10 月 12 日）晚于汤某某与陈某的协议离婚，在涉案房产已经发生物权变更的情形下，对该房产再行查封已没有法律依据。据此，某市人民检察院提请省人民检察院向省高级人民法院提出抗诉。

某省人民检察院审查后认为，原判认定汤某某名下涉案房产不能排除强制执行，适用法律错误。（1）《中华人民共和国婚姻法》第 19 条第 1 款[①]规定，夫妻可以约定婚姻关系存续期间所得的财产以及婚前财产归各自所有、共同所有或部分各自所有，部分共同所有。涉案房产系汤某某于 2015 年 5 月 15 日向案外人购买。汤某某与陈某约定该房屋归汤某某一人所有，陈某放弃该房屋的所有权，并共同向房屋登记机构出具了财

① 现行《中华人民共和国民法典》第 1065 条第 1 款。

产约定具结书，申请登记为汤某某个人所有。经审查后，该房屋登记在汤某某个人名下。2015 年 10 月 10 日，汤某某与陈某离婚协议中再次确认该房屋归汤某某所有。以上事实有房屋买卖合同、《财产约定具结书》、房屋所有权证、离婚协议书等证据材料佐证，汤某某主张该房屋系其个人财产的理由充分，其合法权益应依法受到保护。（2）汤某某对该房产所享有的权利能够阻却法院执行。第一，汤某某与陈某之间关于夫妻财产的约定不属于夫妻双方之间恶意串通、侵害债权人合法权益的情形。从汤某某对该房产实体权利取得的时间来看，汤某某与陈某出具财产约定具结书和房产登记的时间是 2015 年 5 月，而陈某与胡某发生借贷关系的时间是 2015 年 9 月，即汤某某通过夫妻财产约定方式取得该房产所有权的时间早于胡某享有的债权。因此，汤某某与陈某对该房产所有权的约定不存在规避债务的故意。第二，房屋产权登记具有物权公示和公信的法律效力。根据不动产登记效力原则，不动产物权最好、最简单的公示手段就是产权登记，房屋产权一经登记，具有物权公示和公信效力。2008 年 7 月 1 日起施行的《房屋登记办法》（建设部令第 168 号）第 25 条第 2 款规定："房屋权属证书是权利人享有房屋权利的证明，包括房屋所有权证、房屋他项权证等。申请登记房屋为共有房屋的，房屋登记机构应当在房屋所有权证上注明'共有'字样。"该房产已经房屋登记机构明确登记在汤某某个人名下，系汤某某的个人财产。陈某与汤某某出具的财产约定具结书是房屋登记机构审查登记的内部依据，不是对外公示的依据，房屋所有权证才具有公示和公信的效力。因此，汤某某持有的没有注明"共有"字样的房屋所有权证本身就能够对抗胡某的债权，能够阻却法院对该房产的执行。第三，胡某据以申请执行的依据不支持对涉案房产的执行，法院执行确有错误。胡某据以申请执行的依据是经法院民事判决所确认的债权。该案法院判决认定涉案款项 80 万元系陈某个人债务，由陈某偿还胡某借款本金及相应利息，汤某某对该笔债务不承担连带责任，故陈某应以其个人财产承担责任，法院也只能执行陈某个人财产和夫妻共同财产中属于陈某个人的那部分财产。某区人民法院审理该民间借贷纠纷案期间，在尚未明确汤某某是否应当承担连带责任的情况下对涉案房产作了查封有法律依据，但在该案判决生效后应当及时解封，不及时解封并进而执行该房产，显然与该案生效判决相冲突，也不符合浙江省高级人民法院 2014 年 2 月 26 日下发的《关于执行生效法律文书确定夫妻一方为债务人案件的相关法律问题解答》第 4 条“债务性质经判断为夫妻一方个人债务的，执行机构不得对夫妻另一方个人所有的财产采取执行措施”的规定，故法院对该房产的执行确有错误。（3）胡某在民间借贷纠纷一案中诉请汤某某承担连带责任，法院不予支持。陈某于 2015 年 9 月 11 日向胡某借款 80 万元，所借款项直接支付给某纸制品有限公司（系胡某的父亲经营的公司），用于归还陈某个人经营的某印务有限公司欠胡某父亲公司的货款。某区人民法院民事判决认定，对该 80 万元借款，汤某某没有共同借款的合意，胡某也未能提供证据证明汤某某与陈某共同经营某印务有限公司，而且陈某出具借条后一个月即 10 月 10 日与汤某某登记离婚，所借款项没有用于夫妻共同生活，故不支持胡某要求汤某某承担连带责任的诉请。上述民事判决均符合《中华人民共和国婚姻法》及相关司法解释的规定。因此，出于对夫妻无辜一方的保护，也不能执行该房产。（4）退一步讲，本案胡某申请法院执行的债权仅为 80 万元，法院执行债务人的财产应当与债权人申请的债权金额相当，而不能过度执行。法院应当执行陈某个人财产和夫妻共同财产中属于陈某的那部分财产，现法院已经查封汤某某与陈某夫妻名下另外房产，如果同时执行涉案房产，不符合比例原则，显失公平。据此，省人民检察院向省高级人民法院提出抗诉，请求再审本案。

【监督结果】某省高级人民法院再审认为，根据检察机关的抗诉意见，以及汤某某与胡某的申辩意见，本案争议焦点为汤某某对涉案房产是否享有足以阻却法院强制执行的民事权益。根据原审生效民事判决，胡某对陈某的80万元债权系陈某个人债务，因此依照《中华人民共和国民事诉讼法》第242条[①]“被执行人未按执行通知履行法律文书确定的义务，人民法院有权根据不同情形扣押、冻结、划拨、变价被执行人的财产”的规定，法院应执行属于陈某的个人财产。本案中，涉案房产2015年5月最初即登记在汤某某一人名下，因此在2015年10月10日汤某某与陈某签订离婚协议约定该房产属汤某某所有并在民政部门备案的情况下，应认定该房产的实际权属状况与登记信息一致，该房产在法院查封前已系汤某某的个人财产。虽然离婚协议系在法院查封涉案房产之前签订，但是单纯依该事实尚不足以证明汤某某与陈某签订离婚协议存在规避债务的恶意。故法院应解除对属于汤某某个人财产的涉案房产的查封，并停止执行该房产。综上，检察机关提出的抗诉意见以及汤某某的申诉理由部分于法有据，应予支持。原判认定事实错误，实体处理不当，应予纠正。判决：撤销原一审、二审民事判决；停止对讼争标的涉案房产的执行。

三、法条链接

1. 中华人民共和国民事诉讼法（2024年1月1日施行）（节录）

第一百二十二条 起诉必须符合下列条件：

（一）原告是与本案有直接利害关系的公民、法人和其他组织；

（二）有明确的被告；

（三）有具体的诉讼请求和事实、理由；

（四）属于人民法院受理民事诉讼的范围和受诉人民法院管辖。

---

① 现行《中华人民共和国民事诉讼法》第253条。

2. 最高人民法院关于适用《中华人民共和国民事诉讼法》的解释（2022 年 4 月 10 日施行　法释〔2022〕11 号）（节录）

第三百零一条　第三人提起撤销之诉后，未中止生效判决、裁定、调解书执行的，执行法院对第三人依照民事诉讼法第二百三十四条[①]规定提出的执行异议，应予审查。第三人不服驳回执行异议裁定，申请对原判决、裁定、调解书再审的，人民法院不予受理。

案外人对人民法院驳回其执行异议裁定不服，认为原判决、裁定、调解书内容错误损害其合法权益的，应当根据民事诉讼法第二百三十四条规定申请再审，提起第三人撤销之诉的，人民法院不予受理。

第三百零二条　根据民事诉讼法第二百三十四条[②]规定，案外人、当事人对执行异议裁定不服，自裁定送达之日起十五日内向人民法院提起执行异议之诉的，由执行法院管辖。

第三百零三条　案外人提起执行异议之诉，除符合民事诉讼法第一百二十二条规定外，还应当具备下列条件：

（一）案外人的执行异议申请已经被人民法院裁定驳回；

（二）有明确的排除对执行标的执行的诉讼请求，且诉讼请求与原判决、裁定无关；

（三）自执行异议裁定送达之日起十五日内提起。

人民法院应当在收到起诉状之日起十五日内决定是否立案。

第三百零四条　申请执行人提起执行异议之诉，除符合民事诉讼法第一百二十二条规定外，还应当具备下列条件：

（一）依案外人执行异议申请，人民法院裁定中止执行；

（二）有明确的对执行标的继续执行的诉讼请求，且诉讼请求与原判决、裁定无关；

---

① 现行《中华人民共和国民事诉讼法》第 238 条。
② 现行《中华人民共和国民事诉讼法》第 238 条。

（三）自执行异议裁定送达之日起十五日内提起。

人民法院应当在收到起诉状之日起十五日内决定是否立案。

第三百零五条 案外人提起执行异议之诉的，以申请执行人为被告。被执行人反对案外人异议的，被执行人为共同被告；被执行人不反对案外人异议的，可以列被执行人为第三人。

第三百零六条 申请执行人提起执行异议之诉的，以案外人为被告。被执行人反对申请执行人主张的，以案外人和被执行人为共同被告；被执行人不反对申请执行人主张的，可以列被执行人为第三人。

第三百零七条 申请执行人对中止执行裁定未提起执行异议之诉，被执行人提起执行异议之诉的，人民法院告知其另行起诉。

第三百零八条 人民法院审理执行异议之诉案件，适用普通程序。

第三百零九条 案外人或者申请执行人提起执行异议之诉的，案外人应当就其对执行标的享有足以排除强制执行的民事权益承担举证证明责任。

第三百一十条 对案外人提起的执行异议之诉，人民法院经审理，按照下列情形分别处理：

（一）案外人就执行标的享有足以排除强制执行的民事权益的，判决不得执行该执行标的；

（二）案外人就执行标的不享有足以排除强制执行的民事权益的，判决驳回诉讼请求。

案外人同时提出确认其权利的诉讼请求的，人民法院可以在判决中一并作出裁判。

第三百一十一条 对申请执行人提起的执行异议之诉，人民法院经审理，按照下列情形分别处理：

（一）案外人就执行标的不享有足以排除强制执行的民事权益的，判决准许执行该执行标的；

（二）案外人就执行标的享有足以排除强制执行的民事权益的，判决驳回诉讼请求。

第三百一十二条　对案外人执行异议之诉，人民法院判决不得对执行标的执行的，执行异议裁定失效。

对申请执行人执行异议之诉，人民法院判决准许对该执行标的执行的，执行异议裁定失效，执行法院可以根据申请执行人的申请或者依职权恢复执行。

第三百一十三条　案外人执行异议之诉审理期间，人民法院不得对执行标的进行处分。申请执行人请求人民法院继续执行并提供相应担保的，人民法院可以准许。

被执行人与案外人恶意串通，通过执行异议、执行异议之诉妨害执行的，人民法院应当依照民事诉讼法第一百一十六条规定处理。申请执行人因此受到损害的，可以提起诉讼要求被执行人、案外人赔偿。

第三百一十四条　人民法院对执行标的裁定中止执行后，申请执行人在法律规定的期间内未提起执行异议之诉的，人民法院应当自起诉期限届满之日起七日内解除对该执行标的采取的执行措施。

第四百二十条　必须共同进行诉讼的当事人因不能归责于本人或者其诉讼代理人的事由未参加诉讼的，可以根据民事诉讼法第二百零七条第八项[①]规定，自知道或者应当知道之日起六个月内申请再审，但符合本解释第四百二十一条规定情形的除外。

人民法院因前款规定的当事人申请而裁定再审，按照第一审程序再审的，应当追加其为当事人，作出新的判决、裁定；按照第二审程序再审，经调解不能达成协议的，应当撤销原判决、裁定，发回重审，重审时应追加其为当事人。

---

①　现行《中华人民共和国民事诉讼法》第 211 条第 8 项。

第四百二十一条 根据民事诉讼法第二百三十四条[①]规定，案外人对驳回其执行异议的裁定不服，认为原判决、裁定、调解书内容错误损害其民事权益的，可以自执行异议裁定送达之日起六个月内，向作出原判决、裁定、调解书的人民法院申请再审。

3. 最高人民法院关于适用《中华人民共和国民事诉讼法》执行程序若干问题的解释（2021年1月1日施行 法释〔2020〕21号）（节录）

第十六条 案外人执行异议之诉审理期间，人民法院不得对执行标的进行处分。申请执行人请求人民法院继续执行并提供相应担保的，人民法院可以准许。

案外人请求解除查封、扣押、冻结或者申请执行人请求继续执行有错误，给对方造成损失的，应当予以赔偿。

4. 全国法院民商事审判工作会议纪要（2019年11月8日施行 法〔2019〕254号）（节录）

十一、关于案外人救济案件的审理

案外人救济案件包括案外人申请再审、案外人执行异议之诉和第三人撤销之诉三种类型。修改后的民事诉讼法在保留案外人执行异议之诉及案外人申请再审的基础上，新设立第三人撤销之诉制度，在为案外人权利保障提供更多救济渠道的同时，因彼此之间错综复杂的关系也容易导致认识上的偏差，有必要厘清其相互之间的关系，以便正确适用不同程序，依法充分保护各方主体合法权益。

119.【案外人执行异议之诉的审理】案外人执行异议之诉以排除对特定标的物的执行为目的，从程序上而言，案外人依据《民事诉讼法》第227条[②]提出执行异议被驳回的，即可向执行人民法院提起执行异议之诉。人民法院对执行异议之诉的审理，一般应当就案外人对执行标的物

① 现行《中华人民共和国民事诉讼法》第238条。
② 现行《中华人民共和国民事诉讼法》第238条。

是否享有权利、享有什么样的权利、权利是否足以排除强制执行进行判断。至于是否作出具体的确权判项，视案外人的诉讼请求而定。案外人未提出确权或者给付诉讼请求的，不作出确权判项，仅在裁判理由中进行分析判断并作出是否排除执行的判项即可。但案外人既提出确权、给付请求，又提出排除执行请求的，人民法院对该请求是否支持、是否排除执行，均应当在具体判项中予以明确。执行异议之诉不以否定作为执行依据的生效裁判为目的，案外人如认为裁判确有错误的，只能通过申请再审或者提起第三人撤销之诉的方式进行救济。

120.【债权人能否提起第三人撤销之诉】第三人撤销之诉中的第三人仅局限于《民事诉讼法》第 56 条规定的有独立请求权及无独立请求权的第三人，而且一般不包括债权人。但是，设立第三人撤销之诉的目的在于，救济第三人享有的因不能归责于本人的事由未参加诉讼但因生效裁判文书内容错误受到损害的民事权益，因此，债权人在下列情况下可以提起第三人撤销之诉：

（1）该债权是法律明确给予特殊保护的债权，如《合同法》第 286 条①规定的建设工程价款优先受偿权，《海商法》第 22 条规定的船舶优先权；

（2）因债务人与他人的权利义务被生效裁判文书确定，导致债权人本来可以对《合同法》第 74 条②和《企业破产法》第 31 条规定的债务人的行为享有撤销权而不能行使的；

（3）债权人有证据证明，裁判文书主文确定的债权内容部分或者全部虚假的。

债权人提起第三人撤销之诉还要符合法律和司法解释规定的其他条件。对于除此之外的其他债权，债权人原则上不得提起第三人撤销之诉。

---

① 现行《中华人民共和国民法典》第 807 条。

② 现行《中华人民共和国民法典》第 538 条、第 539 条、第 540 条。

121.【必要共同诉讼漏列的当事人申请再审】民事诉讼法司法解释对必要共同诉讼漏列的当事人申请再审规定了两种不同的程序，二者在管辖法院及申请再审期限的起算点上存在明显差别，人民法院在审理相关案件时应予注意：

（1）该当事人在执行程序中以案外人身份提出异议，异议被驳回的，根据民事诉讼法司法解释第 423 条[①]的规定，其可以在驳回异议裁定送达之日起 6 个月内向原审人民法院申请再审；

（2）该当事人未在执行程序中以案外人身份提出异议的，根据民事诉讼法司法解释第 422 条[②]的规定，其可以根据《民事诉讼法》第 200 条[③]第 8 项的规定，自知道或者应当知道生效裁判之日起 6 个月内向上一级人民法院申请再审。当事人一方人数众多或者当事人双方为公民的案件，也可以向原审人民法院申请再审。

122.【程序启动后案外人不享有程序选择权】案外人申请再审与第三人撤销之诉功能上近似，如果案外人既有申请再审的权利，又符合第三人撤销之诉的条件，对于案外人是否可以行使选择权，民事诉讼法司法解释采取了限制的司法态度，即依据民事诉讼法司法解释第 303 条[④]的规定，按照启动程序的先后，案外人只能选择相应的救济程序：案外人先启动执行异议程序的，对执行异议裁定不服，认为原裁判内容错误损害其合法权益的，只能向作出原裁判的人民法院申请再审，而不能提起第三人撤销之诉；案外人先启动了第三人撤销之诉，即便在执行程序中又提出执行异议，也只能继续进行第三人撤销之诉，而不能依《民事诉讼法》第 227 条[⑤]申请再审。

---

① 现行《最高人民法院关于适用〈中华人民共和国民事诉讼法〉的解释》第 421 条。
② 现行《最高人民法院关于适用〈中华人民共和国民事诉讼法〉的解释》第 420 条。
③ 现行《中华人民共和国民事诉讼法》第 211 条。
④ 现行《最高人民法院关于适用〈中华人民共和国民事诉讼法〉的解释》第 301 条。
⑤ 现行《中华人民共和国民事诉讼法》第 234 条。

123.【案外人依据另案生效裁判对非金钱债权的执行提起执行异议之诉】审判实践中，案外人有时依据另案生效裁判所认定的与执行标的物有关的权利提起执行异议之诉，请求排除对标的物的执行。此时，鉴于作为执行依据的生效裁判与作为案外人提出执行异议依据的生效裁判，均涉及对同一标的物权属或给付的认定，性质上属于两个生效裁判所认定的权利之间可能产生的冲突，人民法院在审理执行异议之诉时，需区别不同情况作出判断：如果作为执行依据的生效裁判是确权裁判，不论作为执行异议依据的裁判是确权裁判还是给付裁判，一般不应据此排除执行，但人民法院应当告知案外人对作为执行依据的确权裁判申请再审；如果作为执行依据的生效裁判是给付标的物的裁判，而作为提出异议之诉依据的裁判是确权裁判，一般应据此排除执行，此时人民法院应告知其对该确权裁判申请再审；如果两个裁判均属给付标的物的裁判，人民法院需依法判断哪个裁判所认定的给付权利具有优先性，进而判断是否可以排除执行。

124.【案外人依据另案生效裁判对金钱债权的执行提起执行异议之诉】作为执行依据的生效裁判并未涉及执行标的物，只是执行中为实现金钱债权对特定标的物采取了执行措施。对此种情形，《最高人民法院关于人民法院办理执行异议和复议案件若干问题的规定》第26条规定了解决案外人执行异议的规则，在审理执行异议之诉时可以参考适用。依据该条规定，作为案外人提起执行异议之诉依据的裁判将执行标的物确权给案外人，可以排除执行；作为案外人提起执行异议之诉依据的裁判，未将执行标的物确权给案外人，而是基于不以转移所有权为目的的有效合同（如租赁、借用、保管合同），判令向案外人返还执行标的物的，其性质属于物权请求权，亦可以排除执行；基于以转移所有权为目的有效合同（如买卖合同），判令向案外人交付标的物的，其性质属于债权请求权，不能排除执行。

应予注意的是，在金钱债权执行中，如果案外人提出执行异议之诉依据的生效裁判认定以转移所有权为目的的合同（如买卖合同）无效或应当解除，进而判令向案外人返还执行标的物的，此时案外人享有的是物权性质的返还请求权，本可排除金钱债权的执行，但在双务合同无效的情况下，双方互负返还义务，在案外人未返还价款的情况下，如果允许其排除金钱债权的执行，将会使申请执行人既执行不到被执行人名下的财产，又执行不到本应返还给被执行人的价款，显然有失公允。为平衡各方当事人的利益，只有在案外人已经返还价款的情况下，才能排除普通债权人的执行。反之，案外人未返还价款的，不能排除执行。

125.【案外人系商品房消费者】实践中，商品房消费者向房地产开发企业购买商品房，往往没有及时办理房地产过户手续。房地产开发企业因欠债而被强制执行，人民法院在对尚登记在房地产开发企业名下但已出卖给消费者的商品房采取执行措施时，商品房消费者往往会提出执行异议，以排除强制执行。对此，《最高人民法院关于人民法院办理执行异议和复议案件若干问题的规定》第 29 条规定，符合下列情形的，应当支持商品房消费者的诉讼请求：一是在人民法院查封之前已签订合法有效的书面买卖合同；二是所购商品房系用于居住且买受人名下无其他用于居住的房屋；三是已支付的价款超过合同约定总价款的百分之五十。人民法院在审理执行异议之诉案件时，可参照适用此条款。

问题是，对于其中"所购商品房系用于居住且买受人名下无其他用于居住的房屋"如何理解，审判实践中掌握的标准不一。"买受人名下无其他用于居住的房屋"，可以理解为在案涉房屋同一设区的市或者县级市范围内商品房消费者名下没有用于居住的房屋。商品房消费者名下虽然已有 1 套房屋，但购买的房屋在面积上仍然属于满足基本居住需要的，可以理解为符合该规定的精神。

对于其中"已支付的价款超过合同约定总价款的百分之五十"如何

理解，审判实践中掌握的标准也不一致。如果商品房消费者支付的价款接近于百分之五十，且已按照合同约定将剩余价款支付给申请执行人或者按照人民法院的要求交付执行的，可以理解为符合该规定的精神。

126.【商品房消费者的权利与抵押权的关系】根据《最高人民法院关于建设工程价款优先受偿权问题的批复》第 1 条、第 2 条[①]的规定，交付全部或者大部分款项的商品房消费者的权利优先于抵押权人的抵押权，故抵押权人申请执行登记在房地产开发企业名下但已销售给消费者的商品房，消费者提出执行异议的，人民法院依法予以支持。但应当特别注意的是，此情况是针对实践中存在的商品房预售不规范现象为保护消费者生存权而作出的例外规定，必须严格把握条件，避免扩大范围，以免动摇抵押权具有优先性的基本原则。因此，这里的商品房消费者应当仅限于符合本纪要第 125 条规定的商品房消费者。买受人不是本纪要第 125 条规定的商品房消费者，而是一般的房屋买卖合同的买受人，不适用上述处理规则。

127.【案外人系商品房消费者之外的一般买受人】金钱债权执行中，商品房消费者之外的一般买受人对登记在被执行人名下的不动产提出异议，请求排除执行的，《最高人民法院关于人民法院办理执行异议和复议案件若干问题的规定》第 28 条规定，符合下列情形的依法予以支持：一是在人民法院查封之前已签订合法有效的书面买卖合同；二是在人民法院查封之前已合法占有该不动产；三是已支付全部价款，或者已按照合同约定支付部分价款且将剩余价款按照人民法院的要求交付执行；四是非因买受人自身原因未办理过户登记。人民法院在审理执行异议之诉案件时，可参照适用此条款。

实践中，对于该规定的前 3 个条件，理解并无分歧。对于其中的第

---

① 该批复已失效，有关规定参见《人民法院办理执行案件规范（第二版）》第 1287 条。

4个条件，理解不一致。一般而言，买受人只要有向房屋登记机构递交过户登记材料，或向出卖人提出了办理过户登记的请求等积极行为的，可以认为符合该条件。买受人无上述积极行为，其未办理过户登记有合理的客观理由的，亦可认定符合该条件。

第三章　财产保全案件检察监督

财产保全在涉财产纠纷案件中是非常重要的事项，如果案件进入执行程序，财产保全直接关系到执行程序能否顺利推进，生效法律文书确定的当事人、利害关系人的合法权益能否实现。根据《最高人民法院关于人民法院办理财产保全案件若干问题的规定》第 2 条的规定，尽管财产保全由立案、审判机构作出裁定，但规定一般应当移送执行机构实施，同时，根据《最高人民法院关于适用〈中华人民共和国民事诉讼法〉的解释》第 156 条的规定，人民法院采取财产保全的方法和措施，依照执行程序相关规定办理。因此，对财产保全尤其是财产保全实施的监督，检察机关一般按照执行活动检察监督案件办理。

一、监督要领

（一）财产保全的类型

1. 财产保全具体类型

根据《中华人民共和国民事诉讼法》第 103 条、第 104 条的规定，财产保全主要分为诉讼保全和诉前保全。根据《最高人民法院关于人民法院办理财产保全案件若干问题的规定》第 9 条第 2 款的规定，法律文书生效后，进入执行程序之前，债权人也可以申请财产保全。同时根据《最高人民法院关于适用〈中华人民共和国民事诉讼法〉的解释》第 163

条的规定，债权人在法律文书指定的履行期间届满后5日内不申请执行的，人民法院应当解除保全。

2. 诉讼保全与诉前保全的比较

二者相同点在于目的相同，即可能因对方当事人的行为或者其他原因使判决难以执行或者造成当事人其他损害的情况下，可以申请人民法院对另一方当事人的财产进行保全，责令对方当事人作出一定行为或者禁止其作出一定行为，对相关财物进行控制。但二者也有明显的不同，主要体现在以下三个方面：

（1）申请主体不同。诉讼保全，顾名思义，系诉讼程序或仲裁过程中的保全，因此其主体是案件当事人；诉前保全因为尚未提起诉讼或申请仲裁，因此其主体为利害关系人。

（2）启动方式不同。诉讼保全中，人民法院既可以依当事人申请采取保全措施，也可以在当事人没有提出申请但人民法院认为有必要时依职权裁定采取保全措施；诉前保全中，人民法院只能依利害关系人的申请采取保全措施。

（3）是否需要提供担保。对于诉讼保全申请，人民法院可以责令申请人提供担保，如申请人不提供裁定驳回申请，相关法律用的是“可以”，也就是说，也可以不要求当事人提供担保。根据《最高人民法院关于适用〈中华人民共和国民事诉讼法〉的解释》第152条第3款的规定，诉讼中人民法院依申请或依职权采取保全措施的，应当根据案件具体情况决定当事人是否应当提供担保及担保数额。《最高人民法院关于人民法院办理财产保全案件若干问题的规定》第9条第1款规定，当事人在诉讼中申请财产保全，具有以下情形的，人民法院可以不要求提供担保：一是追索赡养费、扶养费、抚育费、抚恤金、医疗费用、劳动报酬、工伤赔偿、交通事故人身损害赔偿的；二是婚姻家庭纠纷案件中遭遇家庭暴力且经济困难的；三是人民检察院提起的公益诉讼涉及损害赔偿的；四是因见义勇为遭受侵害请求损害赔偿的；五是案件事实清楚、权利义务关系明确，发生保全错误可能性较小的；六是申请保全人为商业银行、保险公司等由金融监管部门批准设立的具有独立偿付债务能力的金融机构及其分支机构的。同时该条第 2 款规定，法律文书生效后，进入执行程序前，债权人申请财产保全，人民法院可以不要求申请人提供担保。

对于诉前财产保全，根据《中华人民共和国民事诉讼法》第 104 条的规定，申请人应当提供担保，如未提供担保，人民法院应裁定驳回申请。对此，《最高人民法院关于适用〈中华人民共和国民事诉讼法〉的解释》第 152 条第 2 款也明确规定，利害关系人申请诉前保全，应当提供担保。所以说，利害关系人申请诉前财产保全必须提供担保，与诉讼保全有明显区别。

对于财产保全担保，如果人民法院依照《中华人民共和国民事诉讼法》第 103 条、第 104 条的规定责令利害关系人、当事人提供担保，根据《最高人民法院关于适用〈中华人民共和国民事诉讼法〉的解释》第 152 条第 1 款规定，需要书面通知当事人、利害关系人。

（二）财产保全的申请

1. 申请方式和要求

根据《最高人民法院关于人民法院办理财产保全案件若干问题的规定》第 1 条、第 3 条的规定，当事人、利害关系人申请财产保全应当向人民法院提交申请书，并提供相关证据材料，其中最重要的是要明确请求保全数额或者诉争标的，以及具体的被保全财产信息或线索。需要注意的是，在仲裁过程中，当事人申请财产保全，需通过仲裁机构向人民法院提交申请书及相关证据材料，人民法院作出相应裁定后，将裁定送达当事人，并通知仲裁机构。

2. 不能提供具体被保全财产信息的申请

根据《最高人民法院关于人民法院办理财产保全案件若干问题的规定》第1条、第10条、第11条的规定，一般情况下，当事人、利害关系人申请财产保全应当向人民法院提供明确的财产保全信息，如果当事人在诉讼中申请财产保全，因客观原因无法提供明确的被保全财产信息，只能提供具体财产线索，这种情况下人民法院可以作出财产保全裁定，这样申请保全人可以书面申请执行法院通过网络执行查控系统查询被保全人的财产。需要注意的是，这种情形只限于诉讼中的当事人可以向人民法院提出保全和被保全财产查询申请，如果人民法院通过网络执行查控系统未查询到可供保全财产的，也应当书面告知申请保全人。

（三）财产保全申请的受理和处理

1. 关于财产保全担保

（1）财产担保数额。财产保全担保数额因财产保全类型不同而有所不同。根据《最高人民法院关于人民法院办理财产保全案件若干问题的规定》第5条的规定，诉讼中，人民法院责令申请保全人提供财产保全担保，担保数额不超过请求保全数额的30%；申请保全财产系争议标的的，担保数额不超过争议标的的价值的30%。对于诉前财产保全，利害关系人原则上应当提供相当于请求保全数额的担保，只有特殊情况下人民法院可酌情处理。

（2）担保方式。根据《最高人民法院关于人民法院办理财产保全案件若干问题的规定》第6条至第8条的规定，申请保全人可以自己为财产保全提供财产担保，也可以由第三人为财产保全提供担保，并向人民法院出具担保书。另外，保险人、金融机构以各自的业务范围、方式对财产保全提供担保的，人民法院应当准许。

2. 案件再审期间财产保全申请的受理

案件再审期间分为再审审查期间和再审审理期间。根据《最高人民法院关于人民法院办理财产保全案件若干问题的规定》第 19 条的规定，再审审查期间，债务人申请保全生效法律文书确定给付的财产的，人民法院不予受理；再审审理期间，因原审生效法律文书中止执行，当事人申请财产保全的，人民法院应当予以受理。

3. 财产保全申请的处理

《中华人民共和国民事诉讼法》第 103 条对于人民法院接受诉讼保全申请后，对于情况紧急的，规定应当在 48 小时内作出裁定，裁定采取保全措施的立即执行，但并未明确非紧急情况作出财产保全裁定的期限。《中华人民共和国民事诉讼法》第 104 条针对诉前财产保全，明确了人民法院接受申请后应当在 48 小时内作出裁定，并立即开始执行。

对人民法院接受财产保全申请后作出裁定和执行裁定的期限问题，《最高人民法院关于人民法院办理财产保全案件若干问题的规定》较民事诉讼法的规定发生变化，即该规定第 4 条明确，不论诉讼保全还是诉前保全，人民法院接受财产保全申请后，应当在 5 日内作出裁定；需要提供担保的，在提供担保后 5 日内作出裁定。若人民法院裁定采取保全措施，应当在 5 日内开始执行。如果情况紧急，人民法院应当在 48 小时内作出裁定，裁定采取保全措施的，应当立即开始执行。该司法解释对于上述期限的明确，有利于财产保全工作的开展，更有利于维护当事人、利害关系人的合法权益。

（四）财产保全的实施

前文提到人民法院采取的方法和措施，依照执行程序相关规定办理，也就是说，财产保全裁定的执行按照执行实施案件程序的相关程序办理。

1. 立案

根据《最高人民法院关于执行案件立案、结案若干问题的意见》第3条的规定，任何案件不得以任何理由未经立案即进入执行程序，由于财产保全裁定的执行按照执行实施案件程序办理，因此亦应当先予以立案。《最高人民法院关于执行案件立案、结案若干问题的意见》第5条规定，执行保全裁定的，案件类型字号为“执保字”，按照立案时间的先后顺序确定案件编号，单独进行排序。

2. 财产保全的实施（执行）

人民法院依据财产保全裁定采取查封、扣押、冻结措施，相应的程序和方式与执行实施案件办理中的执行措施一致。根据《最高人民法院关于人民法院办理财产保全案件若干问题的规定》第17条的规定，诉前财产保全采取相应的财产保全措施，自动转为诉讼或者仲裁中的保全措施；诉讼保全中的保全措施，如案件进入执行程序，则自动转为执行中的查封、扣押、冻结措施。对于人民法院财产保全实施，在检察监督中应着重关注以下两个方面：

（1）是否在规定期限内采取了保全措施。采取财产保全措施及时与否关系到能否有效控制被保全财产，因此，人民法院应当在规定期限内对被保全财产采取查控措施。对此，民事诉讼法并未对该期限作出明确的规定，但《最高人民法院关于人民法院办理财产保全案件若干问题的规定》第4条规定，人民法院裁定采取保全措施的，应当在5日内开始执行，这样就给财产保全的执行确定了一个期限，即人民法院应当在财产保全裁定作出后5日内开始执行保全裁定，对被保全财产采取查封、扣押或者冻结措施。

（2）是否履行了书面告知义务。根据《最高人民法院关于人民法院办理财产保全案件若干问题的规定》第18条的规定，人民法院进行财产保全时，应当书面告知申请保全人明确的财产保全期限届满日、申请续行保全的事项，若申请保全人逾期申请或不申请续行保全要自行承担不能续行保全的法律后果，因此，人民法院应当履行上述书面告知义务。

（五）对财产保全的异议

1. 对财产保全裁定的异议

根据《最高人民法院关于人民法院办理财产保全案件若干问题的规定》第 25 条的规定，申请保全人、被保全人对驳回申请裁定或者保全裁定不服的，可以在裁定书送达之日起 5 日内向作出裁定的人民法院申请复议一次，人民法院应当在收到复议申请后 10 日内审查，并作出相应的裁定。

2. 对财产保全裁定实施的异议

根据《最高人民法院关于人民法院办理财产保全案件若干问题的规定》第 26 条的规定，申请保全人、被保全人、利害关系人认为财产保全实施行为违反法律规定，进而提出异议的，人民法院按照《中华人民共和国民事诉讼法》第 236 条的规定即执行行为异议审查处理。

3. 案外人对财产保全的异议

根据《最高人民法院关于人民法院办理财产保全案件若干问题的规定》第 27 条的规定，人民法院如果对诉争标的以外的财产进行保全，案外人对保全裁定或者保全裁定实施过程中的执行行为不服，基于实体权利对被保全财产提出书面异议的，人民法院应当按照《中华人民共和国民事诉讼法》第 238 条的规定，即案外人执行标的异议的规定审查处理。这样，如果申请保全人、案外人对处理裁定不服的，可以自裁定送达之日起 15 日内提起执行异议之诉。如果人民法院裁定案外人异议成立，申请保全人在法律规定的期限内（裁定送达之日起 15 日内）未提起执行异议之诉的，人民法院自起诉期限届满之日起 7 日内对该被保全财产解除保全。

（六）财产保全的解除

根据《最高人民法院关于适用〈中华人民共和国民事诉讼法〉的解释》第 165 条的规定，人民法院裁定采取保全措施后，除作出保全裁定的人民法院自行解除或者其上级人民法院决定解除外，在保全期限内，任何单位不得解除保全措施。

1. 解除保全的情形

（1）人民法院依职权应当解除的情形。《最高人民法院关于适用〈中华人民共和国民事诉讼法〉的解释》第 166 条进行了明确，即有下列情形的，人民法院应当作出解除保全裁定：一是保全错误；二是申请人撤回保全申请；三是申请人的起诉或者诉讼请求被生效裁判驳回的；四是人民法院认为应当解除保全的其他情形。

（2）申请保全人申请解除的情形。《最高人民法院关于人民法院办理财产保全案件若干问题的规定》第 23 条对申请保全人应当及时申请解除保全的情形进行了明确：一是采取诉前财产保全措施后 30 日内不依法提起诉讼或者申请仲裁的；二是仲裁机构不予受理仲裁申请、准许撤回仲裁申请或者按撤回仲裁申请处理的；三是仲裁申请或者请求被仲裁裁决驳回的；四是其他人民法院对起诉不予受理、准许撤诉或者按撤诉处理的；五是起诉或者诉讼请求被其他人民法院生效裁判驳回的；六是申请保全人应当申请解除保全的其他情形。根据该条内容，申请保全人应当及时申请解除保全而未及时向人民法院提出解除申请的，应当赔偿被保全人因财产保全所遭受的损失。

（3）被保全人申请解除的情形。根据《中华人民共和国民事诉讼法》

第 107 条的规定，财产纠纷案件，被申请人提供担保的，人民法院应当裁定解除保全。《最高人民法院关于人民法院办理财产保全案件若干问题的规定》第 22 条也规定，财产纠纷案件中，如果被保全人或第三人提供充分有效担保的，请求人民法院解除保全，应当准许，但如果被保全人对争议标的的财产请求解除的，必须经过申请保全人同意。

2. 人民法院应当在规定期限内解除保全

根据《最高人民法院关于人民法院办理财产保全案件若干问题的规定》第 23 条第 2 款的规定，人民法院应当在收到解除保全申请后 5 日内裁定解除保全，情况紧急的，应当在 48 小时内裁定解除保全。

二、相关案例

徐某君申请财产保全检察监督案

【监督要旨】人民法院作出财产保全裁定的，应当依照法律规定及时或者在规定期限内采取财产保全措施。应当采取财产保全措施的，故意或因过失而未及时采取，造成不良后果的，相关办案人员应当承担相应的纪律责任。

【申请监督】徐某君因与陈某伟民间借贷纠纷一案，向某区人民法院提起诉讼要求陈某伟返还借款 15 万元，并向某区人民法院申请财产保全，提供了陈某伟在该区某东村村委会有土地征用赔偿款的财产线索。起诉当日，某区人民法院作出民事裁定书，保全被申请人陈某伟所有的价值 16 万元的财产。但案件进入执行阶段后，某区法院执行人员表示陈某伟暂无财产可供执行，拟终结本案执行程序。为此，徐某君向检察机关申请监督，认为该区法院对其财产保全申请实施违法，导致案件执行程序无法进行，其合法权益受到侵害。

【调查核实】检察机关经调查核实查明，某区人民法院在审理上述案件过程中，于2016年8月1日作出民事裁定书，保全被申请人陈某伟所有的价值16万元的财产。2016年9月1日，某区人民法院与该区某村村委会通过电话联系后，某区人民法院执行局出具了情况说明一份，内容如下：徐某君与陈某伟民间借贷纠纷一案，徐某君申请的陈某伟在该村村委会的土地征用赔偿款已于8月中上旬领走。检察机关经调查，查明陈某伟在2016年8月18日以现金支票的形式从某村村委会领取征地补偿款19万余元。2016年9月19日，某区人民法院开庭审理徐某君与陈某伟民间借贷纠纷一案，庭审中，徐某君确认陈某伟已归还借款1万元，该院当庭作出民事判决，判决陈某伟返还徐某君15万元。2016年9月29日，某区人民法院工作人员再次到该区某村村委会调查了解上述赔偿款的领取情况，被口头告知该款已由陈某伟领走。之后徐某君以该民事判决书为执行依据向某区人民法院申请强制执行，但至今未能执行到位。

【监督要点】检察机关认为，根据民事诉讼法及相关司法解释的规定，诉讼当事人提出财产保全符合法定条件的，审判人员应当依法及时采取保全措施，为案件的顺利执行创造条件。同时，某区人民法院《保全案件流程管理实施办法》规定，保全标的在本市范围内的，一般应于4个工作日内办结，保全裁定书和保全财产清单，由执行局送达给被申请人。本案中，某区人民法院在办理徐某君申请财产保全过程中，未在规定期限内及时采取财产保全措施，导致可供执行的财产被转移，损害了当事人的合法权益。检察机关依法向某区人民法院发出检察建议，建议某区人民法院对案件中存在的问题依法予以纠正，并对相关责任人员依法作出处理。同时，建议安排专人继续做好被陈某伟领取的赔偿款项的追回工作，切实保障徐某君的合法权益。

【监督结果】某区人民法院收到检察建议后，组成调查组，认真查阅了相关案卷，与案件承办人、部门领导及相关当事人进行了调查谈话，并对案件进行认真评查，将调查落实情况回复检察机关：

一是调查经过：查明该案保全未明确为紧急情况，加之办案人员保全未结案多、连续外地出差等原因，至2016年8月18日本案陈某伟领取某村村委会征用征地赔偿款前均未采取保全措施，造成本案后期执行困难，给执行工作和申请人利益造成不良影响。

二是善后工作：执行部门发现本案存在问题后，积极采取补救措施，对陈某伟强制执行1万元，并经本案申请人徐某君和徐某君的债权人岑某珍同意，本案剩余15万元债权全部转让给第三人岑某珍，并于2016年12月12日由徐某君、陈某伟及岑某珍三方达成执行和解协议。

三是处理情况：经某区法院院党组研究讨论，认为本案虽经后期努力未给申请人徐某君经济利益造成直接损害，但保全案件承办人因保全措施不及时所带来的负面影响仍客观存在，为教育本人，警醒全体干警，特作出通报批评的处理决定。

四是延伸举措：为努力实现“让人民群众在每一个司法案件中都感受到公平正义”的工作目标，某区法院将以继续开展“队伍建设年”活动为契机，加强业务培训，严格流程管理，规范执行行为，努力提升人民群众对法院工作的满意度。

三、法条链接

1. 中华人民共和国民事诉讼法（2024年1月1日施行）（节录）

第一百零三条　人民法院对于可能因当事人一方的行为或者其他原因，使判决难以执行或者造成当事人其他损害的案件，根据对方当事人的申请，可以裁定对其财产进行保全、责令其作出一定行为或者禁止其作出一定行为；当事人没有提出申请的，人民法院在必要时也可以裁定采取保全措施。

人民法院采取保全措施，可以责令申请人提供担保，申请人不提供担保的，裁定驳回申请。

人民法院接受申请后，对情况紧急的，必须在四十八小时内作出裁定；裁定采取保全措施的，应当立即开始执行。

第一百零四条 利害关系人因情况紧急，不立即申请保全将会使其合法权益受到难以弥补的损害的，可以在提起诉讼或者申请仲裁前向被保全财产所在地、被申请人住所地或者对案件有管辖权的人民法院申请采取保全措施。申请人应当提供担保，不提供担保的，裁定驳回申请。

人民法院接受申请后，必须在四十八小时内作出裁定；裁定采取保全措施的，应当立即开始执行。

申请人在人民法院采取保全措施后三十日内不依法提起诉讼或者申请仲裁的，人民法院应当解除保全。

第一百零五条 保全限于请求的范围，或者与本案有关的财物。

第一百零六条 财产保全采取查封、扣押、冻结或者法律规定的其他方法。人民法院保全财产后，应当立即通知被保全财产的人。

财产已被查封、冻结的，不得重复查封、冻结。

第一百零七条 财产纠纷案件，被申请人提供担保的，人民法院应当裁定解除保全。

第一百零八条 申请有错误的，申请人应当赔偿被申请人因保全所遭受的损失。

2. 最高人民法院关于适用《中华人民共和国民事诉讼法》的解释（2022 年 4 月 10 日施行　法释〔2022〕11 号）（节录）

第一百五十二条 人民法院依照民事诉讼法第一百零三条、第一百零四条规定，在采取诉前保全、诉讼保全措施时，责令利害关系人或者当事人提供担保的，应当书面通知。

利害关系人申请诉前保全的，应当提供担保。申请诉前财产保全的，应当提供相当于请求保全数额的担保；情况特殊的，人民法院可以酌情处理。申请诉前行为保全的，担保的数额由人民法院根据案件的具体情况决定。

在诉讼中，人民法院依申请或者依职权采取保全措施的，应当根据案件的具体情况，决定当事人是否应当提供担保以及担保的数额。

第一百五十六条　人民法院采取财产保全的方法和措施，依照执行程序相关规定办理。

3. 最高人民法院关于人民法院办理财产保全案件若干问题的规定

（2021年1月1日施行　法释〔2020〕21号）（节录）

第一条　当事人、利害关系人申请财产保全，应当向人民法院提交申请书，并提供相关证据材料。

申请书应当载明下列事项：

（一）申请保全人与被保全人的身份、送达地址、联系方式；

（二）请求事项和所根据的事实与理由；

（三）请求保全数额或者争议标的；

（四）明确的被保全财产信息或者具体的被保全财产线索；

（五）为财产保全提供担保的财产信息或资信证明，或者不需要提供担保的理由；

（六）其他需要载明的事项。

法律文书生效后，进入执行程序前，债权人申请财产保全的，应当写明生效法律文书的制作机关、文号和主要内容，并附生效法律文书副本。

第二条　人民法院进行财产保全，由立案、审判机构作出裁定，一般应当移送执行机构实施。

第三条　仲裁过程中，当事人申请财产保全的，应当通过仲裁机构向人民法院提交申请书及仲裁案件受理通知书等相关材料。人民法院裁定采取保全措施或者裁定驳回申请的，应当将裁定书送达当事人，并通知仲裁机构。

第五条 人民法院依照民事诉讼法第一百条规定责令申请保全人提供财产保全担保的，担保数额不超过请求保全数额的百分之三十；申请保全的财产系争议标的的，担保数额不超过争议标的价值的百分之三十。

利害关系人申请诉前财产保全的，应当提供相当于请求保全数额的担保；情况特殊的，人民法院可以酌情处理。

财产保全期间，申请保全人提供的担保不足以赔偿可能给被保全人造成的损失的，人民法院可以责令其追加相应的担保；拒不追加的，可以裁定解除或者部分解除保全。

第六条 申请保全人或第三人为财产保全提供财产担保的，应当向人民法院出具担保书。担保书应当载明担保人、担保方式、担保范围、担保财产及其价值、担保责任承担等内容，并附相关证据材料。

第三人为财产保全提供保证担保的，应当向人民法院提交保证书。保证书应当载明保证人、保证方式、保证范围、保证责任承担等内容，并附相关证据材料。

对财产保全担保，人民法院经审查，认为违反民法典、公司法等有关法律禁止性规定的，应当责令申请保全人在指定期限内提供其他担保；逾期未提供的，裁定驳回申请。

第七条 保险人以其与申请保全人签订财产保全责任险合同的方式为财产保全提供担保的，应当向人民法院出具担保书。

担保书应当载明，因申请财产保全错误，由保险人赔偿被保全人因保全所遭受的损失等内容，并附相关证据材料。

第八条 金融监管部门批准设立的金融机构以独立保函形式为财产保全提供担保的，人民法院应当依法准许。